当代世界经济与政治
简明读本

主编 冯特君　副主编 蒲俜

经济管理出版社

图书在版编目(CIP)数据

当代世界经济与政治/冯特君主编．—北京：经济管理出版社，2011.9
ISBN 978－7－5096－1614－7

Ⅰ.①当… Ⅱ.①冯… Ⅲ.①世界经济②国际政治 Ⅳ.①F112②D50

中国版本图书馆 CIP 数据核字(2011)第 190920 号

出版发行：经济管理出版社
北京市海淀区北蜂窝 8 号中雅大厦 11 层
电话：(010)51915602　　　邮编：100038
印刷：三河市海波印务有限公司　　经销：新华书店
组稿编辑：王光艳　　　　　　　责任编辑：王光艳
责任印制：杨国强　　　　　　　责任校对：超　凡
720mm×1000mm/16　　15 印张　　252 千字
2012 年 1 月第 1 版　　　　　　2012 年 1 月第 1 次印刷
定价：29.80 元
书号：ISBN 978－7－5096－1614－7

·版权所有　翻印必究·
凡购本社图书，如有印装错误，由本社读者服务部
负责调换。联系地址：北京阜外月坛北小街 2 号
电话：(010)68022974　　　邮编：100836

目 录

第一章 当代世界总格局 … 1

第一节 战后世界两极格局的演变历程 … 2
一、雅尔塔体制与战后初期美国称霸世界 … 2
二、20世纪50年代两大阵营的全面对峙 … 4
三、20世纪60年代的动荡、分化与改组 … 5
四、20世纪70年代初到80年代中期缓和与对抗并存 … 7
五、20世纪80年代中期到90年代初两极格局走向终结 … 8

第二节 "冷战"结束后世界格局的演变 … 9
一、两极格局终结后的过渡时期 … 10
二、大国关系的调整 … 11
三、美国单极霸权图谋带来的冲击 … 12

第三节 世界格局的多极化趋势 … 14
一、经济全球化对世界格局多极化的影响 … 14
二、美国的单边主义对多极化趋势的影响 … 16
三、世界格局多极化趋势不可逆转 … 19
四、多极化进程将是曲折复杂的 … 20

第二章 当代世界经济 … 22

第一节 当代世界经济的演变 … 23
一、战后初期美国独霸世界经济领域 … 23

二、社会主义经济集团的形成 ………………………………………… 25
三、20世纪70年代后世界经济向多极化方向转变 …………………… 26
四、20世纪90年代后世界经济集团化趋势加强 ……………………… 27
五、21世纪以来世界经济的调整与秩序重建 ………………………… 28

第二节　当今世界经济的主要特点 ………………………………………… 29
一、经济全球化浪潮席卷全球 ………………………………………… 29
二、全球一体化与区域集团化并行发展 ……………………………… 30
三、"新经济"产生深远影响 ………………………………………… 31
四、世界经济各主体之间在相互竞争和协调中推进多极化进程 …… 33

第三节　当今世界经济的主要问题 ………………………………………… 34
一、经济发展不平衡，贫富分化严重 ………………………………… 34
二、金融危机问题 ……………………………………………………… 36
三、环境恶化问题 ……………………………………………………… 38
四、能源短缺问题 ……………………………………………………… 40
五、粮食危机问题 ……………………………………………………… 41

第三章　当今时代的主题和争取建立国际新秩序 ………………………… 43
第一节　和平与发展是当今世界的两大主题 ……………………………… 44
一、时代主题的转换：从"战争与革命"到"和平与发展" ……… 44
二、维护和平——当今世界的根本问题 ……………………………… 45
三、发展——当今世界的核心问题 …………………………………… 49

第二节　争取建立公正合理的国际新秩序 ………………………………… 54
一、国际秩序及其演变 ………………………………………………… 54
二、两种不同的国际新秩序观 ………………………………………… 57
三、为建立公正合理的国际新秩序而共同奋斗 ……………………… 61

目 录

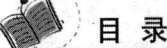

第四章 维护霸权地位的美国 …… 65

第一节 美国的政治制度及其演变 …… 66
一、美国资本主义制度的确立 …… 66
二、战后美国政治的变化 …… 68
三、"9·11"事件后美国新保守主义势力的上升 …… 69

第二节 美国经济的演变及趋向 …… 71
一、美国经济的发展历程 …… 71
二、美国经济长期领先的原因 …… 75
三、次贷危机冲击下的调整与发展趋向 …… 77

第三节 美国独霸世界的全球战略 …… 79
一、美国独霸世界全球战略的演变 …… 79
二、战后美国对外战略的特点 …… 89
三、美国的国际地位 …… 91

第五章 走向联合的欧洲 …… 93

第一节 战后西欧的联合自强 …… 95
一、西欧经济与政治 …… 95
二、欧洲一体化的进程和成就 …… 98
三、西欧国家的对外关系 …… 100

第二节 东欧国家的发展演变 …… 103
一、东欧国家的社会主义实践 …… 104
二、东欧剧变 …… 106
三、东欧国家的转轨 …… 107

第三节 迈向统一的欧洲 …… 109
一、欧盟的扩大和深化 …… 109

二、北约东扩及其新战略概念 …………………………………… 111
三、欧洲面临的新问题 …………………………………………… 113

第六章 追求"普通国家"目标的日本 …………………………… 118

第一节 "冷战"时期的日本 ………………………………………… 119
一、战后日本的民主改革与西方民主政治制度的确立 ………… 119
二、战后日本经济的恢复与发展 ………………………………… 121
三、从"政治侏儒"向政治大国转变的外交战略 ………………… 123

第二节 "冷战"结束后的日本经济与政治 ……………………… 126
一、"冷战"结束后的日本经济 …………………………………… 126
二、"冷战"结束后的日本政治 …………………………………… 129

第三节 "普通国家化"大国外交的基本走向 …………………… 132
一、"普通国家化"外交战略 ……………………………………… 132
二、"冷战"后的日本对外关系 …………………………………… 134
三、日本实现"普通国家"政治大国战略目标的前景 …………… 137

第七章 苏联的演变与俄罗斯的重振 ……………………………… 138

第一节 苏联的演变与解体 ………………………………………… 139
一、战后苏联的演变 ……………………………………………… 139
二、苏联的演变与解体 …………………………………………… 143
三、苏联解体的原因、教训和影响 ……………………………… 145

第二节 俄罗斯联邦的政治与经济 ………………………………… 149
一、俄罗斯联邦的政治 …………………………………………… 149
二、俄罗斯联邦的经济 …………………………………………… 153

第三节 俄罗斯联邦的对外战略 …………………………………… 155
一、俄罗斯对外政策的调整 ……………………………………… 155

目录

  二、俄罗斯的对外关系 …………………………………………………… 156

  三、俄罗斯在当今世界上的地位和作用 ………………………………… 158

第八章　奋进中的第三世界 …………………………………………………… 160

 第一节　第三世界的崛起及其国际地位和作用 ………………………………… 161

  一、第三世界概念的由来 ………………………………………………… 161

  二、第三世界的兴起和发展 ……………………………………………… 162

  三、战后第三世界在国际舞台上的地位和作用 ………………………… 164

 第二节　第三世界的政治经济发展与对外关系 ………………………………… 165

  一、战后第三世界国家的道路选择与政治发展 ………………………… 165

  二、战后第三世界国家的经济发展 ……………………………………… 169

  三、战后第三世界国家对外关系的特征 ………………………………… 173

 第三节　"冷战"结束后发展中国家的新变化 ………………………………… 175

  一、"冷战"后发展中国家政治的新变化 ……………………………… 175

  二、"冷战"结束后发展中国家经济的新变化 ………………………… 177

  三、"冷战"结束后发展中国家国际地位得到提升 …………………… 180

第九章　中国的外交政策与对外关系演变 …………………………………… 183

 第一节　毛泽东时期的外交政策与对外关系 …………………………………… 184

  一、建国初期的"一边倒"外交政策与对外关系的初步发展 ………… 184

  二、20世纪60年代"两个拳头打人"外交政策与对外关系 ………… 185

  三、20世纪70年代"一条线，一大片"外交政策和对外关系的突破 …… 187

  四、毛泽东的国际战略思想 ……………………………………………… 188

 第二节　邓小平时期的对外政策与对外关系 …………………………………… 190

  一、对外政策的调整 ……………………………………………………… 190

  二、中国对外关系的崭新局面 …………………………………………… 191

  三、邓小平的国际战略思想 ……………………………………………… 193

第三节 "冷战"结束后的外交政策与对外关系 …… 194
- 一、"冷战"结束后中国所处的国际环境 …… 194
- 二、对外政策的调整 …… 195
- 三、中国对外关系的新局面 …… 196

第四节 21世纪的外交政策与对外关系 …… 198
- 一、"和谐世界"理念的提出 …… 198
- 二、"和谐世界"理念的内涵 …… 199
- 三、构建和谐世界的外交实践 …… 200

第五节 当前中国的国际地位 …… 202
- 一、对国家实力的客观评估 …… 202
- 二、对国际环境的准确判断 …… 204
- 三、对和平发展道路的坚持 …… 206

第十章 当代世界中的国际组织 …… 208

第一节 国际组织的形成发展与运行机制 …… 209
- 一、国际组织的概念和特征 …… 209
- 二、国际组织的演变历史 …… 210
- 三、国际组织的运行机制 …… 213

第二节 联合国 …… 215
- 一、联合国的建立与发展 …… 215
- 二、联合国改革 …… 217
- 三、联合国的地位和作用 …… 221

第三节 其他重要的国际组织 …… 223
- 一、世界银行、国际货币基金组织和世界贸易组织 …… 223
- 二、重要的区域性国际组织 …… 226
- 三、八国集团与二十国集团 …… 228

第一章　当代世界总格局

　　第二次世界大战结束已经60多年了，如何看待这半个多世纪世界的发展变化？它经历了几个阶段？各有什么特点？新世纪有什么新变化？世界前景如何？研究当代世界总格局，就是从宏观的、总体的、综合的高度对这60多年世界的发展变化作一个扼要的介绍，提供一个认识第二次世界大战后世界的线索和轮廓。

第一节 战后世界两极格局的演变历程

1945年9月,第二次世界大战结束了。在战争后期形成的雅尔塔体制奠定了两极格局的基础,一直到1991年12月苏联解体,宣告两极格局终结。正确认识这一发展演变过程,是正确认识当今世界现实的重要依据。

一、雅尔塔体制与战后初期美国称霸世界

反法西斯战争的胜利使国际舞台上的多种力量发生了极为深刻的变化:意、德、日三个法西斯国家相继投降,丧失了在国际舞台上的平等地位;英、法两个世界强国尽管是战胜国,但实力被极大地削弱,欧洲的世界中心地位也随之丧失;美国在经济、军事、科技等诸多方面都居世界领先地位,成为实力最强大的国家;苏联经受了战争的严峻考验,成为拥有巨大实力、享有崇高威望的社会主义强国;欧洲和亚洲相继建立了一批人民民主国家,亚洲还出现了最早的几个民族独立国家。世界各国人民反对战争、渴望世界和平成了一股不可阻挡的洪流。正是这种力量对比的变化成为战后雅尔塔体制的基础。

雅尔塔体制是指第二次世界大战后期,美、英、苏三国首脑经过德黑兰会议(1943年11月28日至12月1日)、雅尔塔会议(1945年2月4~11日)和波茨坦会议(1945年7月17日至8月2日)等,就如何加快反法西斯战争的胜利以及处理战后问题达成的一系列协议。雅尔塔体制的形成对于加速反法西斯战争的胜利,消除德、日军国主义势力都起了重大作用,表明不同社会制度和意识形态的国家为了共同利益相互尊重、求同存异是可以实现有效合作与和平共处的。雅尔塔体制在历史上起过一定的积极作用,但是,它的消极作用也是明显的,即美、英、苏三国根据自己的实力和利益实现了对胜利果实的瓜分。在它们的协议中,一些国家的主权遭到了严重的践踏。实质上,雅尔塔体制是美、苏两国划分势力范围的结果,奠定了战后两极格局的基础。

两极格局的形成,是从美国凭借自己雄厚的实力推行独霸世界的全球战略开始的。在战争期间的1943年,美国总统罗斯福授意戴维斯发表了"罗斯福的世界蓝图"一文,提出了把苏联纳入自己的合作蓝图以达到称霸世界的构想。1945年4

第一章 当代世界总格局

月罗斯福逝世,杜鲁门继任总统后,开始改变罗斯福的美、苏合作政策,认为苏联是建立美国世界霸权的主要障碍,强调要对苏联采取强硬政策。为此,杜鲁门政府采取了一系列措施:1946年2月22日,美国驻苏代办乔治·凯南给国务院发回一份长达8000字的电报,全面分析了苏联战后的意图、政策和做法,提出了一套"遏制"苏联的政策;3月5日,英国前首相丘吉尔应邀在美国富尔敦发表了著名的"铁幕演说",呼吁美、英合作,建立军事同盟以共同对付苏联的威胁;9月,杜鲁门的白宫助理白拉克·克利福德编写了长达50页的"美国与苏联关系"的报告,正式提出对苏实行"冷战"的纲领。

铁幕

1946年3月,丘吉尔在其名为"和平砥柱"的演说中说:"从波罗的海边的什切青到亚得里亚海边的的里雅斯特,一副横贯欧洲大陆的铁幕已经拉下。这张铁幕后面坐落着所有中欧、东欧古老国家的首都——华沙、柏林、布拉格、维也纳、布达佩斯、贝尔格莱德、布加勒斯特和索菲亚。这些著名的都市和周围的人口全都位于苏联势力范围之内,全都以这种或那种方式,不仅落入苏联影响之下,而且越来越强烈地为莫斯科所控制。"此后,"铁幕"一词被引申为阻碍西方思想意识和影响进入苏联及其所控制欧洲地区的政治地理界线。

"杜鲁门主义"的出笼是美国妄图独霸世界的第一个重要步骤。1947年3月12日,杜鲁门在美国国会发表了关于援助希腊、土耳其的演说,要求国会批准拨款几亿美元,援助希腊、土耳其,重建经济生活,抵制共产主义的"扩张"。"杜鲁门主义"公开打出了反苏、反共的旗号,是对苏"冷战"开始的标志,确立了对社会主义国家的基本态度和政策。

"马歇尔计划"是美国称霸世界计划的重要组成部分。美国国务卿马歇尔1947年6月5日在哈佛大学毕业典礼上发表演说,提出美国帮助欧洲经济复兴的计划。该计划的实施在一定程度上帮助了当时处境极端困难的西欧各国渡过战后的难关,有利于西欧经济的恢复和发展;同时,也加强了资本主义世界的经济联系,形成了资本主义世界的经济联盟。从根本上说,它有利于美国在资本主义世界霸权地位的确定。

美国为了称霸世界,还加强了对亚洲的扩张。战争结束后它独占了日本,1947

年又调整了对日的政策,保护和扶植右翼势力,把日本作为向远东以至亚洲扩张的基地。1949年1月,杜鲁门在第二任就职演说中提出了利用技术和资本输出,对不发达国家进行经济和政治渗透,这就是所谓的"第四点计划"。它的实质是通过援助的形式来控制这些国家,是一种新殖民主义的政策。

1949年4月,美、加、英、法等12国在华盛顿签订了《北大西洋公约》,这是资本主义世界各国在军事上实现战略同盟的标志,是美国称霸世界计划的又一组成部分。

二、20世纪50年代两大阵营的全面对峙

美国政府咄咄逼人的攻势和以美国为首的帝国主义阵营的形成,对苏联和欧亚人民民主国家构成了严重威胁。苏联采取相应的措施,把欧亚人民民主国家组织起来,逐步形成了以苏联为首的社会主义阵营,和以美国为首的帝国主义阵营相对抗。正是这两大阵营的全面对峙成为20世纪50年代世界格局的最大特点。

针对"马歇尔计划",苏联加强了与东欧各国的经济合作,在1947年7~8月间先后分别同保、捷、匈、波、罗五国签订了贸易协定,帮助东欧各国恢复和发展经济,加强经济联系,西方将这些贸易协定称作"莫托洛夫计划"。

随后,1947年7月,苏联支持成立了欧洲9国共产党工人党情报局,成员是苏、南、波、罗、保、匈、捷和法、意9国共产党和工人党,这是苏联针对"冷战"形势采取的一个重大战略措施,是社会主义阵营形成的重要步骤。

1949年10月1日,中华人民共和国成立,苏联和东欧各国迅速承认并与其建立外交关系,尤其是1950年2月《中苏友好同盟互助条约》的签订形成了中苏两个大国的军事同盟,把欧亚社会主义国家连成一片,极大地增强了社会主义阵营的力量。后来,针对西方阵营在1955年5月把联邦德国拉入北约,苏联和东欧各国在华沙缔结了《华沙条约》。从此,两个对立的军事集团——北约和华约——也正式形成。

两大阵营的对峙与斗争贯穿于整个20世纪50年代,表现在政治、经济、军事、意识形态等各个方面。

1. 政治上主要表现为两面旗帜的斗争

帝国主义阵营打着反苏、反共的旗号,以防止共产主义扩张的幌子在全世界推行侵略政策和战争政策,对社会主义国家实行"冷战",为此,还签订了一系列的军事条约,对社会主义国家构成了半月形包围圈。社会主义阵营则高举和平、民主的大旗,展开声势浩大的世界和平运动,同帝国主义的侵略政策和战争政策进行坚决的斗争。

2. 经济上主要表现为封锁和反封锁的斗争

早在1947年,美国就宣布对社会主义国家实行战略物资禁运。为了打破帝国主义国家的封锁禁运,社会主义国家展开了各种形式的反封锁禁运斗争,在强调自力更生的基础上,立足于发展社会主义国家之间的经济合作与互助,大力发展与新兴民族独立国家之间的经贸关系,努力探寻和扩大与西方国家之间的民间贸易,逐步打破了西方国家的经济封锁,实现了自己的发展。

3. 军事上集中表现为1950年6月25日爆发的朝鲜战争

这是两大阵营在军事上的第一次较量。朝中两国人民在苏联的支持下进行了反对美帝侵略的英勇斗争,最终于1953年7月27日签订《朝鲜停战协定》,在"三八"线上实现停战。

4. 意识形态领域主要表现为和平演变与反和平演变的斗争

1953年初,美国国务卿杜勒斯最先提出,要用战争以外的一切手段来解决社会主义国家的问题,要解放"铁幕"统治下的人民。从艾森豪威尔开始,美国历届总统都极力地推行和平演变战略。社会主义国家采取了各种措施来反对和防止西方的和平演变,巩固和发展了社会主义事业。

整个20世纪50年代,世界格局的特点就是两大阵营的对峙和斗争。尽管这一时期涌现了一批民族独立国家,并在国际舞台上开展活动,但当时对世界格局的影响还是有限的。

三、20世纪60年代的动荡、分化与改组

20世纪60年代,整个国际形势发生了巨大而深刻的变化。一方面,新兴力量在崛起;另一方面,原有力量在不断分化和重新组合。世界格局由此发生了大动荡、大分化和大改组。

1. 第三世界的崛起冲击了两极格局

第二次世界大战的结束给被压迫民族的解放事业开辟了更加广阔的道路,许多国家掀起了民族解放运动的高潮。到20世纪60年代,涌现了一大批民族独立国家。正是在这个发展进程中,1961年诞生了"不结盟运动",针对两大阵营的尖锐对立明确提出奉行非集团、不结盟的政策。1964年,在联合国的第一届贸发会上,"77国集团"诞生,成为新兴民族独立国家经济上的代表,不断地进行着反帝、反殖、反霸的斗争。第三世界作为一个整体,开始活跃在国际舞台上,无疑对两大阵营对峙的格局起了巨大的冲击作用。

2. 帝国主义阵营内部发生分化

20世纪60年代,帝国主义阵营内部各国的经济实力对比发生了新的变化。日本和西欧的经济迅速发展,与美国的实力差距日益缩小。实力对比的变化导致美国对日本、西欧政治经济控制力的下降,日本、西欧不愿再充当美国的"小伙计",力图发挥自己在国际舞台上的独立作用,以更好地维护和实现自己的利益。到20世纪60年代末70年代初,在资本主义世界出现了美、日、欧三大中心,并呈三足鼎立的局面。

3. 社会主义阵营出现解体

战后初期,苏联的对外政策对于维护世界和平、促进欧亚社会主义国家事业的发展起了积极作用。但是,其大国主义倾向已有所显露,1948年爆发的苏联和南斯拉夫的冲突不仅在社会主义国家间造成了严重后果,也为世界各国所关注。1956年,接连出现了波兹南事件和匈牙利事件。20世纪60年代初,苏联和阿尔巴尼亚的关系破裂,苏、中关系也急剧恶化,社会主义阵营已经濒临解体的边缘。1968年,捷克斯洛伐克从上而下掀起了改革的浪潮,为苏联所不容,苏联纠集波兰、匈牙利、保加利亚和民主德国四个华约成员国出兵捷克斯洛伐克,镇压捷克斯洛伐克的改革。1969年3月,中苏珍宝岛冲突爆发,两个社会主义大国的关系彻底破裂。苏联和东欧诸国的矛盾也一直在发展,潜伏着巨大的危机。

苏南冲突

指苏联和南斯拉夫在一系列有关南斯拉夫革命和社会主义建设等问题上的分歧、矛盾和冲突。早在第二次世界大战期间,双方在南斯拉夫的游击队活动、援助和建立人民政权的问题上,就产生了隔阂。战后初期,在关于的里亚斯特的领土归属、建立巴尔干联邦以及经济贸易问题上,双方矛盾更趋激烈和公开化。1948年,双方关系彻底破裂,苏联利用情报局作出了《关于南斯拉夫共产党情况的决议》,指责南共背叛了马列主义和国际主义,宣布把南共开除出情报局。稍后,苏联断绝与南斯拉夫的一切交往,并对南实行经济封锁和军事包围。直到1955年,双方经过谈判发表了《贝尔格莱德宣言》,苏南关系正常化。1956年6月,双方签署并发表了《莫斯科宣言》,正式恢复了两党之间的关系。

经过20世纪60年代的动荡、分化和改组,原来两个阵营的全面对峙到20世

第一章 当代世界总格局

纪60年代末就变成了美、苏两个超级大国的激烈争夺,世界格局在酝酿着新的变化,孕育着世界格局多极化发展的趋势。

四、20世纪70年代初到80年代中期缓和与对抗并存

这一时期,两个超级大国之间缓和与对抗并存,互有攻守,20世纪70年代美国处于守势,苏联处于攻势。80年代前期,美国处于攻势,苏联处于守势。

20世纪60年代末尼克松就任美国总统时,面临着内外交困的形势,不得不调整对外战略,奉行以实力为后盾,以伙伴关系为核心,以谈判为主要手段的对外政策,即所谓的"尼克松主义"。尼克松因"水门事件"下台后,其后继者在整个70年代基本上都奉行这种政策。1981年,里根就任总统,面对国际地位下降和国内经济困难的严峻形势,提出了"扩军抗苏、重振国威"的口号,通过加强美国的经济和军事实力扭转被动的局面。1983年,里根提出了"战略防御计划"倡议(即"星球大战计划"),在美、苏争夺中变守为攻。

苏联在20世纪70年代凭借自己迅速发展的军事和经济实力,除了在欧洲和美国搞局部缓和之外,在亚洲和非洲大肆扩张,其战略意图就是要从亚、非两个侧翼包抄美、苏争夺的重点——欧洲,挑战和取代美国的霸主地位。到20世纪80年代初,苏联由于全力对外扩张加重了负担,经济出现了停滞局面,国际上空前孤立,面对里根政府的挑战,不得不调整政策、呼吁缓和,在美、苏争夺中转为守势。

美苏较量的同时,其他各种力量迅速发展。

1. 第三世界作为一支独立力量在国际舞台上发挥着反帝、反殖、反霸主力军的作用

20世纪70年代,旧的殖民体系被彻底打碎,绝大多数殖民地宣告独立,第三世界国家进入到发展民族经济、争取经济独立,以经济独立巩固政治独立的新时期。在国际上,第三世界的反霸斗争达到一个新水平,不仅波澜壮阔,席卷亚、非、拉,而且向纵深发展,由政治到经济,由反殖到反霸,并且加强联合,团结和组织起来,开展斗争,显示出蕴藏在他们中间的巨大力量。到20世纪80年代,第三世界国家在发展民族经济的斗争中面临着严峻的形势,遇到了新的问题,在探索和调整中继续前进。

2. 西欧的联合趋势进一步加强,成为制约两个超级大国的重要力量

经济上,到1979年,欧共体9国的国内生产总值第一次超过美国,对外贸易3倍于美国,成为世界上头号贸易集团,黄金、外汇储备超过了美、苏、日三国之和;政

治上,欧共体要求在对内、对外政策上采取"整体态度",强调在世界上要"用一个声音讲话";对外关系上,欧共体奉行具有本身特点的独立政策,在国际舞台上成为一支颇有影响的重要力量,这既维护了他们自身的权益,提高了国际地位,又有利于缓和国际紧张局势,维护世界和平。

3. 日本争取成为与其经济实力相当的"政治大国"

20世纪70年代的日本虽然经济转入低速增长,但实力仍然增长迅速。到70年代末,其国民生产总值突破1万亿美元,相当于联邦德国和英国的总和,占全世界国民生产总值的11%,是资本主义世界的第二大国。日本不甘心再充当政治上二、三流的角色,开始改变过去完全追随美国的外交政策,提出开展"多边自主外交",谋求在国际舞台上发挥独立的作用,实现自己更大的利益。1983年,日本首相中曾根康弘明确提出要在世界政治上提高日本的发言权。

4. 中国日益发挥独特的作用

1971年,中国恢复了在联合国的席位之后,开始积极地参与到国际事务中。1970～1980年,同中国建交的国家达75个,对外关系和各种交流合作很快展开。尤其是1978年中国共产党十一届三中全会的召开,中国进入了新中国成立以来的一个新时期,党和国家工作的重点转移到社会主义经济建设上来,制定了改革开放的国策。1982年,中国共产党第十二次代表大会上明确提出奉行"独立自主的和平外交政策",对原有外交政策进行了大的调整,使得中国外交开创了崭新局面。

多种力量的迅速发展,必然对两个超级大国产生重大的制约作用,也就会使世界格局发生新的、深刻的、巨大的变化。

五、20世纪80年代中期到90年代初两极格局走向终结

1985年,戈尔巴乔夫就任苏共中央总书记,面对苏联当时的严峻形势,深感力不从心,难以再和美国继续对抗和争夺世界霸权,决心调整政策。美国里根政府在第一个任期内奉行对苏强硬政策取得了进展,实现了对苏争夺态势由守到攻的转变,但由此带来的财政赤字使强硬政策难以为继。在这样的背景下,1985年11月19～21日,里根和戈尔巴乔夫在日内瓦举行了会谈,发表了联合声明,表明双方开始由对抗走向对话。此后,两国首脑会晤日益频繁,到1991年7月30～31日两国首脑在莫斯科会晤为止,在不到6年的时间里,首脑会晤达11次之多。通过会谈,双方达成了一系列的协议,两国关系由此日趋缓和。

此后,国际上许多以美、苏争夺为背景的热点也普遍降温,谋求和实现政治解

决。战后几十年来两极对峙、两超争夺的紧张国际局势由此走向了全面缓和。各个国家、各种力量都在缓和中谋求发展以增强实力,以期在国际舞台上找到自己最佳的位置。

在国际局势缓和的背景下,发生了东欧剧变。20 世纪 80 年代末,东欧国家长期存在的经济困难酿成了严重的经济危机。各国政府束手无策,以美国为首的西方国家趁机加紧对这些国家发动和强化和平演变的攻势,苏联戈尔巴乔夫政府推行的国际政治"新思维"对此起了推波助澜的作用。由此,1989 年东欧发生了战后空前急剧的变化,剧变的结果是在政治上都取消了共产党的领导,实行以多党制为基础的议会民主制;在经济上完全否定了公有制,实行以私有制为基础的市场经济;在意识形态上否定了马列主义的指导地位,实行多元化;在外交上摆脱了苏联的控制,纷纷投靠西方,要求参加北约和欧盟。90 年代初,阿尔巴尼亚也发生了剧变,南斯拉夫则发生了分裂,甚至发生了内战。总之,东欧各国政权和社会性质发生了质变,社会主义事业遭到了巨大的挫折。

在国际局势缓和的背景下,苏联发生了解体。1991 年 12 月 8 日,白俄罗斯、俄罗斯、乌克兰 3 个加盟共和国的领导人在白俄罗斯的首都明斯克签署了关于建立独立国家联合体的协定。1991 年 12 月 21 日,在哈萨克首府阿拉木图,俄罗斯等原 11 个加盟共和国的领导人宣告独立后举行会议,宣布建立独立国家联合体。1991 年 12 月 26 日,苏联最高苏维埃举行最后一次会议,宣布苏联不复存在,人类历史上的第一个社会主义国家、一个社会主义强国、一个超级大国的苏维埃社会主义共和国联盟至此彻底瓦解。由于苏联的解体,也就宣告了战后维持了 40 多年的两极格局的终结。

苏联的解体,是战后最重大的政治事件之一,社会主义事业受到了严重的挫折,对欧洲和世界都产生了广泛而深刻的影响。

第二节 "冷战"结束后世界格局的演变

两极格局终结不是战争的结果,而是在国际局势缓和的大背景下,美、苏两极经过长期的较量,互相消耗实力,苏联爆发了全面危机而自行坍塌的结果。因此,"冷战"结束后,在相当长的时间内,世界各主要力量随国际关系的演变调整各自对外战略,推动新的世界格局逐步形成。

一、两极格局终结后的过渡时期

两极格局结束后,无论是发达资本主义国家的美国、日本和西欧诸国,还是中国和广大发展中国家,实力都没有发生急剧的消长变化,所以并没有立即形成新的世界格局。

美国尽管是最强大的国家,是唯一的超级大国,但在长期的美、苏争夺中,实力也有巨大的消耗,和其他发达国家相比,实力的优势在削弱,相互间的差距在缩小。西方内部美、日、欧合作的基础发生了动摇,曾经共同对付的敌人——苏联不存在了,而内部的矛盾在发展,既有经济领域争夺世界市场的矛盾,也有地区战略利益的根本不同和争夺地区主导权的矛盾。

俄罗斯在苏联解体后取代了苏联在联合国的地位,是安全理事会常任理事国,还有强大的核力量,是个能够对美国构成核威慑的核大国;另外,它的人口、面积、资源、经济和科技的潜力以及历史传统,使它具备成为一个世界大国或独立一极的基本要素。但是,现实经济困难和实力的削弱严重地制约着它,使之难以在国际政治事务中充分发挥一个大国的作用。国家分裂后的改革没有取得预期的效果,经济情况每况愈下,直到20世纪90年代末,仍然非常困难,其国民生产总值只有3000多亿美元,约为美国的1/30,不仅人民群众的生活水平急剧下降,军队的正常开支以至军费都难以维持,还有沉重的外债负担。

中国的改革开放政策在20世纪80年代末90年代初经受住了考验,国际地位稳步提升。1990年3月3日,邓小平针对当时急剧动荡和变化的局势,指出:"美、苏垄断一切的情况正在变化,世界格局将来是三极也好、四极也好、五极也好,苏联总还是多极中的一个,不管它怎么削弱,甚至有几个加盟共和国退出去。所谓多极,中国算一极。中国不要贬低自己,怎么样也算一极。"①

这种情况下,两极格局终结后的世界格局呈现出"一超四强"的过渡状态,即美国是唯一的超级大国,欧盟、日本、俄罗斯和中国是世界范围内的强大国家或国家集团力量。但是,"一超四强"只是一种过渡状态,不是一种稳定的格局。因为在这几大力量中还存在一些不确定的因素,很难把它视为新的世界格局。而且,"一超四强"片面突出这些传统大国和强国的地位,排除了一些新的力量发展或上升为世界力量的可能性,这也是不科学的、不符合实际的。"冷战"结束后,一些地区大国

---

① 《邓小平文选》,第3卷,人民出版社,1993年版,第353页。

第一章 当代世界总格局

都在努力地发展自己,要使自己成为世界大国以至世界的一极。还有一些地区的国家集团随着其成员的扩大、经济一体化程度的提高以及安全、外交等领域的协调加强,也完全可能由一个地区因素上升为一个世界因素成为未来世界格局中的一极。

二、大国关系的调整

"冷战"结束后,面对新的国际局势,世界各国进行了对外关系和对外政策的调整,推动世界格局的形成。

作为"冷战"的胜利者,美国的战略意图是要趁势称霸世界,构筑起美国统治下的和平。为了巩固自己的超级大国地位,美国采取各种措施,包括军事打击,来对付它认定具有威胁的国家。由于长期处于敌对状态下,一旦失去强大的敌人,美国似乎难以适应。寻找新的战略对手,成为美国在调整对外政策方面首先要考虑的问题。

其次,在对待盟国的关系上也有新的调整,以适应"冷战"结束后的国际关系。通过推动北约的职能调整和北约东扩,不仅强化了美欧军事同盟关系,而且将北约塑造成为欧洲安全的核心。在东亚,通过修订美日安保条约,颁布美日安保新指针,美国加强了在东亚地区的军事力量。

再次,调整了针对一些发展中国家的政策,尤其针对那些在"冷战"时期与苏联关系密切或者签订条约的国家。如印度,在"冷战"时期长期和苏联有非常密切的关系,包括军事合作。苏联解体之后,美、印加快了接近的步伐,美国减少了对巴基斯坦的支持,实行抑巴、扶印的政策。还有对一些原来接受苏联援助较多的国家,美国也以提供援助为诱饵,推动这些国家接受西方的模式,如私有化、多党制、议会民主等。

又次,对俄罗斯,美国采取了既拉拢又防范的政策,美国全面支持俄罗斯奉行向西方一边倒的政策,向俄罗斯提供经济援助、贷款,把俄罗斯拉入西方七国集团,目的是把俄罗斯全面纳入西方体系,使之成为其中的一员。当然,美国并不把俄罗斯当做平等的一员,更不希望与俄罗斯平起平坐、发挥独立的作用,仍然对俄保持着某种戒备和防范。

最后,美国调整了对华政策。克林顿政府将美中关系定位于"战略伙伴关系",美中关系一度得到顺利发展。但小布什执政后,开始公开提出"战略竞争对手"的定位。尽管中美之间在反恐、地区问题及经济领域的合作增强,双方都在不断调整政策,但摩擦时有发生。

美国的对外政策在做全方位地调整,其他各种力量也都在全方位地调整自己的对外政策,其目的都是为维护、实现自己国家或国家集团的利益,以求得在世界格局变化中处于更有利的地位。从20世纪90年代后期开始,大国关系的调整出现了一个高潮,大国之间形成了各种名目的"伙伴关系"是一个鲜明的特点。其中,美、欧、俄围绕欧洲事务的频繁接触,中、欧、美、日、俄之间的双边首脑会晤尤其受到国际社会的关注。1996年,俄罗斯与中国建立起"战略协作伙伴关系";1997年4月,中国与欧盟就"建立面向21世纪的长期稳定的建设性伙伴关系"达成了共识;1997年5月,中法宣布建立"面向21世纪的全面伙伴关系";1997年10月,中美决定"共同致力于建立面向21世纪的建设性战略伙伴关系";同样是在1997年,中日确定建立"迈向未来的长期稳定的睦邻友好关系",俄、法、德决定建立首脑定期会晤制度。

以上现象表明,"冷战"后大国关系经历了重大而深刻的调整。各大国都在力求建立一种面向21世纪的新型关系。经过调整,大国关系逐渐向机制化方向发展,有利于大国关系的稳定,有利于世界和平与共同发展,对于世界新格局的形成具有重大影响。

三、美国单极霸权图谋带来的冲击

面对"冷战"结束后多种力量的发展,美国为维护其世界领导地位,在国际事务中经常表现出强权政治、霸权主义行径。1999年3月,以美国为首的北约凭借其政治、经济、军事和科技的绝对优势,对力量对比极为悬殊的南斯拉夫联盟进行了长达74天的狂轰滥炸和空中打击,造成了数千人的伤亡和数千亿美元的损失,还有严重的环境污染,这是"冷战"后一场大规模推行"新干涉主义"的战争。美国发动这场战争,其目的是想控制巴尔干这个重要战略地区,挤压俄罗斯,既填补势力真空,又加强对欧洲的控制和影响,以实现其强化超级大国地位和建立单极格局的梦想。

从科索沃战争可以看到:第一,美国打着北约的旗号,拉着欧洲盟国一道作战,而非单枪匹马。欧洲国家认为科索沃危机会威胁和危害欧洲的利益,应该予以干预。但美欧合作中各有打算,存在不少的分歧,尤其在美国利用北约控制欧洲,是

第一章 当代世界总格局

欧洲国家不能接受的。

第二,科索沃战争是一场没有联合国授权的非法战争,尽管在战争的最后阶段,为了求得政治解决,将和平协议提交联合国安理会表决,但联合国的权威因战争爆发而受损。

> **科索沃(Kosovo)**
>
> 在南斯拉夫联邦时期,科索沃是塞尔维亚共和国内西南部的一个自治省,与阿尔巴尼亚和马其顿毗邻。在南斯拉夫剧变解体的过程中,科索沃阿族与塞族的矛盾日益尖锐,冲突趋向激烈,当时的南联盟当局对阿族的镇压也随之升级。由此引发1999年北约对南联盟的军事打击。科索沃战争结束后,科索沃由联合国和北约联合管辖。2008年2月,科索沃宣布独立。

第三,这场战争是在不顾俄罗斯的反对中步步升级的,但当其空中打击难以达到目的之时,它又不得不谋求俄罗斯发挥作用,调解斡旋。这些充分说明,美国不能不承认其他大国和国际组织的作用,不能不受其他大国和国际组织的制约,它绝不可能为所欲为、一意孤行地去实现其单极霸权的梦想。

2001年"9·11"事件震惊世界,给予美国沉重地打击,危及到美国本土的安全,但它并未使美国伤筋动骨,并未动摇它的综合国力的基础,更没有改变其超级大国地位。随后美国发动了阿富汗战争,提出了建立反恐联盟的主张,旨在打击阿富汗塔利班政权和本·拉登的恐怖组织。它得到的国际支持超过了"冷战"结束以来的历次战争,有100多个国家支持、36个国家提供参战力量或军事设施、44个国家对美开放领空、33个国家给予美国飞机紧急着陆权。

美国的反恐战争之所以获得广泛支持,并不是单纯军事行动的结果,而是其调动了各种资源、使用了各种手段的结果。可以说,"9·11"事件后,国际范围内的反恐怖主义为美国提供了在世界上大规模军事行动的理由和便利条件,给美国主导建立单极世界带来了机遇。美国超级大国的地位增强了,世界领导作用增强了。但是,这并不表明世界多数国家认同了美国搞单极格局的主张,更不意味着美国可以据此实现其独霸世界的野心。这是因为:

第一,恐怖主义是世界各国的公敌,美国在遭到恐怖主义袭击后举起反恐斗争的旗帜,自然会得到各国的同情和支持,但这绝不等于各国支持美国搞单极格局和独霸世界的野心。

第二,在国际反恐斗争中,很多国家并不是盲目地支持美国的一切主张,仍然保留着自己的主张,诸如:强调反恐要证据确凿,不能任意扩大反恐的范围,不能任意指向一个民族或一种宗教,不能伤及无辜平民等。显然,这既是和美国的反恐政策保持距离,也是对美国在反恐旗号下发动战争的一种制约。

第三,美国在反恐斗争的发展中把打击目标指向伊拉克,于2003年发动了伊拉克战争,这又是一场违背国际法、践踏联合国权威的非法战争,不仅遭到俄罗斯和中国的反对,也受到众多的阿拉伯国家的反对,甚至遭到法国、德国等欧洲盟国的反对。

从根本上说,国际反恐联盟的存在不取决于美国的政策和目标,当美国把反恐作为幌子去侵犯其他国家的利益时,就会遭到别国的反对和抵制,甚至可能造成反恐联盟的瓦解。美国越出反恐范围或借反恐战争之名、搞霸权之实的行为是不得人心的,绝不会得到国际社会的广泛认同。

"9·11"事件后,美国在反恐联盟中主导地位的建立似乎对它实现霸权野心有利,但这并不会导致美国的单极格局梦想的实现。大国关系的改善与合作的加强,不仅不意味着其他大国都将听命于美国的摆布,反而说明了多极化发展趋势的不可改变,美国的单极格局难以得逞。

第三节 世界格局的多极化趋势

进入21世纪,总体上世界格局多极化的趋势不可逆转,但经济全球化、强权政治和各种不确定因素所导致的国际政治效应对多极化进程有一定的影响。

一、经济全球化对世界格局多极化的影响

经济全球化是指在不断发展的科技革命和生产国际化的推动下,各国经济相互依赖、相互渗透日益加深,世界各国、国家集团和地区的经济部门和经济环节日益联结成一个密切联动、"一荣俱荣,一损俱损"的互动体系。

经济全球化的发展对世界政治格局的演变有着重大的作用与影响。作为一种客观进程,经济全球化为民族国家提供了展示力量和进行交往的大舞台,在各国力量不平衡发展、国际力量结构形成过程中发挥着基础性作用。

第一,经济全球化推动市场经济体制的全球化,在很大程度上强化了发达国家主导的国际政治经济秩序,有利于现存国际力量对比态势的延续。在旧的国际专

业化分工和不平等交换机制的基础上,世界体系中"中心"地区与"外围"地区之间在事实上形成了一种严重不对称的相互依赖态势,甚至可以说是一种不平等依附关系,正如依附理论所演绎的那样。发展中国家要改变在国际分工中的不利地位和扭转在全球市场竞争中被动弱势地位的努力,往往被占据经济、科技、军事和文化优势的发达国家强大的竞争实力和先进的竞争战略击得节节败退,国际经济分工的垂直性特征难以改变。

第二,经济全球化为发展中国家带来难得的发展机遇与巨大的挑战。在全球化加速发展的当今,一国在世界经济中的地位主要取决于要素积累(如资本和高素质人力资源)与长远来说该国的生产力增长率。这意味着如果发展中大国处理得好,完全可以抓住全球化带来的机遇,借助进出口贸易和外来投资提高本国经济的效率,进入世界市场,获得发展本国经济的资金和技术,并着力提高本国的技术创新能力,在世界综合国力竞争中站稳脚跟,甚至取得突破。当然,世界市场体制下的国力竞争大大强化了国际经济、政治发展不平衡的效应,在促进工业化、现代化与经济增长中心多元化以及新兴强国不断涌现的同时,也带来贫与富、强与弱的两极分化。世界经济的增长由以美、欧、日等少数西方发达经济体为中心,逐渐演变为世界经济增长中心的多元化,以中国为代表的发展中国家在世界经济发展中的作用也越来越大。弱势的发展中国家游离于世界经济的主流、单纯依靠自身力量而谋求发展的做法将日益地被边缘化。

第三,经济全球化带来的复合相互依赖效应极大地影响了世界各主要力量之间的互动模式,国际协调趋势日益显著。经济全球化是国际经济相互依存关系的形成和深化的过程,国家之间进行以协调与合作为主要内容的双赢交往模式的空间大大扩展,从而对竞争形成一定抑制。对处于优势地位的霸权国家,相互依存关系的客观存在对其滥用强权形成制约。总之,"冷战"结束后,经济全球化带来各国经济相互依存关系的确立和发展,世界大国普遍摒弃了零和博弈式的对抗性竞争,寻求不同程度的相互尊重、和解与合作。

第四,经济全球化加剧了全球公共问题的严重程度,催生了形形色色的"反全球化"运动,唤起了大众对国际关系的重视,从而影响到国际格局的发展走向,反映了全球化进程的国内政治效应和国际政治效应的互动。经济全球化带来了前所未有的资本、人口和信息的跨国界流动,其中有相当部分的流动没有受到合法性力量的有效监控,金融危机、跨国犯罪、疾病的跨国传播和全球恐怖主义等公共问题日益严重,引起各国民众的强烈不满。公众对全球化的不满情绪对各国政府形成巨大的政治压力,甚至可能从根本上改变各国对待全球化的立场,引起世界政治的纷争和动荡。

在经济全球化加速发展的过程中,还伴随着一个极其重要的区域经济一体化问题。区域经济一体化进程具有显著的国际政治效应,反映了世界格局多极化的新内涵,多极化的经济基础日益形成。

二、美国的单边主义对多极化趋势的影响

"9·11"恐怖袭击事件发生后,美国政府利用其超强力量加强其世界领导地位的意愿急剧提升,突出表现为全球战略中的新帝国倾向以及国际行动中的单边主义。

1."冷战"后美国单边主义的内涵

对于"冷战"后美国单边主义的理解,应该基于以下几点:

(1)"冷战"结束后,美国在国际关系中频频采取单边主义的立场,主要表现为:拒不签署《禁止地雷公约》;拒绝批准《全面禁止核试验条约》;拒绝签署《京都议定书》;与英国轰炸伊拉克并对其进行长期制裁,对其平民造成了巨大伤害;过度偏袒以色列;寻求本国的"防御"和"保护",并将其置于多边的"预防"观念之上。更为严重的单边主义作风是美国政府不顾强大的国际社会反对的压力,执意退出《反弹道导弹条约》,研发部署导弹防御系统,破坏了数十年努力才达成的全球战略平衡。布什总统还在2002年1月的国情咨文中提出了充满火药味的"邪恶轴心"论和军事单边主义色彩极浓的先发制人战略主张。

何谓"单边主义"?

单边主义是相对于多边主义而言的,它是一国在推行其外交战略时的手段和方法,服务于该国的外交战略目标。单边主义者主张,在攸关本国重大利益的对外行动中,应尽可能摆脱其他国家与国际组织的影响和牵制,鼓吹单方面采取行动,反对把国家主权转让给国际组织。

(2)布什政府的单边主义作风根源在于美国新保守思潮的沉渣泛起,有一定的社会基础,因此会有一定的延续性。"冷战"结束后,美国的保守主义思潮甚嚣尘上。布什政府的上台意味着保守主义思潮在新世纪发展的一个高峰。保守主义的政治哲学和外交理念认为,国家之间的利益具有内在的冲突性,国家间的竞争主要是一种零和性质竞争。实力是维护国家利益的主要手段,均势战略是国际和平与安全得以维护的主要有效方式。因此,唯有通过加强以军事力量和经济实力为核心的国家力量,才能切实、有效地维护自身利益,通过基于实力的均势制衡战略才

第一章 当代世界总格局

能有效遏制新兴大国对既有国际安全与和平秩序的挑战。由于美国单边主义作风拥有一定的社会基础和选民基础,因而它将具有一定的延续性,不能指望它对美国的对外政策的影响能在短时间内彻底消失。

(3)政治单边主义基于美国强大的国家力量,具有为新帝国倾向服务的特征,有竭力阻遏多极化趋势的战略考虑。部分美国人认为,在进入新世纪之际,美国已成为自罗马帝国崩塌以来从未有过的超级大国,政府的任务就是要制定一项与压倒性优势的统治地位相称的军事和外交政策,摆脱多极化思维的束缚,采取保持单极化所必需的单边主义政策。布什及其支持者认为,多极竞争是造成世界不稳定的重要原因,只有单极化,世界才能安宁。

(4)政治单边主义将受到多边主义力量的强有力挑战和制约。尽管小布什政府单边主义作风的影响无疑具有全球性,对世界格局多极化会形成巨大冲击,但实践证明,这种单边主义作风从一开始就遭到了主张世界多极化的几大力量反对和抵制。只要这些大国致力于推动多极化进程,则任何单边主义作风都只能暂时地延宕多极化的进程,而不能从根本上改变多极化的发展趋势。

2."9·11"事件的影响

"9·11"事件的发生对美国单边主义作风是一个巨大的打击,美国领导人开始注重单边主义和多边主义的融合。在国际事务的处理中,美国政府开始单边与多边并重,但其单边主义习气依然严重,表现为能利用多边主义机制则尽量利用,不能利用则抛开。

本·拉登

基地组织的首领,被认定是"9·11"袭击事件的幕后总策划人,是普遍公认的头号国际恐怖主义分子。在相当长的一段时间内,本·拉登一直被普遍认为藏身于阿富汗与巴基斯坦边境一带。2011年5月1日晚,美国宣布本·拉登已经在巴基斯坦被击毙。

"9·11"事件对美国战略态势的影响是双重的,既有不利的一面,也有有利的一面。从不利的方面看,它使美国对本土安全的信心严重受挫,认识到了安全威胁的多重性和恐怖主义袭击的难以预防性,不得不调整其安全战略,把本土安全放在一个更加优先考虑的地位;它也对美国的社会心理造成诸多不良影响,民众的安全感和社会信任感急剧下降,对特定民族的认知心理更为复杂,甚至宗教矛盾有所加剧。从有利的方面看,美国可以通过建立并领导国际反恐联盟来为其巩固霸权领导地位,为其全球战略披上各国更愿接受的外衣;美国也在利用反恐战争重新调整地缘政治安排,构筑新的地缘战略态势,以反恐为幌子确立新的国际关系规则,调整与俄、中、印、巴等有重大世界影响或地区影响的国家的关系,加强对中亚—中东产油地带的渗透和控制,加速塑造伊斯兰国家的对美友好姿态,最终为美国的全球霸权领导秩序服务。

"9·11"事件带来了大国关系调整的契机,大国关系中合作性的一面显著上升。"9·11"事件后,美国开始调整对俄关系中的强硬一面,推动建立"新型战略框架"。在对华关系问题上,美国重新调整了因为撞机事件而强化的对华强硬政策,调整了对中国的角色定位,逐渐放弃基于"战略竞争对手"的保守政策,中美关系由紧张转向缓和。日本打着反恐旗号,借口履行对盟国的支持义务,通过了反恐怖法案,为日本自卫队的海外活动炮制了法律基础。欧洲在反恐问题上给予了美国巨大的支持,但欧洲也强调反恐战争应该尽量避免伤及无辜。

"9·11"事件没有改变大国之间的物质力量对比态势,"一超多强"的基本国际格局依然如故,美国的超强实力和超级大国地位并没有遭受重大损失和明显的动摇,它谋求世界霸权的图谋没有改变,它的全球领导战略没有改变,它追求绝对安全和军事优势的政策没有改变,对联合国等多边主义国际安全机制的实用主义态度也没有改变。仍然没有一个国家或国家集团能够并愿意对美国的地位发出挑战,单极与多极之间的矛盾斗争和角力仍然会继续下去,大国之间的力量对比关系仍决定着国际格局的未来走向。

3.伊拉克战争对世界格局发展走向的影响

伊拉克战争是美国单边主义发展的顶点,对世界格局发展走向有较大影响。2003年3月,美英无视现存的国际关系准则,不顾国际社会强大的反战呼声,绕过联合国,以空前强硬的单边主义作风发动了伊拉克战争。这场战争打着"彻底销毁伊拉克的大规模杀伤性武器和把伊拉克人民从萨达姆暴政之下解放出来"的幌子,实质上是美国着手实施其改造中东计划及塑造美国主导的"世界新秩序"的重大战略步骤。虽然美国很快在军事上取得了压倒性的胜利,实现了其"倒萨"的首要目的,然而,直至2010年美国宣布从伊拉克撤军,美国依然无法在伊拉克赢得民心,伊拉克的无政府状态没有得到根本的改善。

伊拉克战争对于世界格局多极化发展的阻遏作用是明显的,它强化了美国的超级大国地位,强化了国际力量分配的"一超多强"特征。当然,从根本上讲,多极化趋势没有受到颠覆性的冲击。

伊拉克战争的进程表明,单极和多极之间的较量非常激烈。在阿富汗反恐战争后期及其结束后,美国政府大搞反恐战争的扩大化和扩散化,这不仅使大国的反恐协调与合作大打折扣,而且令各大国与美国之间的矛盾与分歧更为突出和表面化。随着美国对使用"硬力量"的青睐,各国对军事力量的关注也随之重新加深,"一超多强"格局下重塑霸权与反对霸权的斗争更加尖锐。各大国围绕伊拉克问题的外交斡旋和斗智斗勇表明,在"冷战"后的国际关系中,国家间不再有明确而稳定的"敌"、"友"阵线。随着全球化趋势的进一步发展,国家之间的相互依赖程度不断加深,各国利益互相渗透、交融,使传统的非此即彼的"敌友"标准失去了效用。因此,在国际关系中尽量化敌为友,建立广泛联系与合作,在合作中竞争已成为世界各国的共识。

由于伊拉克战争的长期消耗,美国作为超级大国的基础遭到动摇,奥巴马上台后对伊拉克政策的调整表明美国的单极格局难以为继。

三、世界格局多极化趋势不可逆转

世界格局多极化是一种不可逆转的发展趋势,我们对多极化趋势要有全面的理解和正确的把握。

从历史的角度看,多极化的苗头在两极格局时期就已出现,在两极格局的发展演变中就孕育着多极化趋势。它的出现绝不是人们主观意志的作用,绝不是偶然因素促成,而是历史发展的必然趋势。"冷战"结束后,美国成为唯一的超级大国,竭力要搞单极格局,但是,无论从国际关系历史来看,还是从国际政治理论的角度分析,在国际关系的相互依存性日益发展的今天,单极格局的前景和稳定性必然受到各种力量的挑战,多极格局将是历史发展的必然。

第一,从大国实力对比关系的动态发展看,美国的相对实力优势无法提供建立单极霸权的基础。第二次世界大战结束时,美国所积淀的经济实力、科技研发能力和军事实力等国家权力的物质基础无不如一柱擎天,傲视群雄。但短短十多年之后,日本、西欧在经济上的崛起就严重削弱了美国的相对优势。苏联以经济技术和军事实力为基础的综合国力也给了美国以极大的压力,在国际事务的各个领域与美国分庭抗礼。"冷战"结束后,尽管美国的综合国力始终雄踞世界首位,但与战后初期相比,它的相对优势已经大大缩水,在处理重大国际问题上不得不相当严重地依赖于盟国在物质上和道义上的支持。

第二，单极霸权是对国际政治民主化的否定，任何一个真正的潜在大国都不太可能心甘情愿地接受单极统治世界的安排。在多极化问题上，美国不仅与俄罗斯、中国等存在矛盾，甚至与欧洲盟国也多有龃龉。

第三，中国、俄罗斯、德国、法国和印度等主要国家推动多极化的努力和意志坚定不移。两极格局的瓦解给世界各国尤其是上述主要大国提供了一个难得的展示身手、发挥影响的历史机遇。为了在未来世界格局中占据有利地位，大国之间的矛盾与竞争是在所难免的。自"冷战"结束以来的国际政治发展表明，这种矛盾与竞争在全球层面上的直接表现就是单极与多极的斗争。俄、德、法、中、印等主要国际政治力量对推进世界多极化的努力是强大而执著的。

第四，联合国体制是保证多极化趋势发展的重要力量和基础。联合国的合法性及其最广泛的国际代表性将是联合国在多极化进程中发挥重大甚至关键作用的基础。美国在解决特定问题时绕过联合国推行单边主义的做法表明，联合国在国际事务中的作用是在加强而不是削弱。从伊拉克战前美国争取联合国决议授权看，联合国顶住美国施加的强大压力而敢于说"不"，表明联合国大多数成员国对超级大国单边行为的约束意愿的强化、制约能力的提升和牵制力度的加大，这使联合国不再是"冷战"时期那种超级大国能够随意支配、颐指气使的谋霸工具。根据《联合国宪章》，联合国在维持国际安全与世界和平上具有一定程度的强制性，在未来国际争端和冲突的解决中，它将继续扮演最重要的角色。

四、多极化进程将是曲折复杂的

多极化趋势不可逆转，并不意味着多极化很快就可以实现。实践证明，多极化的关键在于主张多极化的力量和谋求单极霸权的力量之间的对比态势是否会形成有利于多极化力量的发展变化。实事求是地说，多极化的实现将是一个非常曲折的历史过程，它取决于各种力量在物质因素、精神因素等方面的对比态势。

世界格局的发展变化归根结底取决于国际舞台上各种力量对比的变化。进入21世纪，各种力量都将其视为自己难得的发展机遇期，各大国都在竭力发展自己，积淀力量，力图在世界格局的发展变化中占据有利地位。当然，实力的发展和积淀是一个长期的、螺旋式的渐进过程，要及时、准确地估算特定力量的消长变化是很不容易的，它包含着对诸多方面的估量，也受到多种因素的制约。从物质层面上讲，有经济因素、军事因素、科技因素等；从精神层面上讲，有政治制度因素、意识形态因素、战略信条因素等。必须全面地、综合地估量。只有客观、准确地估量了力

 第一章 当代世界总格局

量对比的变化趋势,才能比较科学地预测世界格局的发展;只有科学、如实地估量了自己的相对实力,才能找到自己在世界格局中的地位。

由于各种力量在变化,各自的国家利益在扩展,各国的外交政策也随之调整,各种力量之间的关系在一定时期也会有新变化,会出现一些新的矛盾。这些矛盾如果及时地得到解决,世界局势就会继续正常发展;如果因为不能及时解决而激化,世界局势就可能再现紧张局面,甚至出现局部冲突和局部战争。战后60多年的世界局势就是这样发展的。这里突出的问题就是有的国家凭借强大的实力要称霸世界;有的国家随着实力的增长要摆脱别国的控制,争取更大的自主能力;有的国家当实力强大到一定程度时,还可能要争夺霸权、争霸世界;有的国家努力发展以增强国力,反对霸权而不争夺霸权,要建立公正合理的国际新秩序。由此,称霸、争霸和反霸的斗争就会贯穿国际关系变化的始终。这既有它的必然性,也决定了国际关系发展的曲折性。

各国发展的不平衡是一个客观规律。尽管各个国家都在发展自己和增强国力,但由于内因与外因、主观与客观的多种因素,决定了各国的发展总会有速度快慢的不同,效率高低的迥异,在一个时期内就会出现先进和落后的差别。特别是在高新技术飞速发展的今天,更是如此。

进入21世纪以来,国际形势的基本态势是总体和平、局部战争,总体缓和、局部紧张,总体稳定、局部动荡。大国间尽管仍存在各种分歧和利益冲突,但已不再是全面对抗性质,各国在不同程度上也避免采取这种态度。各大国间的经济联系更趋密切,你中有我,我中有你,共同利益领域扩大。国际关系中的零和性质在降低,使得国家间更趋于通过对话、协商、谈判等政治方式解决问题,尽量避免走向极端。

2007年的美国次贷危机到2008年演变为全球金融危机,这是自1929年美国发生大萧条以来最大的、影响最广泛的也是最深刻的一次金融危机,它破坏了货币稳定、市场稳定、金融稳定和经济稳定,拖累了全球经济增长,暴露了资本主义制度的根本矛盾,迫使现行国际金融经济秩序进行调整改革,重建国际金融经济秩序。它使美国模式在国际上的吸引力下降并推动各种国际力量重新洗牌,大国关系重新调整。总之,金融危机冲击了现存的国际政治经济格局,残存的单极格局更加难以为继,多极格局日益明朗,必将加快发展。

综上所述,可以说21世纪第一个10年世界格局的最大特点就是多极化的日益明朗。随着美国的日渐衰落、新兴国家的广泛崛起,这将是不可阻挡的趋势。

第二章　当代世界经济

　　世界经济，是社会生产力发展到一定历史阶段的产物，它是指国际关系行为主体超越国界进行生产、分配、交换和消费等活动的总和，是世界各国的经济在相互联系中形成的全球范围内的有机总体。

　　在资本主义生产方式产生之前，国家之间的经济联系是局部的、个别的现象，不存在国际分工和世界市场，也就不可能形成世界经济。只有随着资本主义生产方式的确立，以国际分工为基础的各国间商品交换和世界市场随之出现，世界货币也随之出现，初步形成各国间相互依赖的经济联系。19世纪末20世纪初，第二次科技革命再次促进了社会生产力的巨大发展，资本主义诸强通过殖民活动将越来越多的国家和地区卷入国际经济生活，世界经济形成了。

　　第二次世界大战后，世界经济进入了一个迅猛发展的时期。到了"冷战"结束后，伴随新科技革命向纵深发展，出现了真正统一的世界经济体系。进入21世纪，世界经济在大多数时候表现出强劲的增长，但是，2007年美国突如其来的次贷危机引发了2008年全球性的金融危机和经济危机，世界经济面临着前所未有的挑战。

第二章 当代世界经济

第一节 当代世界经济的演变

第二次世界大战后,是人类有史以来创造物质财富最多的时期。1950～2000年,世界总产值从4万亿美元迅速增长到35万亿美元,2010年则超过了60万亿美元。各国经济的发展和实力的消长,推动着世界经济的运行,也不断改变着世界经济的面貌。60多年来,世界经济经历了从美国独霸到力量多极化的演变过程。

一、战后初期美国独霸世界经济领域

在第二次世界大战前的近200年中,欧洲国家一直处于世界经济的中心地位。这些国家以先进的工业、技术和雄厚的经济实力为后盾,通过军事手段、殖民统治及海外贸易,使亚非拉甚至北美地区变成自己的原料基地和商品市场,逐步形成了以欧洲为中心,世界其他地区为外围的世界经济体系。

第二次世界大战以前所未有的力量冲击了欧洲的世界中心地位,使原有的世界经济体系发生了深刻的变化。美国的经济在战争中膨胀起来,在工业生产、国际贸易和金融等方面确立了自己压倒性优势,美国得以按照自己对外扩张的战略需要,凭借自己的经济优势,建立起以美国为核心的资本主义经济集团。

国际货币基金组织与世界银行

两者同为联合国的专门机构,它们确立了国际金融和投资领域的规则和制度。国际货币基金组织负责管理成员国汇率的确定与稳定,国际收支的差额与弥补,外汇政策的制定与变化等。世界银行则通过组织和发放长期贷款来解决一部分会员国经济发展对资金的需求。

第一,建立以美元为中心的国际货币金融体系。1944年7月,在美国的新罕布什尔州布雷顿森林召开了有44国参加的国际货币金融会议,通过了《布雷顿森林协定》。1945年底,在华盛顿成立了国际货币基金组织和国际复兴开发银行(即世界银行)。它所建立起的以美元为中心的货币体系,实际上是一种国际黄金汇兑本位制。其主要内容是美元和黄金直接挂钩,使美元成了主要的国际储备货币,可

以替代黄金作为国际支付手段,从而确立了美元在战后世界货币金融领域的中心地位。

第二,缔结了《关税及贸易总协定》。为了对外扩张和输出大量商品的需要,在国际贸易领域,美国积极推动国际贸易自由化,在1947年,推动23国签署了《关税及贸易总协定》,其主要目的是使各国努力达成互惠互利协议,大幅度削减关税及其他贸易障碍和取消国际贸易中的歧视待遇。

关税及贸易总协定

就性质来说,《关税及贸易总协定》(以下简称关贸总协定)只是一个多边性的国际贸易协定,而不是一个正式的国际经济组织。但实际上,它一直起着一个国际经济组织的作用,并在战后为美国的对外经济扩张提供了许多便利。当然,在客观上对推动国际贸易和世界经济的发展也起了一定的作用,表现在它促使各国关税的平均税率有了较大幅度的下降,对各种非关税壁垒也有许多限制。在经过8轮多边贸易谈判之后,关贸总协定被世界贸易组织取代。

关贸总协定作为布雷顿森林会议的补充,连同布雷顿森林会议通过的各项协定,统称为"布雷顿森林体系"。即以外汇自由化、资本自由化和贸易自由化为主要内容的多边经济体制,构成了资本主义经济集团的核心内容,是按照美国制定的原则实现美国经济霸权的体制。

第三,对西欧和日本等资本主义国家,美国采取了扶植的政策。1947年6月5日,美国国务卿马歇尔在哈佛大学发表了援欧演说,提出了"复兴欧洲计划",后来被人们称为"马歇尔计划"。对占领下的日本,1949年美国为其制定了经济复兴的"道奇路线",向日本提供了大量贷款和援助,迫使日本在经济上对美国开放,为美国控制日本打下了基础。

第四,对亚非拉民族独立国家,美国则采取新殖民主义的手法。1949年1月20日,杜鲁门在其第二届就职演说中提出了援助和开发落后地区的"第四点计划",通过对亚非拉的经济、政治渗透,抑制共产主义,扩展美国的势力范围,奠定了战后美国处理同民族独立国家关系的基调。

第五,对社会主义国家,美国则实行经济、技术封锁,遏制社会主义国家的发展。1949年11月,美国操纵英、法、意等15个西方国家成立了"巴黎统筹委员会"

（简称"巴统"），严格控制向社会主义国家的出口。1951年，美国国会通过了《巴特尔法案》（通称禁运法案），规定凡"巴统"成员向共产主义国家出口战略物资者，均被剥夺享受美国军事、经济和财政援助的权利。

通过以上这些步骤，资本主义经济集团在战后初期逐步形成，美国在此过程中确立了它的霸主地位，建立了有利于自己对外扩张的国际经济秩序，为资本主义世界创造了一个相对统一和稳定的国际经济秩序，客观上为各国的经济发展提供了较为良好的国际环境。资本主义国家在20世纪五六十年代经历了经济高速增长的"黄金时代"。在其带动下，发展中国家的经济增长也比较快。整个50年代，发展中国家年平均经济增长率为4.5%，1960～1973年为6.3%，比发达国家年平均增长率还要快。

二、社会主义经济集团的形成

在世界经济范畴，"十月革命"的胜利和苏联的诞生，打破了以往世界经济为资本主义国家一统天下的局面。第二次世界大战前，苏联在资本主义各国包围中探索社会主义制度的建立，形成了"苏联模式"——高度中央集权的政治经济体制。战后，社会主义国家由一国发展到多国。苏联由于担心美国操纵，没有参加国际货币基金组织、世界银行和关税贸易总协定，拒绝了美国的"马歇尔计划"，针对美国的经济封锁，采取了相应的对策和措施。

1947年7月和8月间，苏联先后分别同保加利亚、捷克斯洛伐克、匈牙利、波兰、罗马尼亚五国签订了贸易协定，帮助东欧国家恢复和发展经济，这是苏联与东欧国家建立密切的经济联系的第一步。到1949年，仅波兰一国就从苏联得到22亿卢布的工业化贷款。西方将这些贸易协定的签订称作"莫洛托夫计划"。

1950年2月14日，苏联和中国签订了《中苏友好互助同盟条约》，两国开展了相当密切的经济合作，苏联对华援建了154个项目，对中国"一五"、"二五"计划的完成起到了不可忽视的作用。

为了打破西方国家集团的经济封锁，促进社会主义国家经济发展，1949年1月，苏、保、匈、波、捷、罗6国代表在莫斯科举行经济会议，决定成立经济互助委员会，简称经互会，标志着社会主义经济集团的形成。随着国际形势的变化，经互会内部关系和职能也在逐渐发生改变，成为苏联控制东欧国家同美国角逐的工具。1991年6月28日，经互会委员会宣布解散。

从美国构建资本主义经济集团到社会主义国家经互会的建立，统一的世界经济终于分化成为两个隔离的经济体系。就当时的情况而言,社会主义经济集团的形成,对于顶住和打破西方的封锁和禁运,保卫社会主义的成果起到了一定的积极作用。由于社会主义革命的胜利解放了生产力,苏联、东欧和亚洲的社会主义国家在20世纪五六十年代,都经历了一段经济的高速增长时期。

三、20世纪70年代后世界经济向多极化方向转变

进入20世纪70年代,世界经济的发展经历了巨大的转折,发达资本主义国家一度的高速增长结束了,代之而来的是经济的"滞胀",资本主义国家无不陷入了经济增长缓慢、通货膨胀严重的困境之中。美国、日本和西欧三足鼎立的局面逐渐明显,它们之间的各种矛盾增加了。

造成世界经济发生巨大转折的主要因素有以下几点:

首先,国际金融体系在20世纪70年代初受到了巨大冲击。从50年代后期开始,美国的国际收支状况就不断恶化,黄金储备急剧下降,美元的国际信用发生动摇,引起抛售美元抢购黄金的巨大浪潮,爆发了多次美元危机。走投无路的尼克松政府于1971年12月和1973年3月,两次宣布美元对外汇价正式贬值,各西方国家货币对美元的关系由固定汇率制转为浮动汇率制。这标志着"布雷顿森林体系"的瓦解。在生产和资本越来越国际化的现代经济中,国际金融的剧烈变化,使各国发展经济的国际环境趋于恶化,货币汇率剧烈动荡,国际贸易发展速度减慢,国际贸易和国际收支出现日益严重的不平衡,使各国的经济发展遇到越来越大的困难。

其次,发展中国家在经济领域里反对国际经济旧秩序的斗争,使发达资本主义国家廉价而稳定的能源和原料来源受到了冲击。1973年10月,在第四次中东战争期间,阿拉伯石油输出国团结一致,以石油为武器,打击了以色列和支持以色列的国家。作为世界各国主要能源和工业原料的石油,其价格在两三个月中猛涨,对各国经济,特别是发达资本主义国家的经济形成巨大的冲击。

最后,在发达资本主义国家的国际经济环境急剧恶化的同时,它们的国内经济条件也发生了很大的变化。长期推行的刺激经济增长的各种国家垄断资本主义的政策措施,已开始带来日益增大的消极作用。凯恩斯主义的经济政策使资本主义国家连年出现庞大的财政赤字,巨额的货币供应和日益增加的公私债务,引起了日益严重的通货膨胀,再加上石油大幅度提价使生产成本上升,各发达资本主义国家的物价涨幅急剧上升。

正是由于上述因素的作用,发达资本主义国家在进入20世纪70年代后就逐

渐陷入了经济增长缓慢而通胀严重的困境。在1973年石油斗争的冲击下,资本主义世界发生了战后以来最严重的一次经济危机。

由于发展中国家与发达资本主义国家有着密切的经济关系,发达国家的经济停滞必然会对发展中国家产生不利的影响。到了20世纪70年代后半期,发展中国家平均每年的经济增长速度只有5.5%,相对于70年代前半期的7%有了明显下降。

同一时期,苏联为了争霸世界,军费开支日益庞大,成为经济发展的沉重负担,其经济管理体制的弊端日益突出,越来越不适应经济的发展,经济增长率下降到大约只有20世纪50年代的一半。东欧国家受苏联经济发展速度放慢的影响,70年代后半期年平均经济增长率下降到1.9%。

1979年资本主义世界再次发生经济危机,世界经济在20世纪80年代进入了一个低速发展和激烈动荡的新阶段。80年代也是发展中国家经济不断恶化的10年,其间除东亚和东南亚一些国家和地区的经济保持较高增长势头外,其他地区的经济发展速度均大幅下降,被称为"失去的十年"。苏联、东欧国家的经济增长速度进一步下降,到80年代末呈现出严重停滞的状态。

在20世纪七八十年代的动荡和调整过程中,世界经济格局逐步向多极化方向转变。70年代初,西欧和日本经济实力大大增强,成为能够与美国抗衡的新的经济中心。第三世界一些新兴工业国家和地区的出现,使世界舞台上增添了新角色,推动世界经济向多极化发展。

四、20世纪90年代后世界经济集团化趋势加强

"冷战"结束后,经济因素在国际关系中的作用空前突出。为了在日益激烈的经济竞争中占据优势,各种不同类型的国家一方面普遍从内部进行了经济调整与改革,另一方面积极加强同周边国家的合作与交流,通过联合取得集团优势来增强自身实力。区域集团化成为20世纪90年代后世界经济最为显著的发展趋势。世界上大大小小区域化经济组织已有30多个,其中西欧、北美、东亚三个地区的区域化经济组织的发展趋势对世界经济走向的影响最引人注目。

欧洲联盟(EU)是目前最为完备、最有成效的区域化集团,结构配套最齐全,立法程序最完备,最具有超国家实体色彩,为其他区域化组织的发展提供了范例。20世纪90年代后,欧洲经历了德国统一、苏东剧变、马斯特里赫特会议、波黑内战、科索沃战争等一系列事件,欧洲联盟(前身欧共体)充分显示了作为欧洲核心力量的地位。1999年1月1日欧元如期启动,2002年1月1日欧元正式进入了12个成员国的流通领域。这是"布雷顿森林体系"崩溃后国际货币体系最重大的变革,对国际金融和世界经济产生了重大影响。当前的欧盟,是一个横跨欧洲27国,人口达到4.9亿人,国内生产总值超过14万亿美元的经济共同体。

北美自由贸易区(NAFTA)是由美国、加拿大和墨西哥三国组成的统一大市场。1992年10月,三国首脑签署了《北美自由贸易协定》,经三国国会批准后已于1994年1月1日起正式生效,规定三国将在15年内逐步取消货物与服务进出口关税及投资障碍,实现商品、劳务、资本的自由流通和更高等级的知识产权保护。北美自由贸易区只是美国实现其"美洲倡议"新战略的第一步,美国的最终目标是将北美洲和南美洲连在一起,建成一个美洲自由贸易区。

亚太地区的经济集团化较之欧美起步较晚。1989年11月,在堪培拉举行了首次亚太经济合作部长会议,亚太地区有组织的经济合作正式起步。1993年6月,正式启用"亚洲太平洋经济合作"的名称,并从这一年开始了每年举行一次非正式首脑会晤的制度,在协调亚太地区经济关系方面取得进展,形成了独具特色的"亚太经合方式"。它不同于欧盟那样的排他性的体制完备的经济集团,而是一个具有广泛经济协商功能的"大家庭"一类的机构,通过共同参与、自主自愿、协商一致和承诺机制来推动成员国的合作。亚太经合组织目前有21个成员,成分复杂、千差万别的成员状况决定了亚太经合组织迈向一体化只能是在承认多样性和灵活性基础上的循序渐进。

五、21世纪以来世界经济的调整与秩序重建

进入21世纪后,伴随着经济全球化浪潮的冲击,世界经济总体上保持了强劲增长,正经历着一场从格局、结构到增长方式等各个领域的深刻变化,繁荣与危机并存,在不断调整中向前发展。

世界经济是在衰退中迈入新世纪的。2001年,以美国为首的全球互联网泡沫破灭,世界经济经历了突然的、短暂的衰退,随后回升。从2003~2006年,全球GDP的平均增幅达到4.8%,是20世纪70年代后世界经济增长最强劲的4年。但是,世界经济失衡状况的危险此时已经开始显现,油价高涨、房地产泡沫、美元汇率波动,使世界经济面临的风险加大。进入2007年,经济增长已成强弩之末,美国次贷危机的爆发迅速蔓延全球,将世界经济拖入衰退之中。在经济全球化的背景下,加之美国是危机的"震中",这次危机具有冲击力强、涉及范围广、救援成本高的

特点,是1929~1933年经济大萧条后未曾发生过的社会经济大震荡,不仅使世界经济陷入了严重的衰退,而且对战后的世界经济秩序和治理结构提出了尖锐挑战。危机中,美国经济的制度漏洞和结构失衡暴露无遗。因此,改革国际金融体制,构建新的国际经济秩序,避免类似危机的再次发生,迅速成为世界各国的共识。

21世纪世界经济的多极化趋势将在危机后的调整与复苏中得到加强。一方面,发达国家在经济实力上的优势将延续,美国经济在遭受到严重打击的同时,经济结构的调整、金融体制的改革和产业创新将得到加速,在相当长的时期内,美国的综合创新能力仍将处于世界领先地位,其世界经济"火车头"的地位不会因为这场危机而根本改变。然而,由于此次危机是由资产价格泡沫破灭引起的,欧、美、日发达国家金融机构的资产损失巨大,元气大伤,其对世界经济的影响力已经不可避免地降低了。另一方面,以新兴经济体为代表的发展中国家经济增长迅速,将进一步改变发展中国家与发达国家之间的经济实力对比状况,世界经济多极化趋势更为明显。

作为一个转折点,2008年全球金融危机给世界经济带来了挑战和机遇。当前世界经济秩序的转变尚处于初级阶段,各种因素交错重叠,各种力量相互碰撞。尽管还无法勾画出未来世界经济秩序的整体面貌,但经济全球化条件下利益和观念的转变已经为新秩序的发展趋向奠定了坚实的基础。

第二节 当今世界经济的主要特点

一、经济全球化浪潮席卷全球

"冷战"结束以后,经济全球化成为世界关注和争论的热点问题。

所谓经济全球化,是指贸易、投资、金融、生产等活动的全球化,即生产要素在全球范围内的最佳配置。从根源上讲,它是生产力和国际分工高度发展,要求进一步跨越民族国家疆界的产物。20世纪90年代,经济全球化加速发展,成为国际社会不可逆转的事实,具体表现为:世界性的水平型分工逐渐取代垂直型的国际分工,生产活动全球化,各国的生产活动成为世界生产的一部分;市场经济体系席卷全球,囊括了所有发达国家和发展中国家;国际贸易飞速发展,贸易壁垒不断降低,世界多边贸易体制形成；国际资本加速流动，全球性投资规范开始形成，各国金融融合进程加快；作为载体的跨国公司蓬勃发展，跨国界和跨行业的兼并浪潮来势凶猛；区域集团化向纵深拓展，跨区域经济合作增强，知识经济兴起，引起世界经济关系的重大调整；等等。

经济全球化浪潮势头正猛，但它必然经历一个曲折发展的过程。在当今世界经济领域，不公正、不合理的国际旧秩序仍然存在，使得经济全球化发展阻力重重。一方面，经济全球化进一步加强了各国经济的相互依存，推动了国际协调和合作机制的发展；另一方面，伴随着科学技术的日新月异，国家间的竞争也日趋激烈，对不同国家而言，经济全球化带来的机遇并不平等，广大发展中国家资金匮乏、债务负担沉重、贸易条件恶化、技术水平落后，总体上处于更为不利的地位。尤其是，强权政治和霸权主义仍然以各种形式作祟，对发展中国家的主权和安全造成新的冲击和挑战，影响经济全球化进程的平稳发展。正是由于经济全球化进程存在的矛盾和缺陷，无论是在欧美发达国家，还是在发展中国家，近年都爆发了有组织的、规模可观的反全球化运动。其中既有经济全球化中的受损者和弱势群体，也有反对现存经济秩序的力量。然而，经济全球化已经将世界各国联系在一起了，世界经济的持续、健康和共同发展客观上需要各个国家都成为经济全球化的受益者。发展中国家如果不能在经济全球化进程中获得充分发展，发达国家的经济繁荣也将受到影响。为此，世界各国应加强经济技术的交流与合作，努力改变不公正、不合理的国际经济旧秩序，重视并帮助发展中国家形成和提高自我发展的能力，为发展中国家创造良好的外部环境，努力使经济全球化达到共赢和共存的目的。由于2008年全球金融危机的冲击，国际金融体系的稳定性受损，金融监管加强，国际资本流动的动力降低，同时，贸易增速放慢，贸易保护主义倾向加强，经济全球化进程陷入了阶段性调整。

二、全球一体化与区域集团化并行发展

一体化是战后国际关系领域出现的一种重要现象，它是指世界各国由国别差异所带来的制度障碍逐步被消除的过程，表现在经济领域，经济一体化是指为适应经济全球化而产生的国家间的经济联系，它依据各国间的协定而建立，以集团的形式而存在。

经济一体化与经济全球化是一组相互联系但又有所区别的概念：全球化更多

第二章 当代世界经济

的是一个客观过程,表现为各国经济前所未有地相互依存,而一体化多是主观意志的产物,是在契约基础上建立起来的一定的经济组织形式;全球化是世界经济在空间范围上的扩大,而一体化是各国经济内在机制上的结合;全球化是一体化的外在形式,而一体化是全球化的内在机制。当前经济全球化已取得相当程度的进展,但经济一体化还只是处于起始阶段。

全体一体化要求在世界200多个水平各异、利益分歧的国家和地区之间谋求制度性的一体化,这将是一个非常漫长的历史过程。迄今为止的经济一体化,还只是在局部的地域范围和有限的国家之间组成的。那些地理上接近,经济水平、经济体制、经济政策趋同的国家在平等的基础上通过协定,制定共同的行为准则,甚至部分让渡国家的经济主权,建立超国家的机构,实现经济上的联合,这就是区域一体化,又被称作区域集团化。

"冷战"结束后,由经济全球化推动的全球层次的一体化安排和区域经济集团化趋势的并存是一种客观现实。一方面,国际机制的作用在世界经济领域进一步完善,各种全球性、多边性的制度化协调机制均有重大突破;另一方面,遍布各大洲的区域经济集团数量进一步增多,活动范围也进一步扩大。区域集团化是与政治多极化同步发展的,反映的是经济发展不平衡的规律。尽管区域经济集团大量涌现,经济全球化趋势并未减弱,国与国之间的相互依赖关系也并没有因为属于不同的经济集团而有所削弱。

一体化是一个从局部到整体、由低级到高级不断拓展的过程。只要世界经济发展的不平衡性继续存在,区域集团化就会存在,它和全球一体化并不相背离。区域集团的发展推动一体化水平的提高,全球一体化可以将区域集团化的成果作为更广泛、更普遍的全球制度的基础。两者在发展方向上是一致的,差别在于区域集团化在空间上是全球一体化的局部实践,在时间上是全球一体化的阶段性探索。

三、"新经济"产生深远影响

20世纪90年代,随着新科技革命的发展和信息技术的广泛应用,美国率先打出"新经济"的旗帜。从1991年3月走出谷底到2001年底,美国经济持续增长125个月,创造了美国历史上经济持续增长时间最长的纪录,打破了许多经济学家对美国经济增长周期和规律的认识。然而,在2000年,被视为新经济风向标的"纳斯达克"综合指数却连遭重创,一年内下跌了50%,事实证明,新经济的确需要必要的调整，但从中长期看，新经济的前景仍然十分广阔。

所谓新经济，是与传统的农业经济、工业经济对应的概念，是由信息技术和当代其他高科技驱动，以创造性的人力资源为依托，以知识和信息的生产、加工、分配和使用为基础的可持续发展的新型经济形态。在传统经济中，起决定性作用的因素是大量资金、设备和人员等有形资产的投入；而在新经济时代，经济活动的中心由物质生产转向知识生产，知识本身成为生产中的首要因素，知识、智力等无形资产的投入起决定性作用。正因为如此，新经济有时也被称为"知识经济"。

相比传统经济，新经济的优势在于：它引导以信息科学技术、生物技术、新能源和可再生能源科学技术为代表的高技术不断产业化，成为第一支柱产业，同时向传统产业注入新技术，使传统产业建立在科技进步的新基础之上，从而促使整个产业结构高级化；它实现经济活动的数字化和网络化，知识的储存将采取数字化和编码化的方式，知识的生产、流通和使用将通过计算机和网络技术得以运行，大大加速了先进科学技术的扩散与更新换代，促进了整个世界经济的增长；它改变了资源配置方式，使现有资源的利用更为高效、合理，也使新资源的开发成为可能，自然资源和生态环境承受的压力和破坏将大大减轻，实现经济的可持续发展；它以全球市场为导向，使资本、生产、管理、商品、劳动力、信息和技术等跨国界流动，各国、各大企业间的经贸、技术联系与合作大大加强，同时竞争也趋于激烈。新经济的核心技术是信息技术，而信息技术就本性而言是无国界的，互联网带动的现代国际金融与电子商务进一步加剧了国际竞争，加速了经济全球化的进程。概而言之，新经济是一种以智力资源为依托，以高技术产业为主要支柱的新型经济形态，它代表着21世纪世界经济的发展方向。

新经济的快速成长不仅正在给世界各国的经济、社会带来一场革命，而且将对人类生活和国际关系带来重大影响。首先，新经济将引起世界经济关系的重大调整，它增强了国家间相互依存的程度，同时也加剧了国家间围绕科学技术的激烈竞争。其次，新经济将对世界政治与安全产生冲击，信息技术能够直接强化一个国家的国际影响力和主导权，对世界政治进程产生影响。再次，新经济将导致人们在价值观念、思维方式上的巨大变化。最后，新经济也将给人类社会带来一些挑战，计算机网络技术的发展对人类传统的文化造成冲击，"克隆"技术等生物工程的突飞猛进也使人类的伦理道德经受考验。

新经济的发展是一个长期的过程。历史规律告诉我们，新技术在经济中的应

 第二章 当代世界经济

用以及其效果的显现,需要一个较长的时间。因为在技术进步过程中,人们不仅需要调整生产方式,也需要调整生产关系。经济发展阶段总是从低级阶段向高级阶段转化,而且转化的速度越来越快。人类在农业社会停留了几千年,从第一次工业革命向第二次工业革命转化用了200年,而第二次工业革命转向新经济只用了100年。从可持续发展的角度看,工业经济的模式已经难以为继,新经济是人类生产力发展的必然趋势。

四、世界经济各主体之间在相互竞争和协调中推进多极化进程

迄今为止,主权国家依然是世界经济运行的基本主体。世界上约有200个主权国家,按社会制度划分,大体可以分为社会主义国家和资本主义国家。按经济发展水平划分,大体可以分为发达国家和发展中国家。

社会主义国家和资本主义国家在"冷战"时期的经济往来十分有限,双方的经济竞争在强烈对立的意识形态和美苏争霸的大背景之下进行。苏东剧变之后,社会主义事业陷入低潮,但是,两种社会制度在经济领域的斗争仍然长期存在。

在发达国家与发展中国家的经济竞争中,尽管受到发展中国家的经济挑战,但发达国家的经济规模已经达到相当高的水平,在相当长的一个时期内仍将在世界经济中占据绝对优势。发展中国家经过战后几十年的不懈努力,经济上取得了一定的成就,内部已经分化为不同层次。

这些不同制度、不同水平的国家都是世界经济中的主体,它们之间的经济实力消长关系构成了世界变化的经济基础,决定着世界发展的方向。与此同时,包括国际经济组织、跨国公司在内的非国家行为主体在当今世界经济中的地位日益显著。其中,跨国公司扮演了越来越重要的角色,成为世界经济全球化和一体化的重要推进器。

全球化时代的世界经济活动在某些领域超越了传统意义上的国家疆界与主权,民族国家仍然是最持久的强大力量。基于不同的国家利益和经济发展目标,基于不同经济制度和经济发展水平,世界各国围绕经济发展展开了争夺,尤其是主要经济力量之间的实力较量更加错综复杂,在既相互竞争又相互协调之中推进着世界经济的发展。

当前,美国在世界经济领域仍然占据着相当的优势。20世纪90年代初美国

率先走出西方国家周期性经济危机,产业结构优于欧日,失业率低,重新成为国际竞争力世界排名第一,总体实力转而增强,继续充当世界经济的主要动力。2008年金融危机的打击的确使得美国元气大伤,但仍能保持总体的竞争优势。

欧盟作为区域集团化成功的典范,通过东扩进一步巩固了欧洲核心的地位,经济总量与美国不相上下,一体化效应显现,增强了经济的竞争力。但是,欧元尽管已有10年的历史,其所依托的制度仍然存在着脆弱性,在2008年金融危机的打击下,欧洲债务危机愈演愈烈,反映出欧元区经济的深层次危机。日本经济经历了20世纪90年代长时间的持续衰退,却仍然拥有坚实的经济基础。对于欧盟和日本来说,人口结构老化严重,技术和制度改进方面很难有大的突破,经济发展的速度只能处于低速增长水平。

相比之下,在中国、俄罗斯、印度和巴西"金砖四国"快速发展的带动之下,发展中国家近年来成为世界经济发展的重要推动力量,平均经济增长速度超过发达国家,涌现出了一批新的经济增长点,是推动经济多极化趋势的重要力量。中国自改革开放30多年来一直保持快速稳定增长的势头,实现了内向型经济向外向型经济的转变,一个开放型的市场经济体制已初步建立,经济规模扩张迅速,经济的竞争优势明显,在2010年已经成为世界第二大经济体。俄罗斯自苏联解体后实力大减,但其地大物博,自然资源丰富,劳动力素质较高,拥有雄厚的工业基础和科技潜力,国家实力的规模不容低估。印度经济虽然受基础设施落后、自然资源贫乏等制约,但在劳动力结构和素质方面具备优势,近年通过制度改革在发展速度和规模上都取得了显著成效。巴西虽然增长速度落后于以上三国,但也拥有劳动力和资源方面的优势。着眼于长期走向,这些发展中的大国对世界经济的贡献会越来越大,世界经济的多极化趋势将不可避免地进一步深化。

第三节 当今世界经济的主要问题

一、经济发展不平衡,贫富分化严重

发展不平衡是世界经济的基本规律,它包括经济增长速度的不平衡和经济实力水平的不平衡。增长速度的不平衡是指在某一时期内两个以上经济实体之间经济增长速度上的动态差别,实力水平的不平衡是指在同一时间两个以上经济实体在规模、水平、实力上的静态差别。

不平衡规律在战后突出表现在发达资本主义国家内部。从战后到20世纪80年代,资本主义内部发展不平衡造成美、日、欧实力对比趋向均衡化,其总体趋势是:美国的经济实力不断相对减弱,西欧、日本的经济实力不断相对增强,三者之间差距逐渐缩小,形成了三足鼎立的世界经济体制。伴随着西方国家经济增长方式从单纯追求经济规模和数量向提高效益和质量转变,不平衡发展有了新的变化。美国科技基础雄厚,高科技占有优势,率先从工业经济走向信息经济。90年代初,美国最先走出西方周期性经济危机,经济增长率同欧日相比居于领先地位,产业结构优于欧日,失业率低,重夺国际竞争力世界排名第一,总体实力转而加强。日本和欧盟国家则因内部困难较多,经济调整进展相对缓慢。这表明资本主义国家内部的经济不平衡问题更为复杂化。

南北贫富悬殊进一步拉大是不平衡规律的又一重要表现。战后,发达资本主义国家一直在世界经济中占据了绝对优势地位。集中体现在发达国家对发展中国家的剥削、不平等关系上,发达国家通过不等价交换,控制和剥削发展中国家,发展中国家则因经济的畸形发展和资金、技术的不足而在经济上依附于发达国家。结果是富者愈富,穷者愈穷。根据世界银行对全球120个国家财富分配情况的调查结果显示,世界上最富裕的国家瑞士与最贫穷的国家埃塞俄比亚所拥有的人均财富有着天壤之别,瑞士人均收入为64.8241万美元,埃塞俄比亚则人均只有1965美元,相差330多倍。国与国之间贫富差距扩大已经成了一个全球性的问题,它所引发的移民潮、难民潮和跨国犯罪等问题不仅阻碍经济发展,而且影响社会稳定。在人类物质财富不断积累的今天,消除贫困是摆在全人类面前的一项艰巨而迫切的任务。

不平衡规律还反映在发展中国家内部的分化。发展中国家由于经济或政治的、历史或现实的原因,战后的经济发展速度是不平衡的,由此产生的经济发展水平出现了差距。20世纪80年代,既是整个发展中国家"失去的十年",也是南南差距明显扩大的十年。在非洲、拉美出现严重倒退的同时,东亚部分国家和地区则脱颖而出。那些政局稳定,具备比较优势或拥有重要的自然资源,经济政策符合实际的发展中国家和地区抓住机会,迅速崛起。而那些国内政治不稳定,经济措施混乱,自然灾害频繁发生的发展中国家,经济发展则非常缓慢甚至停滞不前,沦为最不发达国家,面临进一步被边缘化的危险。这种发展中国家内部的两极分化有进一步加剧的趋势,不仅不利于南南合作的开展,而且使南北关系更加复杂。

经济发展不平衡规律还意味着先进国家发展迟缓,而后进国家可以利用"后发优势"赶上甚至超过先进国家,打破原有的力量对比状况。整体来看,现在和今后相当长一段时期内,发达资本主义国家在世界经济中都会占绝对优势,发展中国家均不同程度地面临国内外诸多困难。但是,由于经济发展不平衡是绝对规律,后来居上是正常现象,今天还处于落后地位的某些发展中国家,不但有可能,而且必然会赶上现在的一些发达国家。历史造成发展中国家和发达国家的基础极为悬殊,即使发展中国家的经济增长速度快于发达国家,差距仍不能在短期内弥补。而且,发展中国家人口本来就占了世界绝大多数,人口增长又比发达国家快得多,即使经济增长速度快于发达国家,按人口平均,差距可能还是在拉大。因此,从长远发展来看,发展中国家中的佼佼者能够赶上发达国家,改变当前世界经济中发达国家占绝对优势地位的状况,但这将是一个长期的过程。

正是在不平衡规律的作用下,各国实力对比发生变化,其结果是大国力量的逐步均衡化,世界经济格局向多极化转变。另外,世界经济形势也由于不平衡规律的作用而更加错综复杂和动荡不安。美、日、欧为争夺世界市场掀起新贸易保护主义,西西矛盾激化。发展中国家分化,新兴国家在成功地缩小与先进国家的差距的同时,面临更加激烈的市场之争和规则之争。最不发达国家和地区的长期贫困化,阻碍了世界经济的整体繁荣。由此可见,发展不平衡规律是世界经济发展中所必须重视的问题。

二、金融危机问题

金融是现代市场经济运行的核心。所谓国际金融,就是资金在国际范围内融通,即银行、保险公司、财务公司、投资公司、证券公司等金融机构通过债券、股票和外汇等金融工具经营货币资金,实现巨额货币资金的转移运动,支持各国发展中的资金需求,提高全球资金的利用效率。迄今为止,国际金融是世界经济中一体化程度最高的领域。总体上看,一方面,金融一体化促进了生产国际化和资本国际化,推动了国际投资的发展,使一国的经济规模不完全受制于本国的国内储蓄和资金积累,为新兴工业化国家和地区实现经济起飞创造了有利条件。但另一方面,市场

第二章 当代世界经济

的多变使国际金融业务的风险不断加大,如不及时有效地防范和化解,就会爆发极具破坏性的金融危机。

> **金融危机?**
>
> 金融危机是指一个国家或几个国家与地区的全部或大部分金融指标在短期内急剧地恶化。其特征包括:货币出现较大幅度的贬值、经济总量与经济规模出现较大的损失、经济增长受到打击、企业大量倒闭、失业率上升、社会普遍出现经济萧条,有些时候甚至伴随着社会动荡或国家政治层面的动荡。

"布雷顿森林体系"崩溃后,各国纷纷以浮动汇率制取代固定汇率制,此后国际金融市场动荡时有发生。1978年10月,美元对其他主要西方货币汇价暴跌,引起整个西方货币金融市场的混乱。1987年10月"黑色星期一"的股市狂泻,再次显示金融市场的脆弱性。20世纪90年代后国际金融市场动荡更加频繁,且破坏性日益扩大。1994年12月,爆发了墨西哥金融危机,墨中央银行的外汇储备几乎在一夜间骤减为零,而外债高达1830亿美元,国家濒临破产,殃及其他拉美国家,并引发全球美元危机。1995年2月,英国著名的巴林银行因一名交易员的投机失败而倒闭,并引起欧洲、日本金融市场的恐慌。同年上半年,欧洲货币体系因意大利里拉、西班牙比索、瑞典克朗的急剧贬值几近崩溃,美元对日元和马克的汇率降到历史最低点。1997年7月,泰国爆发金融危机,并很快席卷东亚,波及全球,造成的绝对损失量超过此前任何一次经济危机。

相比之下,2008年的全球性金融危机波及范围之广、影响程度之深更加前所未有。这一方面是因为这场危机是从号称拥有最完善金融体系的美国发源,并且迅速从局部扩展到全球,从发达国家传导到新兴市场国家,从金融领域扩散到实体经济领域,给世界各国经济发展带来巨大冲击。另一方面则是因为长期以来美国在国际金融体系中一国独大,国际金融体系的所有制度和政策几乎一律采用的是美国规则,美国金融体系实际上主导了国际金融体系。美国的金融制度是在新自由主义的影响乃至指导下确立的,这种放任的政策直接导致美国金融监管机制严重滞后。而美国凭借在国际金融体系的主导地位,在世界范围内大量兜售其金融衍生品,使得世界其他国家的金融体系与美国牢牢地捆绑在了一起。因此,当美国发生金融危机之后,其他国家也在劫难逃。

归根结底,金融危机是现代经济中资本过分追逐利润的必然结果。然而,金融业的发展是整个经济良性循环的核心,国际资本流通、国际资金融通和国际金融服务是整个世界经济增长的基础。因此,尽管发展金融业风险很大,世界各国仍将金融自由化作为发展经济的重要措施。

三、环境恶化问题

1972年,罗马俱乐部出版了著名的《增长的极限》一书,书中提出:对自然环境的过度利用将导致人类社会发展的停滞,由此引发了全球性的环境保护运动。环境是人类赖以生存和发展的外部空间和物质基础,环境问题是人类文明进程的必然产物。随着工业革命和科技进步带来巨大财富,人类的生活方式发生了空前的变化,同时也造成了生态环境的严重破坏和环境问题的日益突出。大气污染、臭氧层损耗、全球气候变暖、水体污染、水资源匮乏、土地荒漠化、森林面积锐减、生物物种消失等一系列问题,早已超越国界发展成为全球性的问题。这些问题涉及经济发展的各个方面,严重危及人类的生存和安全,直接影响整个世界经济的前景。各个国家普遍认识到保护环境对发展经济的重要性,保护环境已经成为国际社会面临的重要问题。

经济是国家实力和社会财富的基础,追求经济的迅速增长是所有国家共同的目标。从英国工业革命至今,200多年的工业化过程创造了大量财富,但是,片面追求经济高速增长也以惊人的速度消耗了并仍在大规模地消耗着地球上的自然资源,严重破坏了生态平衡和人类的生存环境。要彻底改变这种局面,就需要探索出一条发展经济和保护环境相协调的道路。

早在1968年,联合国就决定召开一次人类环境会议,寻求解决污染和其他威胁地球问题的方法,并随之进行了大量的准备工作。1972年,第一次人类环境会议召开,通过的《人类环境宣言》第一次确认了指导人类社会与环境之间关系的新的行为和责任准则,呼吁各国政府、联合国机构和其他组织在采取具体措施解决各种环境问题方面进行合作,并决定每年的6月5日为"世界环境日"。同年第27届联大决定成立联合国环境规划署,以促进环境领域的国际合作,加强各国对环境问题的了解,审查世界环境状况并对有关工作做出评价。1987年4月,联合国世界环境与发展委员会在《我们共同的未来》的研究报告中,第一次正式使用了"可持续发展"的概念,并将其定义为:满足当代人的需求,又不损害子孙后代满足其自身需要的能力。

1992年6月在巴西里约热内卢召开了联合国环境与发展大会,通过了《关于环境与发展的里约宣言》、《21世纪议程》、《气候变化框架公约》、《保护生物多样性公约》和《关于森林问题的原则声明》五项重要国际文件,为解决全球性环境与发展问题揭开了新的一页。

《京都议定书》

1997年12月,在日本京都召开了联合国《气候变化框架公约》第3次缔约方大会,通过了《京都议定书》。议定书首次确定了发达国家减少温室气体排放量的具体指标,区分了发达国家和发展中国家的不同义务。这是里约会议后的一次重大突破,以控制温室气体为突破口,开始了世界各国共同治理环境污染问题的第一步。尽管占全球温室气体排放25%以上的美国在2001年3月宣布退出《京都议定书》,使得这一协定差点胎死腹中,但由于欧盟国家、加拿大、日本、俄罗斯及广大发展中国家的支持,《京都议定书》在2005年2月正式生效,表明国际社会共同治理环境的强烈愿望和决心。

《京都议定书》第一承诺期将于2012年到期,到期后的后续方案成为各国瞩目的焦点。2009年12月在哥本哈根的第15次缔约方大会,2010年在墨西哥坎昆的第16次缔约方大会都引起了国际社会普遍的关注。但令人遗憾的是,由于各方分歧严重,迄今尚未达成一项具有法律约束力的协议,世界各国围绕温室气体减排的较量仍将继续。

当前,可持续发展作为一种全新的发展观已成为国际潮流。它强调保持经济的适度增长,认为经济发展与环境保护相互联系,不可分割,将环境保护作为经济发展中的一个组成部分。然而,从全球范围来看,当前环境状况仍在恶化,人类在环境领域仍然面临巨大的挑战。发达国家和发展中国家围绕经济发展和环境保护存在严重分歧,发达国家无视发展中国家经济落后、人民生活水平低下的事实,片面强调环境保护优先。而发展中国家则要捍卫自己的发展权,主张环保建立在客观、公正的基础之上。出于经济上的利己考虑,发达国家还不愿意承担起解决全球性环境问题的主要责任,不愿意在资金和技术上增加对发展中国家治理环境的支持,反而以环境保护为名行贸易保护主义之实,甚至向发展中国家转移污染产业或排放污染物。发展中国家则还没有能够找到一个既能实现经济快速增长,又能保护自然资源和生态环境的切实可行的发展模式。各方利益和立场的对立使得要真正实现经济发展与环境保护的协调还有很长的路要走。

四、能源短缺问题

能源消费是世界经济发展中不可或缺的重要因素。在经济全球化日益深化的今天,能源问题涉及战略资源、国家安全、环境保护及经济持续发展等领域,已经不再是单纯的经济问题,而是全球性的经济、政治乃至安全问题。

> **能源短缺**
>
> 从历史上看,人类的能源消费经历了木柴时期、煤炭时期和石油时期,能源消费种类越来越趋向于多样化。到20世纪80年代之前,能源消费的增长速度和经济的增长速度一直几乎是同步的。但是,随着全球经济发展、人口增长和城市化发展速度加快,作为世界主要能源的煤、石油、天然气等不可再生能源面临短缺的威胁。20世纪,全世界消耗掉的能源超过了人类有史以来能源消耗的总和,不仅加剧了对全球能源危机的担忧,而且给全球环境带来了严重影响。因此,如何尽量减少能源消费,提高能源的使用效率,既保持经济的适度增长,又不过分破坏环境,从而实现有充足的能源供应作保障的可持续发展,就成为世界各国必须解决的共同难题。

当前,石油在世界能源消费结构中占据比重最大。在全球一次性消费能源中,石油所占的比例约为四成。一国要想获得经济发展,不能没有充足、稳定、价格合理的石油供应。石油已经是重要的战略资源,对石油的拥有量和使用量,是一个国家综合国力的重要标志。世界石油市场的供需状况,不仅直接影响一个国家的经济稳定,而且往往成为影响地区乃至全球政治、经济的重要因素。19世纪50年代,世界上第一口油井在美国钻探成功,人类就开始了大规模的商业性开采石油。第二次世界大战后,随着各国经济重建和工业化进程的加快,石油对经济发展的支撑作用日益突出。因其具有可燃性好、热值高、污染少、运输方便、用途广泛等优点,到20世纪60年代中期,石油终于取代煤炭成为世界主要能源。

从1973年第一次石油危机到现在,世界石油市场几经波澜。每一次油价剧变,都对世界经济产生冲击,其中尤以20世纪70年代的两次石油危机冲击最为严重。2004年下半年,国际市场原油价格从40美元开始不断上涨,纽约商品交易所原油期货价格连续5年大幅攀升,到2008年7月,原油价格一度被推升达到每桶

147美元的天价。在金融危机的打击下,石油价格在短短几个月内又大幅跳水,重新回到2004年的水平。

大起大落的油价对世界经济产生了极大的冲击,油价在起落之间一次次地被推得更高,低油价时代已经一去不复返了。各石油进口国普遍感受到高油价给经济发展带来的压力。20世纪90年代以来,世界石油的消费格局发生重大变化。发达国家由于节能技术的发展,替代能源的增加和重工业的减少,石油需求增长缓慢,应付油价波动的能力大大增强,而发展中国家经济迅速发展,石油需求增长强劲。其中,亚洲的石油消费需求增长最快,1992年超过欧洲成为世界第二大石油消费区,同北美、欧洲形成三足鼎立之势,中国和韩国更是位列世界前六大石油消费国。

由于石油是非再生资源,其绝对量的日益减少是不可避免的,从长期看,在新能源和替代能源技术取得重大突破之前,随着世界经济的发展,世界石油市场的需求将大于供给,石油价格将呈上涨趋势。虽说石油枯竭是否会出现目前尚无定论,但是,着眼于未来较长期的经济发展和能源安全,各国对石油资源的争夺必将日趋激烈,由此引发的油价波动势必对世界经济的走向产生影响。

五、粮食危机问题

粮食危机也是各国关注的重要问题。作为满足人类基本需要的物质资源,粮食的自给自足仍是一个没有解决的问题。一些发展中国家由于工业化的推进,农业受到削弱,粮食生产不足又缺乏进口粮食的必要资金,经常出现程度不同的粮食危机,甚至出现社会动荡,如非洲南部、南亚和东南亚是受饥荒威胁最严重的地区。而对于那些出口粮食的国家来说,世界粮食市场价格的涨跌直接关系到农业生产的利益。在全球范围内,粮食产量增长速度开始放慢,但需求却持续增长,粮食供需经常出现较大缺口。联合国粮农组织的资料显示,2007年全球粮食产量达到创纪录的21.3亿吨,但是,人口数量的增长和膳食结构的改变使粮食的需求增长更快。自2000年后,世界粮食价格翻倍增长。2008年,多个国家因粮价高涨引发了示威游行甚至暴乱。据世界银行的估计,粮价的高涨将使1亿多在过去10年中摆脱了贫困的人口重归贫困。世界粮农组织认为,受金融风暴和经济危机的影响,2009年的全球饥饿人口达到了10亿人。到2010年12月,粮食价格再创历史新高,"粮食危机"警报再次拉响,整个世界有可能陷入近30年来最为可怕的饥荒,构成了对全球和平与稳定的严重威胁,是世界各国共同面临的严峻挑战。

造成粮食短缺的原因是多方面的。从粮食生产方面来看,农业生产的增长速度在过去20年中趋于缓慢,由于反常的炎热天气和干旱,美国、欧洲等重要粮产区产量处于下降和停滞状态,世界主要的小麦生产国澳大利亚、阿根廷和巴西的小麦产量出现了不同程度的减产,受干旱天气袭击的亚洲南部粮食产量下降,俄罗斯等独联体国家由于粮食播种面积减少,产量逐年下降。在一些发展中国家,工业化发展引起了大量农用地转为非农用地,加上对自然资源的破坏和对森林的乱砍滥伐,导致土质退化情况严重。此外,长时间无机肥料使用过多,加重了土质退化的程度。因此,尽管各国农民广泛采用了各种现代农业耕种方法,农作物产量的增长率却在下降。从粮食需求形势来看,相当部分的发展中国家人口增长迅速,面临严重的粮食短缺问题。发展中国家人口占世界人口的80%,且全球新增人口主要都在发展中国家,粮食产量的增长远远赶不上人口的增长。越来越多的发展中国家不得不依赖于世界粮食市场来满足其需求。能源价格暴涨也是造成粮食危机问题的重要原因。一方面,农民要为化肥和柴油支付更高的成本,必然会推动农产品价格的上涨;另一方面,油价暴涨使大批粮食被转化为燃料,比如玉米乙醇。2007年,全球用于生产燃料的粮食超过1亿吨。目前,美国、欧盟、巴西是使用生物能源的主要国家,这实际上造成了对粮食的过度浪费。总体上,粮食市场供需不平衡的局面使得粮食价格的上涨成为长期趋势。低收入的发展中国家因无力承受粮价上涨的压力就会出现饥荒。

"民以食为天"是放之四海而皆准的真理,即使是在高科技的时代,粮食仍是国家经济发展和社会政治稳定的根本保证,粮食问题对世界和平及国家安全的重要性也是不可替代的。早在1996年11月,世界各国领导人云集罗马举行了世界粮食首脑会议,讨论了以"人人有饭吃"为口号的粮食安全问题,以此为标志,粮食问题成为全世界关注的焦点。2002年6月,联合国粮农组织在罗马总部又召开了世界粮食首脑会议5年回顾会议,对世界粮食安全形势进行评估,探寻确保全球粮食安全、消除饥饿与营养不良的新途径。当前,世界各国政府和主要国际经济组织都在不同程度上把粮食问题放在相当重要的地位,探索促进农业生产、保障粮食安全的措施。

第三章　当今时代的主题和争取建立国际新秩序

当今世界正处在新旧格局交替的深刻变动时期，国际社会中的各种矛盾深入发展，呈现出一幅五光十色、扑朔迷离的复杂图景。尽管如此，在国际生活中仍然存在着全球性、战略性的两个问题，即和平问题与发展问题。这是当今世界的两大主题，不仅反映了世界各国人民的愿望和利益，也影响和决定着人类的命运和前途。在和平中求发展，以发展促和平，已成为当今世界的发展潮流，也是全世界人民所共同面临的两位一体的长期的战略任务。

第一节　和平与发展是当今世界的两大主题

一、时代主题的转换：从"战争与革命"到"和平与发展"

每一个历史发展阶段都有特定的主题。所谓时代主题，是由该阶段基本矛盾所决定的、具有全局性和战略性的问题。随着世界上基本矛盾各方面的力量对比、相互关系发生变化，时代主题也会发生转换。

马克思、恩格斯所处的时代是资产阶级时代。随着自由资本主义向垄断资本主义的发展，19世纪末20世纪初，列宁通过对垄断资本主义，即帝国主义阶段资产阶级和无产阶级之间的矛盾、帝国主义国家之间的矛盾以及帝国主义国家和殖民地、半殖民地国家之间矛盾的科学分析，指出在资本主义发展不平衡规律的作用下，资本主义固有的各种矛盾加剧，形成了全面的、深刻的危机，帝国主义战争不可避免，从而为无产阶级革命准备了客观条件。列宁提出，当时国际生活的主题就是帝国主义战争与无产阶级革命。"战争"与"革命"一度成为当时的主题。第一次世界大战的爆发和1917年俄国十月社会主义革命的胜利与第二次世界大战的爆发和1945~1949年期间欧亚一批社会主义国家的诞生，是对列宁上述论断的最好印证。

第二次世界大战后世界经济的发展与变化和世界各种矛盾的发展与变化必然导致时代进入一个新阶段，这个阶段的主题也必然有新变化。邓小平经过长期的思考和冷静的观察，从20世纪80年代中期起多次提出："现在世界上问题很多，有两个比较突出，一是和平问题，二是南北问题。""现在世界上真正大的问题，带全球性的战略问题，一个是和平问题，一个是经济问题或者说发展问题。和平问题是东西问题，发展问题是南北问题。概括起来就是东西南北四个字。南北问题是核心问题。"①20世纪90年代初，他进一步指出："和平与发展两大问题，和平问题没有解决，发展问题更加严重。""世界和平与发展这两大问题，至今一个也没有解决。"②

---

①《邓小平文选》，第3卷，人民出版社，1993年版，第105页。
②《邓小平文选》，第3卷，人民出版社，1993年版，第383页。

第三章 当今时代的主题和争取建立国际新秩序

邓小平关于当今世界存在两大问题的思想一经提出就引起了广泛的反响,得到广泛的支持和认同,并且深入人心。1987年,党的十三大把这一思想列入邓小平对马克思主义理论的新发展之一,概括为"和平与发展是当代世界的主题"。1992年,党的十四大又把和平与发展问题提高到"时代主题"的高度加以认识。1997年,党的十五大把邓小平的这一重要理论观点称之为"当今时代的主题"和"时代特征"。2002年,中共十六大报告中重申:"和平与发展是时代的主题。"2007年10月,中共十七大报告中再次强调:"和平与发展仍然是时代主题,求和平、谋发展、促合作已经成为不可阻挡的时代潮流。"

二、维护和平——当今世界的根本问题

1.当代战争问题

(1)战争的根源。从私有制产生以来,各种战争就连绵不断。从历史资料可以看出,从公元前15世纪至20世纪80年代的3500多年的历史中,没有战争记录的时期只有短短的200余年。马克思主义认为,战争并不是与人类社会相伴随的永恒存在,而是人类社会一定发展阶段的产物。随着生产资料私有制的出现,社会分化为对立的阶级,国家开始形成,战争才成为一种反复出现的,而且高度组织化的社会历史现象。

帝国主义是现代战争的根源。帝国主义的本质特征是垄断和对外扩张,决定了帝国主义国家对内实行资产阶级专政,对外追求世界霸权。两次世界大战都是帝国主义政策的直接后果。

霸权主义、强权政治是当代战争的主要根源。两者在本质上的共同之处在于都是凭借经济、军事实力,运用暴力或非暴力手段,对其他国家进行控制、干涉和侵略,把本国的利益凌驾于其他一切国家的利益之上。第二次世界大战后美国和苏联两个超级大国长时期地在具有安全以及经济战略意义的地区进行激烈的争霸是造成世界不安宁的主要原因。此外,一些地区的强国民族利己主义恶性膨胀,也恃强凌弱,不惜侵犯别国的主权和领土,发动侵略战争;民族、领土、宗教等原因也会引发冲突或战争。

(2)战争的性质。克劳塞维茨在其名著《战争论》中提出了"战争是政治通过另一种手段的继续"这一著名论断,把战争看做政治的手段。马克思主义经典作家肯定了这一观点的合理性,同时又进一步指出,所谓国内政治,实质是国内统治阶级利益和意志的体现,而战争则是政治的最高表现形式。当政治发展到一定阶段,不

能再照旧前进时,战争便会成为解决矛盾、达到某一目标的有效手段。因此,对待任何战争都不可一概而论,而要具体情况具体分析。

核武器出现以后,"战争是政治的继续"这一观点受到质疑。按照"核冬天"理论,在大规模核战争中,不论消灭敌人与否,都无法保存自己,那么战争就超越了政治工具的范围,而导致交战者甚至人类普遍性毁灭。核武器虽然未被大规模用于战争,然而,它就像一把"达摩克利斯剑"悬挂于人类社会头顶之上。超级大国惯于用它来进行核讹诈或核威慑,从而维护自己的霸权地位。战争手段的变化并没有使战争性质产生质变。在战争决策上,政治因素仍然起着决定性作用。

核冬天

当大规模核爆炸发生时,巨大的能量将大量的烟尘注入大气,有的还进入高达12公里以上的平流层。由于核爆炸所产生的烟尘微粒有相当大部分直径小于1微米,它们能在高空停留数天乃至一年以上,它们对从太阳来的可见光辐射有较强吸收力,而对地面向外的红外光辐射的吸收力较弱,导致高层大气升温,地表温度下降,产生了与温室效应相反的作用,使地表处于冬天般的黑暗和严寒之中,动植物濒临灭绝,人类生存面临严重威胁,称为核冬天。

(3)当代战争的主要特点。第二次世界大战结束以来,随着国际形势的变化,军事形势也出现了深刻的变化;军事技术与武器装备也有了质的飞跃,这些使得当代战争具有了崭新的特点。

就世界军事形势来讲,世界大战一直未再打起来,并且在相当长的时期内避免新的世界大战是有可能的。这首先归因于世界政治力量对比的变化,有力地制约了世界大战的爆发。美苏两个超级大国长期保持军事力量的相对均衡,谁也无法使自己的暂时领先化为长期优势。与此同时,第三世界国家逐步崛起,成为一支独立的、举足轻重的政治力量,使世界上要求和平、主持正义的力量前所未有地壮大起来,对维护世界和平起了重大作用。各国人民要求和平与友好的呼声日益高涨。联合国等国际组织在反对战争、推动裁军等方面也发挥了积极的作用。所有这些,使和平力量的增长超过了战争力量的增长。同时,在世界新科技革命浪潮推动下,经济相互依存程度不断提高。发达资本主义国家之间的争夺由战前主要争夺殖民地转为主要争夺国际金融市场和贸易市场的份额,而无须再通过世界大战来划分

第三章 当今时代的主题和争取建立国际新秩序

势力范围。核武器的出现扩大了当代战争的能量,形成了一种恐怖平衡状态,"核战争无胜者"在客观上起到了一定的制止战争的作用。

局部战争连绵不断成为战后战争的基本样式。虽然世界大战没有再次爆发,但是世界各种矛盾并没有消失。当政治迫切需要战争为自己服务时,局部战争就被推上了历史舞台。第三世界成为局部战争的主要战场。据统计,1986年以前发生的182场局部战争中,亚洲87场,占总数的47%;非洲59场,占总数的32.4%;拉丁美洲32场,占总数的17.6%;欧洲则只有4场。主要资本主义国家间没有发生过战争。战后社会主义体系的出现使资本主义国家之间的矛盾降到了次要地位;殖民体系的瓦解使帝国主义之间为重新瓜分殖民地的战争丧失了客观上的可能性,虽然这些国家对原料和市场的争夺仍然十分激烈,但其手法已发生很大变化,主要采用政治和经济渗透的方式;经济活动已经在很大程度上突破了国家领土界线的限制,以强占领土、消灭敌人有生力量为主的传统的战争方式已经变得陈旧。

2. 维护世界和平的途径和前景

战争给人类造成深重的灾难,反对战争、维护和平是全世界人民共同的愿望,为此,所有爱好和平的国家和人民做出了不懈的努力,推动和平事业不断发展。

坚定不移地反对霸权主义,是维护世界和平的重要保障。《联合国宪章》中有关反对一切侵略、扩张、反对干涉别国内政的基本原则是公认的国际关系准则,中国政府在20世纪50年代首倡的"和平共处五项原则"已经为世界上绝大多数国家所接受。问题在于,少数国家倚仗实力推行霸权主义和强权政治,处处谋求领导权,把本国利益凌驾于别国利益之上,肆意干涉别国内政,造成世界局势动荡不定。"冷战"结束后,"冷战"思维仍然存在,有些国家仍以各种方式扩大和加强军事联盟,这不仅无助于维护和平、保障安全,还会引发新的不安定因素,制造地区乃至世界的不安宁。

积极推动裁军和军备控制,消除战争隐患,是维护世界和平的重要内容。裁军与军备控制一直是维护和平的一个重要组成部分。当代国际裁军与军备控制的主要内容有两类:一类是对军事力量能力(主要指人员和装备)的削减和限制;另一类则是对军事力量活动的削减和限制。前者主要包括削减或者限制核武器,防止核武器扩散,削减或者限制常规部队数量,禁止外空武器,禁止化学、生物武器以及其他大规模毁灭性武器,禁止某些滥杀伤武器等;后者主要包括在各种军事活动上建立信任和安全的措施,不首先使用核武器,不对无核国家使用核武器,对某些敏感性武器或者武器材料、技术进行限制,对武器贸易进行登记或者限制。

在"冷战"时期,国际裁军与军备控制主要以美苏为主导进行,达成的协定和条约也大部分是双边的;一些多边的军控条约,如《部分禁止核试验条约》、《核不扩散条约》等,也是由美苏先达成谅解后再以多边条约的形式出现。随着世界形势的变化,国际裁军与军备控制的局面也开始向多极化方向转变。1978年,联合国首届"裁军特别会议"(联合国第十届特别会议)打破了美苏垄断国际多边裁军的局面,通过了《最后文件》,提出了裁军的目标、原则和重点。1993年1月13日《禁止化学武器公约》在巴黎签约,这是在联合国范围内达成的第一个多边裁军条约。在核武器控制方面,1996年9月,美国、俄罗斯、中国、英国和法国共同签署了《全面禁止核试验条约》。1998年,《核不扩散条约》获得无限期延长。但这并不意味着人们可以高枕无忧。当前一些大国把质量建军放在第一位,力求以较高质量的军队弥补数量上的不足,以适应未来战争的需要。发展中国家在"冷战"结束后加强军备,增加军费的新趋势也令人担忧。1998年,印度和巴基斯坦先后进行了多次核试验,引起全世界的不安,给地区和世界安全投下阴影。按照公正、合理、全面、均衡的原则,实行有效裁军和军控,最终消灭战争隐患,仍是一项长期而艰巨的任务。

第二次世界大战以来,各国爱好和平的人民发起了经久不衰的世界和平运动,大致可分为以下阶段:

第一阶段,20世纪40年代后期至60年代初期,这一运动主要是要求禁止原子弹和反对世界战争。1949年4月,第一届世界保卫和平大会在巴黎和布拉格同时举行,到1956年6月,共召开了23次会议,先后制定和通过了几十项有关和平的宣言和决议。许多国家还建立了各种和平组织,成为世界和平运动的一部分。

第二阶段,20世纪60年代中期至70年代初期,运动的主要内容是反对美国进行侵越战争。

第三阶段,20世纪70年代后期至80年代中期,世界和平运动的重点又转移到反对美苏两个超级大国的核军备竞赛上来。运动的高潮是1986年的"国际和平年",全世界100多个国家、250个非政府组织和13个联合国专门机构在全球范围内进行了各种活动,有力地推动了和平运动的发展。

第四阶段,20世纪80年代后期至今,世界和平运动朝着深化的方向发展,包括要求削减乃至彻底销毁核武器、全面禁止核试验、减少和消除地区冲突等。正是在世界人民的正义要求的压力下,国际裁军和军备控制才能不断取得进展,而少数战争分子以及极右翼势力才不得不有所收敛。

和平解决国际争端是国际关系和国际法的基本原则。"冷战"结束以来,和平

第三章 当今时代的主题和争取建立国际新秩序

解决国际争端取得了可喜的进展。一些僵持已久的难题,像波黑问题、车臣问题、北爱尔兰问题、朝鲜统一问题、中东和平问题,要么得到了解决,要么出现了不同程度的转机。和平解决国际争端的基本前提是不诉诸武力或以武力相威胁,不恃强凌弱,不把自己的利益或意志强加于人。同时,对存在着的争议问题应该着眼于维护和平和稳定的大局,通过协商和谈判解决。一时解决不了的可以暂时搁置,求同存异。只要世界各国都能坚持上述原则,维护世界和平是大有希望、完全可能的。

三、发展——当今世界的核心问题

就两大主题相比较而言,在发展问题上,国际上的矛盾表现得更为集中,斗争也更为尖锐。

1. 发展问题的成因

(1)国际经济旧秩序的存在。国际经济旧秩序是帝国主义殖民体系在经济上的表现,以帝国主义在国际生产和流通领域里的垄断为基本特征。殖民体系瓦解后,发达国家利用经济上的强大优势,通过推行新殖民主义来维护这一秩序,使发展中国家与发达国家之间仍然处于一种不平等的矛盾关系之中,具体表现如下:

第一,以不合理的国际分工为基础的资本主义生产体系,即垄断资本主义国家垄断工业制成品的生产,保留不合理的生产结构。殖民主义时期,帝国主义国家垄断工业制成品的生产,而殖民地国家主要作为宗主国的原料供应地,产品单一化,生产结构严重畸形。这些国家独立以后,在资金、技术、工业生产资料方面仍严重依赖发达国家,工业化进程缓慢,经济落后的面貌长期不能改变。20世纪80年代以来,随着新科技革命的进展,发达国家对发展中国家原料、初级产品的依赖在减弱,而发展中国家对发达国家科技的依赖在加深,从而导致国际分工中新的依附关系,使很多发展中国家所处的地位更加不利。

第二,以不等价交换为特征的国际贸易体系,即垄断资本主义国家通过压低原料、初级产品价格,提高工业品价格来盘剥、压榨广大经济落后国家。战后以来,国际贸易的规模不断扩大,其增长速度超过了世界工业生产的增长速度。但是,国际生产格局决定着国际贸易格局,不合理的国际分工造成了不合理的贸易结构和不平等的贸易条件。在发展中国家的对外贸易中,进口的65%是工业制成品,出口的70%是原料和初级产品。发达国家一方面通过垄断价格,另一方面通过贸易保护主义,设置了国际贸易中的鸿沟,极大地损害了发展中国家的民族利益。

第三,以国际垄断资本占支配地位的国际货币金融体系,即垄断资本主义国家操纵和控制着国际货币金融体系。在战后建立的"布雷顿森林体系"中,美国可以通过美元发行和汇率变化向发展中国家转嫁经济危机和输出通货膨胀。20世纪70年代初"布雷顿森林体系"瓦解,美元和其他发达国家的货币开始实行浮动汇率制,而发展中国家多采用与某一发达国家的汇率"挂钩"的做法,一旦国际货币出现波动往往成为最大的受害者。东南亚国家金融危机就是一个突出的例子。

第四,以少数国家为中心的国际经济组织,即发达资本主义国家通过其控制的国际货币或贸易组织力图把发展中国家纳入到既定的政治、经济轨道上,达到继续影响和控制发展中国家的目的。美国在国际货币基金组织和世界银行中拥有近20%的投票权,在世界贸易组织中也起着举足轻重的作用,尽管这些组织在向发展中国家提供资金和促进贸易方面起到了一定作用,但是总的来讲它们仍然是维护国际经济旧秩序的重要支柱。

(2)霸权主义、强权政治的恶果。如同在国际政治领域里一样,霸权主义、强权政治在国际经济领域也有明显的表现。例如,强行推广自己的价值观念、意识形态和经济模式,并把是否接受作为提供援助、进行合作的条件;对与己不和的国家动辄进行经济封锁或制裁,甚至大动干戈,直接出兵干涉,挥舞治外法权大棒,以国内法代替国际法;实行双重标准,操纵国际论坛,肆意攻击、指责别国;等等。

(3)军备竞赛的负担。据20世纪80年代末的统计,世界各国共拥有现役部队约2900多万人,另有预备役部队共约4000多万人。现役部队总人数约占全球总人数的0.58%。1991年,全球军费开支总额高达11600亿美元,约占世界全年国民生产总值的4.5%,全世界每人每年平均负担200多美元。冷战结束以后,面对动荡不安的国际局势,一些发展中国家出于对地区性冲突的敏感性和警觉都纷纷购置先进的武器装备,又形成了地区性的军备竞赛。据瑞典斯德哥尔摩国际和平研究所2001年度报告称,1998年世界各国的军费开支降到了冷战后的最低点,但以后持续增加;2000年世界军费开支为7980亿美元,比1998年增长3.5%;到2003年,全世界大约有2/3的国家军费高于本国的卫生保健费,有1/2国家的军费高于保健费和教育费用之和。这种状况直接阻碍了发展中国家的进步。

(4)地区冲突和局部战争的破坏。地区冲突和局部战争多数是在第三世界国家发生的。如旷日持久的两伊战争,打了8年之久,双方参战的人数近百万,双方耗资近6000亿美元。从海湾危机到海湾战争,多国部队全部耗资共达1133亿美元,伊拉克和科威特重建需要5000亿美元。这笔巨资几乎相当于40个非洲国家年度收入的总和,足够联合国世界粮食计划署对第三世界国家投资200年。科索沃战争78天的狂轰滥炸不仅给南联盟造成了数以千计的人员伤亡,更造成了数千亿美元的经济损失。2003年3月,美国悍然发动的伊拉克战争对伊拉克的破坏以及对中东地区阿拉伯多国造成的损失既是显而易见的,又是难以计算的,至少使伊拉克的发展倒退20年。

2.人类发展面临的困境

尽管战后世界经济有了长足的进步,但是各类国家的经济并非保持同步增长,各国都面临着新的挑战。

(1)发展中国家在完成民族独立、创建新国家的任务之后,政治、经济形势并不稳定,多数国家处于低速发展状态。20世纪80年代是发展中国家经济不断恶化的10年,而且贫富悬殊的局面愈演愈烈。根据世界银行的统计,发展中国家与发达国家人均国民生产总值的差距已经从20世纪60年代的1∶15左右拉大到了20世纪80年代的1∶20。最不发达国家的数量也在增加,1981年,人均产值在100美元以下的国家有25个,到1990年,猛增到42个。进入20世纪90年代,发展中国家作为一个整体,经济呈现恢复增长之势,但是各地区的发展并不平衡。其中亚洲,尤其是东亚地区是发展中国家经济中最具活力的一部分,相比之下,非洲则面临着严峻的挑战。非洲约一半人口处于绝对贫困状态,外债负担沉重,1994年外债总额已达3122亿美元,约占非洲国内生产总值的80%,其中有20多个国家的外债超过其国内生产总值。据联合国难民署统计,非洲有180万难民无序流动,给社会和经济带来了严重的后果。

最不发达国家

"最不发达国家"一词最早出现在1967年"77国集团"通过的《阿尔及利亚宪章》中。1971年联合国大会通过了正式把最不发达国家作为国家类别的2678号决议,并制定了衡量最不发达国家的三条经济和社会标准:

(1)人均国民生产总值在100美元以下;

(2)在国内生产总值中制造业所占比重低于10%;

(3)人口识字率在20%以下。

根据这个标准,当时联合国把24个成员国列为最不发达国家,即所谓"最穷国"。后来,联合国对最不发达国家的标准作了几次修改和调整。根据2011年5月召开的第4次联合国最不发达国家问题会议,当前48个最不发达国家包括33个非洲国家、14个亚洲及太平洋地区国家以及拉美的海地。

随着世界经济一体化的发展,南南国家之间争夺贸易市场的竞争加剧;发达国家经济集团化发展的步伐加快,贸易保护主义抬头,对发展中国家的贸易往来附加了种种苛刻的条件;国际金融市场的风险加大,20世纪90年代两次金融危机的发生暴露了发展中国家经济结构的不合理性和易受国际资本打击的脆弱性;人力资源的开发水平落后于发达国家,在"知识经济"到来的时代,这就意味着在国际体系中支配—依附关系将进一步加深;生态环境破坏严重和人口持续增长构成恶性循环关系,成为经济持续发展中长期不利的因素。这些情况说明,当前世界面临的发展问题的核心仍然是发展中国家的发展问题。

(2)西方发达国家也存在一个再发展的问题。战后,西方国家在经济恢复以后进入了一个高速发展的"黄金时代",但好景不长,20世纪70年代初期以后便陷入"滞胀"状态,从此经济发展走走停停,直到80年代后期才出现转机。这主要由于美国率先进行了经济结构调整,以信息产业为龙头,经济上出现了较强劲的发展势头,从而带动了发达国家新一轮的经济增长。不过,在当今世界各国相互依赖性不断增强的条件下,世界经济不可能长期在南北经济严重失衡的条件下运行。东南亚金融危机发生后,发达国家一度袖手旁观,结果欧美金融市场均受到影响,使得国际金融组织迅速转变态度,采取积极措施来控制事态的发展。同样,在资本、贸易、原材料和劳动力等各方面的市场上,发达国家也离不开发展中国家。从这一意义上讲,广大发展中国家的不发展状态直接制约着发达国家的进一步发展。

3.促进发展的途径

(1)改革不合理的国际经济旧秩序,建立公正、合理、平等和互利的国际经济新秩序。国际经济旧秩序是发展中国家经济落后、社会贫困的症结所在,是南北矛盾的核心。这个问题不解决,发展中国家的不利地位在未来相当长的时间里仍不会有重大变化。1974年5月1日,联合国大会通过《建立国际经济新秩序宣言》和《建立新的国际经济秩序的行动纲领》,标志着这一问题已经提到了世界的议事日程上。然而,迄今为止,变革国际经济秩序的斗争仍然步履维艰,南北国家之间在债务、原料价格、贸易保护、援助、环境等方面仍然存在尖锐的分歧,这将是一个长期的斗争过程。

(2)推动南北对话,改善南北关系。南北对话是发展中国家与发达国家围绕改革不平等的国际经济关系、加强南北双方的经济合作等问题进行谈判和斗争的重要形式。早在20世纪60年代,发展中国家曾同发达国家就普遍优惠制问题进行

 第三章 当今时代的主题和争取建立国际新秩序

谈判,并在1968年联合国第二届贸发会议上达成初步协议,从1970年开始执行。70年代以后,随着石油斗争的出现和资本主义经济危机的加深,发达国家开始意识到南北问题的重要性,表现出对南北对话的热情。1975年12月,在发展中国家多年的呼吁和要求下,19个发展中国家和8个发达国家举行了国际经济合作会议,开始了南北双方领导人的第一次对话。1977年11月29日,南北委员会宣告成立,旨在进一步推动南北对话。1977年年底,第34届联合国大会通过了138号决议,确定了全球谈判原则。90年代以后,南北对话取得一定进展,主要表现在:发展中国家吸引国际资金的能力有较大的提高,世界银行对发展中国家的援助有所增加,南北贸易规模不断扩大,发展中国家纷纷通过集团化途径加强了与发达国家谈判的实力。亚欧会议的举行就是一个引人注目的良好动向。

(3)加强南南合作。南南合作是指发展中国家之间的经济技术合作,是发展中国家在争取建立国际经济新秩序的斗争中发展起来的一种新型经济合作关系。早在1955年的万隆会议上,发展中国家就提出了在平等互利的基础上加强经济技术合作的主张,以后,在发展中国家的共同努力下,发展中国家之间的双边经济合作取得了重要进展,构成了南南合作的主要形式。20世纪60年代以来,多边合作发展迅速,成绩卓著,各种区域、次区域、跨区域的经济合作组织建立起来,著名的有阿拉伯石油输出组织、安第斯集团、东南亚国家联盟、非洲经济共同体、加勒比共同体、非加太集团、南方共同市场,等等。这些组织在促进发展中国家的经济发展、保护本民族经济利益、争取平等互利的贸易条件等方面起了重大的作用,同时也成为发展中国家与发达国家斗争的主要工具。在现实条件下,发展中国家只有加强相互合作,走集体自力更生的道路,把广大发展中国家分散的、有限的力量汇集起来,才能改变南北力量的对比,提高发展中国家在南北对话中的地位,将推动建立国际新秩序的斗争深入发展。

(4)制定正确的经济发展战略,处理好开放与维护民族利益的关系。在建设道路上,发展中国家由于缺乏经验,大多走过一段弯路,主要是照搬别国的政治、经济模式,盲目追求经济发展速度,对外援依赖过强,结果反而严重地损害了本国的经济安全。战后发展中国家的大量实践表明,在加速经济发展的过程中,一定要认真研究和制定符合本国实际的发展战略,在自力更生的基础上争取外援,把对外开放与捍卫国家主权、保护民族利益结合起来。近年来,以"金砖四国"等新兴国家为代表的发展中国家先后崛起,给人们增添了发展的信心,也展示了发展中国家美好的前景。

第二节　争取建立公正合理的国际新秩序

"冷战"结束后,世界进入了一个新旧格局转换的过渡时期。在新形势下,建立国际新秩序问题成为各种力量斗争的焦点,研究这场关于国际新秩序的斗争,有助于更好地认识当前国际社会存在的问题及矛盾。

一、国际秩序及其演变

1. 国际秩序的含义和特征

所谓秩序,是指有条理、不混乱的情况,与无序、混乱相对立。国际秩序就是指在一定时期国际社会中的国际行为主体(主要是主权国家)之间围绕一定的目标在某种利益基础上相互作用、相互斗争而形成的国际行为规则和相应的保障机制。

国际秩序就其性质而言,有公正、合理的国际秩序和不公正、不合理的国际秩序之分。判断一种国际秩序的性质,主要是看这种国际秩序赖以形成的利益基础是什么,与这一利益相应的行为准则及保障机制是否有利于世界的和平与发展。凡是建立在国际社会中大多数国家共同利益基础之上,能够促进各国共同发展的国际秩序就是公正、合理的,反之就是不公正、不合理的。

> **国际政治秩序与国际经济秩序**
>
> 国际秩序就其基本内容来说,可以分为国际政治秩序和国际经济秩序。其中,国际经济秩序是基础,它决定着国际政治秩序;但是,后者并不只是被动地适应前者,而是对前者有巨大的反作用,这主要表现为:一是国际政治秩序加速或延缓国际经济秩序的确立;二是国际政治秩序保护或破坏国际经济秩序的正常运行。在一个国际系统里,两者实际是不可分离、相辅相成的关系。

一般说来,国际秩序具有以下基本特征:

(1)它通常是国际社会中各种力量斗争的产物。历史上,各种不同的国际秩序都是由少数大国、强国通过武力或武力威胁的手段强行建立的,它是强权政治的产

第三章 当今时代的主题和争取建立国际新秩序

物,反映了少数几个大国对广大弱小国家和民族的奴役。第二次世界大战后,大国政治的局面虽未发生根本改变,但是,广大发展中国家纷纷加入到建立国际新秩序的行列里,大大改变了少数国家为所欲为的状况。

(2) 国际秩序与世界格局既密切联系又相互区别。国际秩序与世界格局都是国际行为主体相互较量的结果,两者有内在的因果联系,格局讲的是国际社会中各种基本力量的结构状态,国际秩序则指一定时期内国际社会按照某种行为准则、规范所形成的一种运行机制和状态;格局主要反映国际社会各种力量对比的客观状况,国际秩序则是指那些具有重大影响力的国际行为主体按照一定准则或规范所建立的一套国际行为机制,而世界上多数国家不得不遵循,从而形成一种有序的状态。由于游戏规则制定者的意志在国际秩序中体现得更加充分,因而主观因素在国际秩序中起着较大的作用。一般来讲,只要世界格局发生重大变化,国际秩序迟早也会改变,因为秩序的维护者和游戏规则的制定者已经有所不同,新的国际行为准则及其保护机制将逐渐取代旧的一套。但是,两者变化的速度、节奏却不一定是同步的。

(3) 国际秩序具有相对的稳定性。一方面,国际秩序一旦形成就会持续相当一段时间,使国际社会在总体上处于一种较为稳定的状态;另一方面,由于国际社会毕竟缺乏国家那样的权威性,本质上还处于无政府状态,因此,不排除局部的不稳定。各种力量经常会向既定的国际秩序发动挑战,这就使得国际秩序的稳定性只是相对的,而且处在变动中。

2. 国际秩序的历史演变

近代以前,世界各主要地区彼此之间还处于隔离状态,即使有联系或交往也是暂时的、间断的。只是到了资本主义生产方式建立起来,开始殖民扩张并形成了殖民体系以后,才出现近现代意义上的国际秩序,具体演变如下:

(1) 欧洲秩序确立和殖民扩张开始的时期。从1646年30年战争结束到1815年拿破仑战争结束为止,其标志是《威斯特伐利亚和约》(1648年)和《乌得勒支和约》(1713年)的缔结。前一条约在实践上肯定了"国际法之父"——格劳秀斯所提出的领土完整、国家独立等原则;而后一条约则把维持均势作为一条经验写在条约的序言中。到18世纪末法国大革命时,在卢梭平等观念的影响下,首次提出了不干涉原则。但是,资产阶级提出的这些国际关系准则从一开始就有局限性,实际上只适用于欧洲列强之间,而把所谓"非基督教文明国家"排除在外。维持均势也只是以谋求大国之间的势力均衡之名行争夺战略优势之实。正是从这时起,欧洲列强挟坚船利炮之威开始了大规模的殖民掠夺,以满足资本主义原始积累的需要。1815年,拿破仑战争的结束以及拿破仑王朝的崩溃,使欧洲的政治格局和政治秩序都发生了转折,以欧洲为中心的世界殖民秩序进入了一个新的时期。

(2)殖民体系的建立和帝国主义国家的争夺时期。1815年的维也纳会议重新确立了欧洲的政治均势,形成了维也纳体系。奥地利、俄国、英国、法国和普鲁士五强并立,共同镇压欧洲的革命浪潮和波兰、意大利等国家的民族独立运动。1848年欧洲革命之后,"欧洲协调"宣告破产,欧洲再次陷入革命与王朝战争的混乱局势之中。1871年普法战争结束之后,德意志帝国的铁血宰相俾斯麦主持签订了德法之间的《法兰克福和约》,再次以削弱法国的战争机器为基础,恢复了欧洲的均势局面。俾斯麦还拼凑了德、奥、俄"三皇同盟"作为遏制法国和维护欧洲均势的工具。

欧洲列强在激烈争夺欧洲霸权的同时,加紧了海外殖民扩张和掠夺,使得以欧洲资本主义体系为中心的国际秩序在世界范围内被确立起来。到19世纪末20世纪初,世界已经被帝国主义国家瓜分完毕。这一时期国际秩序的主要特征是资本主义一统天下,"强权即是公理"。另外,国际法又有了新的发展,例如,1864年的《日内瓦公约》和1899年、1907年的《海牙公约》,对有关战争与和平解决国际争端等问题作了一些规定。总体来看,当时国际秩序还没有多少成文的国际法可以遵循,而且国际秩序的保障机制也没能超出欧洲传统的均势框架,所以,随着帝国主义国家之间的力量对比发生变化,终于引发了第一次世界大战,世界进入空前的战争和混乱时期。

(3)凡尔赛—华盛顿体系的建立和崩溃。第一次世界大战结束到第二次世界大战结束的近30年是国际秩序演变的一个重要时期。1918年,英、法、美、日等第一次世界大战的战胜国在巴黎和会上瓜分了战败国的殖民地,在全球范围内重新划分了势力范围,连同1921年的华盛顿会议,形成了凡尔赛—华盛顿体系。在巴黎和会上,英、法、美等国决定建立一个世界性组织——国际联盟,目的在于巩固对战败国的胜利局面,并且标榜要"促进国际合作,保证国际和平与安全"。实际上,国际联盟从一开始就为英、法等少数帝国主义国家所操纵,成为它们之间争权夺利、尔虞我诈的场所,而且这一组织缺乏对参与国的约束力,效率低下,很快就失去作用。在凡尔赛体系下,世界并未得到和平。一方面,资本主义世界不久就陷入空前严重的经济危机,世界经济秩序一片混乱;另一方面,英、法等国处心积虑地要消灭社会主义苏联,企图"祸水东引",姑息甚至纵容法西斯势力,终于养虎为患,导致第二次世界大战爆发。

第三章 当今时代的主题和争取建立国际新秩序

(4)雅尔塔体系的形成与解体。从第二次世界大战结束到苏联解体的近半个世纪里,国际社会发生了深刻的变化。随着以联合国为中心的国际组织体系的形成,国际秩序制度化的程度大大提高,各种运作机制、保障机制第一次在世界范围内全面建立起来。无论国际法还是国际规范的发展都进入了一个新的历史阶段。《联合国宪章》确立了国际关系的宗旨和原则,包括主权平等、和平解决国际争端、禁止以武力相威胁或使用武力、不干涉别国内政等。国际条约的作用和约束力不断加强,从而形成了系统化的国际规范和准则。但是霸权主义、强权政治主导国际秩序的局面尚未发生质的改变。大国在事实上仍然主宰着国际秩序。美、苏两个超级大国在世界上激烈争霸,《联合国宪章》所确立的宗旨和原则仍然遭到公开践踏。

> **发展中国家最早提出建立国际新秩序**
>
> 1974年4月,第六届特别联大会议通过了《建立国际经济新秩序宣言》和《行动纲领》两个重要文件,其总目标是破除历史延续至今的控制与反控制、剥削与被剥削的旧秩序,建立一种公正、合理、平等的新秩序。一切国家都享有平等地参加解决世界经济、金融、货币事务的权利,每个国家都有权对其自然资源和经济命脉行使永久主权,有权实行适合自己的经济制度和发展战略,并提出成立原料和初级产品生产和出口的联合组织,建立商品综合方案等。同年11月,第29届联大会议通过了《各国经济权力和义务宪章》,为改变现存的不公正、不合理的国际经济旧秩序确定了原则和方向。20世纪80年代中期以后,国际局势发生明显变化,发展中国家又率先提出建立国际政治新秩序问题。

广大发展中国家迫切地要求改变国际旧秩序,建立国际新秩序。近半个世纪里,国际力量对比方面最大的变化是社会主义力量从小到大,第三世界从无到有。在这两支力量的倡导和推动下,国际新秩序的主张和实践逐渐孕育萌发。

长期以来,西方国家对发展中国家提出的建立国际经济新秩序问题持冷漠态度。1990年海湾战争之后,以美国为首的西方国家在新旧格局转换的背景下,打出了建立"世界新秩序"的旗帜,并且提出了各种主张,这就在国际社会里形成了与发展中国家截然不同的另一种观点。

二、两种不同的国际新秩序观

1. 美国、日本和西欧的国际新秩序观

(1)美国的国际新秩序观。1990年9月1日,布什总统就海湾危机在美国国会联席会议发表讲话时正式提出美国建立世界新秩序的主张。他说:"今天我们处于一个独特的非常时刻。尽管波斯湾的危机很严重,但它也提供了一个朝着具有历史意义的合作时期前进的少有机会。这种动荡时期过后,可以实现我们的第五个目标——世界新秩序,即一个新纪元,一个世界各国,不管东方还是西方,北方还是南方,都能繁荣富强和和谐生活的新纪元。"10月1日,布什又在联合国大会发表的讲话中表示:"建立一个新的世界秩序"是"我们的责任"。1991年1月29日,布什在《国情咨文》中又一次强调美国出兵海湾不仅是为了"解放科威特",而且是为了捍卫一个伟大的理想:"建立世界新秩序。"1991年,《美国国家安全战略报告》通篇谈的就是"世界新秩序"以及如何建立一个"世界新秩序"。这表明美国已经把这个问题提到了国家战略的高度。那么,美国所设想的究竟是一种什么样的新秩序呢?

第一,确立美国在世界范围内的领导地位。这是美国自战后以来最为关注的目标。尽管美国历届政府在外交方面的具体战略上各有差异,但在实现美国全球独霸地位这一目标上是始终如一的。不过,在"冷战"时期,美国一直受到来自苏联的挑战,因此,东欧剧变、苏联衰落无疑为美国提供了一个千载难逢的好机会,以实现"美国世纪"的梦想。

第二,向全世界推广美国模式,实现全球资本主义化。美国认为,扩大民主社会和自由市场国家的战略有利于美国所有的战略利益,包括在国内促进繁荣到在国外遏制全球威胁。为了达到这一目标,美国强调要在东欧和前苏联地区巩固所谓的"新兴民主国家";寻求扩大亚太"民主国家阵营";继续推行"人权外交"政策;重视发挥非政府组织,包括私营公司的作用;等等。实质上是要巩固"和平演变"的成果,并进一步扩大之,对那些抵制美国模式的国家则使用"人权"等借口来施加压力,以压促变。

第三,强调西方盟国的"伙伴关系",注重发挥联合国等国际组织和地区性组织的作用。美国在取得海湾战争胜利的同时也认识到,今天美国在世界上的地位与战后全盛时期相比已经有所不同,而且,世界的局势变得更加不确定,要预料未来的危机会在哪个地方发生将很困难。因此,1991年《美国国家安全战略报告》把"联盟、联合和一个新的联合国"作为美国20世纪90年代政治日程内容之一,提出在美国"领导"下,要加强西方联盟的协调,共同分担责任和行使权利。

第四,建立以美国的军事力量为保障的国际安全结构。1991年1月5日,布什在向美国全国发表的广播讲话里说:"我们随时准备使用武力去维护世界各国间正

第三章 当今时代的主题和争取建立国际新秩序

在出现的秩序。"克林顿政府也一再声明,军事力量对美国实现战略目标是至关重要的。美国的战略意图十分明确,即防止在欧亚大陆出现对美构成战略威胁的新对手,重点加强对地区军事冲突的军事干预能力。为此,美国加紧改造原有的军事组织,在全球范围内调整军事力量的存在,加强军事投送能力,确保美国的军事力量能同时在两个主要地区性战场进行有效的干预。

(2)日本的国际新秩序观。日本作为第二次世界大战的战败国,长期以来,在国际政治舞台上一直处于无权地位。因此,长期以来,日本政府的外交基调都是"顺应现存国际秩序,谋求经济发展"。然而,随着日本经济大国地位的确立和巩固,它越来越要求实现政治大国的目标。整个20世纪80年代,日本都在为此做出努力。在旧的格局即将瓦解之际,日本急欲抓住这一有利时机建立一个有利于日本的世界新秩序,以便其加速实现政治大国的目标。1991年2月,海部俊树首相在日本国会发表的施政演说中一改传统的外交基调,强调日本要"积极参与建立世界新秩序的国际努力",并将其作为执政的首要目标。后来,围绕这个问题,日本朝野人士发表了许多议论,日本政府也开展了一系列外交活动,整体构想包括如下内容:

第一,其目标是在确定和平与安全的基础上,在全世界实现"自由民主"和"市场经济"。海部俊树在其施政演说中提出了国际新秩序的五项目标,即确保和平与安全、尊重自由与民主、在开放的市场经济体制下保证世界的繁荣、确保人类理想的生活环境、在对话和协调的基础上建立稳定的国际秩序。在这种背景下,日本政府提出将把政府发展援助用做建设国际新秩序的一个重要手段。

第二,以日、美、欧三极为主导建立国际新秩序。日本认为当前世界格局正向多极化方向发展,而美、日、欧应当起主导的核心作用。1990年1月9日,海部俊树在致美国总统布什的信中提出"必须以日、美、欧三极为主导来形成新秩序",其目的是要利用美国担心欧洲联合可能出现"欧洲堡垒"的心理,借此提高自身的战略地位,从而在未来的世界里占据一"极"地位。后来,日本通过修订《安全防卫合作指针》,加强了与美国的战略关系,积极开展同俄罗斯的外交活动,努力争取成为联合国安理会常任理事国,所有这些都是在为实现政治大国的既定目标服务。

第三,强调经济和科技力量对形成新秩序的决定作用。日本领导人认为,影响今后世界秩序的决定性因素应该是经济和科技力量,而不再是军事力量。这一主张反映出日本想凭借自己在经济和科技方面的优势增强日本在建立"国际新秩序"中的发言权。

(3)西欧的国际新秩序观。西欧在新旧格局交替之际也积极行动起来,力图形成一个对自己有利的态势。综合西欧各国关于国际秩序的言论,大致有以下几点:

第一,在未来国际新秩序的目标方面,西欧同美国、日本是一致的。1991年7月,西方七国首脑会议声明对此讲得很明白:"我们谋求在共同的价值观念的基础上建立伙伴关系,加强国际秩序。我们的目标是加强民主、人权、法治和健全的经济管理。"

第二,反对美国独霸的"一极世界",要求在国际新秩序中分享领导权。西欧大国普遍对美国主张的国际新秩序表示不满。当时的法国总统密特朗公开表示,世界新秩序不能把美国统治下的和平强加于人。西欧各国认为,欧洲不能置身于建立未来国际秩序的核心之外。为此,一方面,加快了欧洲联合的步伐,使欧洲用"一个声音说话";另一方面,欧洲联盟及各主要成员国纷纷调整对外战略,如近年来已经出台的对中东欧国家的"东扩"战略、对亚洲的新战略、对华战略、旨在建立欧洲一地中海大自由贸易区的"南下"战略等,其战略意图之一就在于加强欧洲的独立地位。

第三,在如何建立国际新秩序方面,西欧主要国家存在一定的分歧。英国一向强调英、美特殊关系,英、美一致,因此在国际事务中比较注意与美国保持一致,在欧洲一体化进程上态度不那么积极。法、德作为欧洲一体化进程的"发动机"更注重发挥联合的欧洲的作用。

总体来看,美、日、欧的国际新秩序观在本质上是相同的,那就是要建立一个以西方大国利益为基础的、由西方大国领导的,以确立西方模式、意识形态和价值观念为目标的国际新秩序。它们之间也存在分歧,主要是争夺在建立国际新秩序过程中的主导权,换言之,就是未来的国际社会是由美国独家主宰还是"共管"。

2.中国的国际新秩序观

中国是一个发展中的社会主义国家,同其他发展中国家一样,长期以来遭受国际旧秩序的不公正待遇,因此,一贯主张改变这一状况。

1988年9月,邓小平就明确地提出要建立公正、合理的国际新秩序。1991年3月,中国第七届全国人民代表大会第四次会议决议正式将建立公正、合理的国际新秩序作为中国外交政策的重要组成部分。概括起来,中国关于国际新秩序的观点主要包括以下几个方面:

(1)中国主张建立的国际新秩序的目标是符合和平与发展的时代潮流,改变超级大国主宰世界的局面,结束霸权主义和强权政治,推动各国以和平共处五项原则

第三章 当今时代的主题和争取建立国际新秩序

为准则来处理国家间的关系,使世界上所有国家不论大小,主权一律平等,公正、民主、协商解决国际事务。

(2)国际新秩序应该包括国际政治新秩序和国际经济新秩序两个方面。当今世界的发展计划越来越显示出世界政治与世界经济密不可分、相互作用、相互影响的特点,因此,建立国际政治新秩序和国际经济新秩序互为要求,互为保障。

(3)国际新秩序的核心是维护国家主权的原则和不干涉别国内政的原则。

(4)国际新秩序的基本内容是各国有权根据本国国情独立自主地选择本国的社会制度、政治制度、经济制度和发展道路,任何国家尤其是大国不得干涉别国内政,不应把自己的价值观念、意识形态和发展模式强加于别国;互相尊重主权和领土完整,任何国家都不得以任何借口侵犯或吞并他国领土,国际争端应当通过和平谈判合理解决,反对诉诸武力或以武力相威胁,反对以战争手段解决国际争端;国际关系中不得以大压小,以强凌弱,以富欺贫,国际事务应当由世界各国平等参与协商,不能由一个或几个大国垄断,任何国家都不应谋求霸权或推行强权政治;改变旧的国际经济关系,代之以公正合理、平等互利、等价交换的国际经济新秩序。

(5)在建立国际新秩序的过程中,应该充分发挥联合国的重要作用,使联合国在建立国际新秩序的安全保障机制、协调国家利益与国际社会整体利益的冲突方面提出新的举措。

三、为建立公正合理的国际新秩序而共同奋斗

1. 中国是在和平共处五项原则的基础上建立国际新秩序的倡导者和推动者

随着国际形势的发展变化,政治上由对抗转向对话,由紧张转向缓和,开始呈现多极化的趋势;经济上各个国家、各个地区之间的相互联系日益密切,相互依存不断加深,经济全球化趋势日益发展。广大发展中国家力量增强,广泛地参与国际政治经济生活。

从20世纪80年代中期起,邓小平多次提出建立国际政治经济新秩序问题。1984年10月,他明确提出:"处理国与国之间的关系,和平共处五项原则是最好的方式。其他方式,如'大家庭'方式、'集团政治'方式、'势力范围'方式都会带来矛盾,激化国际局势。总结国际关系的实践,最具有强大生命力的就是和平共处五项原则。"[1]1988年,他再次谈到这个问题:"世界上现在有两件事情要同时做,一个是

---

[1]《邓小平文选》,第3卷,人民出版社,1993年版,第96页。

建立国际政治新秩序,一个是建立国际经济新秩序……我们应当用和平共处五项原则作为指导国际关系的准则。"①1989年,他又两次讲到这个问题:"最近一个时期,我多次向国际上的朋友们说,应该建立国际经济新秩序,解决南北问题,还应该建立国际政治新秩序,使它同国际经济秩序相适应。我特别推荐20世纪50年代由我们亚洲人提出的和平共处五项原则,作为今后国际政治新秩序的准则。"②"考虑国与国之间的关系主要应该从国家自身的战略利益出发,着眼于自身长远的战略利益,同时也尊重对方的利益,而不去计较历史的恩怨,不去计较社会制度和意识形态的差别,并且国家不分大小强弱都相互尊重,平等相待。这样,什么问题都可以妥善解决。"③1990年3月,他强调:"我们对外政策还是两条:第一条是反对霸权主义、强权政治,维护世界和平;第二条是建立国际政治新秩序和经济新秩序。这两条要反复讲。具体的做法,还是要坚持同所有国家都来往,对苏联、对美国都要加强来往。"④后来,他又针对西方国家干涉中国内政的霸权主义行径尖锐指出:"现在确实需要以和平共处五项原则作为新的国际政治、经济秩序的准则。现在出现的新的霸权主义、强权政治是不能长久维持的。少数国家垄断一切,这种形式在过去多少年没有解决任何问题,今后也不可能解决任何问题。"⑤"我看要积极推动建立国际政治经济新秩序。我们谁也不怕,但谁也不得罪,按和平共处五项原则办事,在原则立场上把握住。"⑥邓小平谈话的对象多是对许多国家的领导人和国际友人,既有发展中国家的领导人,也有发达国家的领导人。这说明他是经过长期的冷静观察和深入思考,面对当今世界郑重地提出这个问题的。

改革开放以来,中国的外交正是在邓小平理论,特别是邓小平国际战略思想的指导下,为推动建立国际政治经济新秩序做出了不懈的努力。中国政府把推动建立国际政治经济新秩序作为一项基本的外交政策来贯彻执行,也是中国在国际舞台上开展活动的一个行动纲领和奋斗目标。为此,中国政府不仅在重要的文件中反复重申这个纲领和目标,也在和一些友好国家的双边文件声明中求得共识,坚持这个纲领和目标。在与一些地区和国家的活动中坚持贯彻这项基本政策,在联合国等全球范围的重要活动中也坚持贯彻这项基本政策。在处理和广大发展中国

---

①《邓小平文选》,第3卷,人民出版社,1993年版,第282—283页。
②《邓小平文选》,第3卷,人民出版社,1993年版,第328页。
③《邓小平文选》,第3卷,人民出版社,1993年版,第330页。
④《邓小平文选》,第3卷,人民出版社,1993年版,第353页。
⑤《邓小平文选》,第3卷,人民出版社,1993年版,第360页。
⑥《邓小平文选》,第3卷,人民出版社,1993年版,第363页。

第三章 当今时代的主题和争取建立国际新秩序

家,如非洲、拉美、东南亚、南亚的广大国家的关系中是这样做的,在处理和发达国家的关系中也是这样做的。也正因为如此,中国的主张赢得了众多国家,尤其是广大发展中国家的支持和信任,共同努力来推动建立国际政治经济新秩序的事业。

2.建立国际政治经济新秩序的必要性、可能性和现实性

(1)必要性。现存的国际政治经济秩序是以发达资本主义国家为主导建立起来的,其特点是不公正、不合理、不平等,带有霸权主义、强权政治的特征,广大发展中国家处于无权、少权的不平等地位。在旧的国际经济秩序下,发达国家凭借其经济科技优势,掠夺发展中国家,控制发展中国家,使两者之间差距不断扩大,众多发展中国家负债累累,贸易条件恶化,资金严重短缺,经济发展停滞,人民生活长期贫困,严重影响、阻碍世界经济的发展与繁荣。在旧的国际政治秩序下,超级大国凭借其政治、经济、军事优势,任意侵犯别国,干涉别国内政,破坏别国主权和领土完整,甚至悍然派兵入侵弱小国家,颠覆合法政府,导致国际和地区局势动荡不安,各种地区冲突和局部战争接连不断,严重影响和破坏了世界的和平与稳定。因此,广大发展中国家强烈要求改造国际旧秩序,建立国际新秩序。

(2)可能性。和平共处五项原则提出至今已经近60年,这一原则经受了历史的检验,从处理双边关系发展到处理多边关系,从处理不同社会制度国家间相互关系发展到处理相同社会制度国家间相互关系,为越来越多的国家所认可。它符合联合国宪章的宗旨和原则,也符合国际法的基本精神,日益成为公认的、深入人心的处理国际关系的准则。中国对外关系的实践也证明了这一点。尽管中国的对外政策有过几次调整,但坚持和平共处五项原则始终贯穿其中,尤其在结束"文革"之后,"左"的干扰被清除,这一原则得到重申,被确定为发展一切对外关系的基本准则,中国也很快开创了对外关系的新局面。基于这样的历史实践,在和平共处五项原则基础上建立国际政治经济新秩序是完全可能的。

从根本上说,在和平共处五项原则的基础上建立国际政治经济新秩序反映了绝大多数国家人民的心愿,符合和维护绝大多数国家的利益,绝不只是一种主观愿望,而是当今世界发展的客观规律的真实体现。

(3)现实性。上述可能性是一种现实的可能性,而非虚幻的可能性。当今世界经济全球化的快速发展使各国之间的经济联系更加密切,相互依存日益加深;世界政治格局多极化趋势继续发展,体现了国际关系民主化的进程,贯穿了反对霸权主义、反强权政治的精神,将在反对霸权主义的单极格局的斗争中前进。这与在和平共处五项原则基础上建立国际政治经济新秩序的要求是完全一致的。建立国际新

秩序是各国人民、众多国家的需要,符合他们现实的、根本的利益,不用说广大发展中国家,就是一些发达国家有远见的政治家也认为是可以接受的,是符合历史发展进程的。

3. 建立国际新秩序是一个渐进的变革过程,要作坚持不懈的长期努力和斗争

公正、合理的国际新秩序目标的实现,需要进行艰苦的斗争和长期的努力,不可能很快实现。这是因为:现存的国际政治经济秩序已经存在很长时间,它有很强的政治、经济实力作依据。超级大国和发达资本主义国家都要极力地维护它,千方百计地反对和破坏发展中国家主张建立的新秩序。他们也说要建立"世界新秩序",那不过是一种换汤不换药的旧秩序的翻版。发展中国家只能逐步地去改变它、改造它,从改变它的运行规则再到改变它的运行机制,一步一步地推进,由量的积累再到质的变化。这是一个渐进的变革过程,绝不能一蹴而就。这也绝不是靠一个国家或少数几个国家能够做到的,而是需要众多发展中国家的积极参与、共同努力才能实现。这就需要从大局出发,相互协调立场和利益,制定和执行共同的政策。作为一个发展中的社会主义国家,中国需要本着求同存异的精神,和广大发展中国家一起努力发展经济、增强综合国力,来促进这个目标的实现。这最终将取决于国家间实力对比的变化,也就是广大发展中国家经济实力的增长,改变长期处于的不利地位。只有实力对比发生了根本变化,才能有效地遏制、反对和最终战胜霸权主义,才能建立起和平、稳定、公正、合理的国际新秩序。这无疑要作长期的斗争,绝不是轻易能够实现的。

进入新世纪,中国的国际新秩序战略获得了进一步的提升,提出了"和谐世界"的新理念,并将其界定为"持久和平、共同繁荣的世界"。这是中国站在人类历史的高度追求更为公正、合理、和睦、包容的世界的一种尝试,既与中国悠久的和谐文化传统一脉相承,又承接了自和平共处五项原则提出后指导中国对外关系的基本原则。2005年9月,胡锦涛主席在联合国成立60周年首脑会议上,全面阐述了和谐世界的内涵,指出:"应该尊重各国自主选择社会制度和发展道路的权利,相互借鉴而不是刻意排斥,取长补短而不是定于一尊,推动各国根据本国国情实现振兴和发展;应该加强不同文明的对话和交流,在竞争比较中取长补短,在求同存异中共同发展,努力消除相互的疑虑和隔阂,使人类更加和睦,让世界更加丰富多彩;应该以平等开放的精神,维护文明的多样性,促进国际关系民主化,协力构建各种文明兼容并蓄的和谐世界。"和谐世界理念表明了中国政府和人民在新世纪对于国际秩序的美好愿望和追求,同时向国际社会传达了一个负责任大国的意愿和抱负。

第四章　维护霸权地位的美国

美国是当代世界最发达的国家。美国的政治、经济制度集资本主义之大成，它的全部历史就是一部资本主义的发展史，既显示出资本主义在人类历史上创造了超过以往各个历史时期总和的物质文明的巨大功绩，也显示了资本主义发展的深刻危机。1941年，美国《时代》杂志的创办人亨利·卢斯提出了20世纪是"美国世纪"的说法，从那以后，美国的国力和地位一路上升，成为超级大国，与苏联在"冷战"期间展开了激烈的争夺。经过40多年的较量，苏联解体了，美国成为世界上唯一的超级大国，赢得前所未有的国际地位。进入21世纪，美国依然没有放弃独霸世界的图谋，竭力维护唯我独尊的局面，确保21世纪仍然是"美国世纪"，对世界政治、经济和国际关系有着重大的影响。

第一节 美国的政治制度及其演变

一、美国资本主义制度的确立

1607~1775年,英国在北美洲沿岸先后建立了13个殖民地。1775年4月,英属殖民地爆发独立战争。1776年7月4日,《独立宣言》发表,宣布13个英属殖民地的独立,成立了美利坚合众国。1783年,独立战争取得胜利,英国被迫承认美国的独立。从此,美国从一个殖民地走上了资本主义发展道路。

美国的国家结构实行联邦制。联邦政府与州政府实行分权,联邦政府拥有立法权、发行货币权、对外缔约和宣战权、征税权、组建统一的宪法、政府和军队等明确列举的权力。各州州权采取保留方式确定,"凡宪法未授予联邦或未禁止各州行使的权力,皆由各州和人民保留"。进入20世纪以后,随着垄断资本统治的加强,国家权力日益集中于联邦政府,联邦的权力从列举权扩大到默示权(即作为统一国家,不言而喻拥有的国家权力),许多传统上属于州范围的权力,也不断转化为联邦的权力。

1787年宪法

1787年宪法是美国资产阶级政治民主制度的法律基础。它是由美国12个州的55名代表于1787年在费城召开制宪会议后制定的,1789年生效。宪法由宪法本文和修正案两部分组成,作为美国宪法一直沿用至今,具有很强的稳定性和权威性。1787年宪法的理论基础是"天赋人权"。作为封建专制主义"君权神授"的对立物,"天赋人权"以理性的权力观代替了"神授"的神秘的权力观,提出"主权在民",认为人民是主权者,权力属于人民,政府的权力来自人民,政府和政府官员应向人民负责,人民天赋拥有生命、自由、财产、言论、结社、集会等基本权利。

美国是一个实行三权分立制度的国家。1787年宪法把国家权力分为立法权、行政权和司法权三部分,分别由国会、总统和联邦法院行使,"三权分立,相互制

 第四章 维护霸权地位的美国

衡",即三权不是绝对地分立,而是既分立,又相互制约,并保持平衡。但是,所谓"三权"归根到底都是资产阶级的统治权,"以权制权"只是为了调节资产阶级不同集团之间的关系,以维护其共同利益。它以"民主"的外衣把资产阶级对国家权力的垄断掩盖起来,其实质还是资产阶级专政。

美国实行总统共和制,这是美国首创的一种资本主义国家的政府组织形式,总统既是国家元首,又是政府首脑,还担任武装部队总司令。在实际的政治过程中,总统还是政党领袖、重要的立法者和首席外交官,拥有许多重要的政治权力。美国总统需经选举产生,任期4年,可连任两届。根据1787年宪法,美国总统不是民众直接选举出来的,而是由各州派出选举人团,再由选举人团投票选出来的,在一个州获得选票最多的候选人将赢得该州所有的选举人票。

美国国会分为参、众两院,完成立法程序需要两院通过才能成立,目的也在于分权制衡。参议院由100名参议员组成,50个州每州2名代表,任期6年,每2年改选1/3。众议员的数额按各州人口比例产生,现为438名(包括哥伦比亚特区),任期2年。议员可连选连任,由直接选举产生。

美国国会立法还受号称"第三院"的院外活动集团的左右。各利益集团为维护自身利益,专门雇佣职业说客对议员进行游说,从而影响议员的投票意向。职业说客常常是熟悉国会议事规则,熟谙法律的前任议员或退职官员,他们在国会公开登记进行院外活动。外国政府和团体也可以雇佣院外活动分子。由于拥有雄厚的财力和人力,它们都曾成功地通过控制、影响议员而实现集团利益。

根据美国宪法规定,美国的司法权属于最高法院及国会随时制定与设立的低级法院。美国的法院是世界上权力最大的法院系统之一,同政府立法和行政部门鼎足而立,并对二者实行制约,在制定政策方面行使很大的权力。它负有维护宪法尊严和监督政府行为的重要职能,对资产阶级政治体制的正常运转起着保障作用。

美国是实行资产阶级两党制的国家。从19世纪60年代开始,美国一直是民主党和共和党轮流执政。民主党和共和党的差别只在于维护资产阶级利益的方式和方法不同。它们的矛盾和斗争只是资产阶级内部不同利益集团之间的矛盾和斗争,是服从于垄断资产阶级整体利益的。与两党制相联系的是普选制。在联邦、州、地方选举中,选民最低年龄为18岁。普选制体现了美国政治制度的特点,是美国政治制度的重要内容。

政治制度归根结底是由经济基础决定并且为经济基础服务的。建立在生产资料资本主义私有制基础上的美国政治制度,尽管在法律上规定了公民享有广泛平

等的民主自由权,尽管在形式上表现出高度的分权和制衡,但其实质都是维护资产阶级利益,保证资本主义私有制不受侵犯。三权分立、普选制和两党制只是维护垄断资产阶级及统治的工具和手段而已。

二、战后美国政治的变化

第二次世界大战后,美国的政治发生了许多引人注目的变化,这些变化概况如下:

第一,随着以总统为核心的政府行政权力得到强化,行政与立法及政府各部门之间决策时的相互牵制也大大增强。

从联邦政府和各州的关系来看,战后联邦政府几乎在国内的每个方面都可以制定法律和条例,都可以进行干预,而各州的权力则相对缩小。从联邦政府内部来看,战后行政部门越来越趋向集权,总统权力更是急剧扩张,在政治生活中逐渐居于主导地位,总统与行政各部门的关系由指挥与监督变为各部门从属于总统的关系。总统在立法上的作用和影响也日益扩大,总统通过立法倡议权、立法否决权和委托立法权来行使实际的立法权。在外交方面,总统的地位和权力空前膨胀,掌握着外交和防务重大方针的决定权,常常不经过国会而采取重大外交行动和军事行动。这种变化从根本上说是包括国会在内的以总统为中心的整个国家机器不断强化和加速运转的反映。

与此同时,战后历届政府中多次出现了总统职位和国会由民主党和共和党分别把持的情况,导致各部门决策互相牵制,不协调增多。"压力集团"和"思想库"作为公民参政的一个渠道,在影响美国政治决策及其运行方面的作用日益增强。有人甚至说,在美国,对于各种问题的决策,是由政府、政党和压力集团共同做出的。美国政府各部门相互牵制的增强,必然引起决策目标不统一和政策前后不协调。

第二,战后美国的社会阶级结构有了显著变化:富有阶层集中财富的速度加快,中产阶层分化,贫穷阶层人数增多和趋于固定化。

战后科学技术的发展使工人阶级的构成发生了重要变化,以各种专业人员、技术人员、管理人员、行政人员和服务人员为主体组成的"白领"工人迅速崛起,成为影响美国政治动向和发展趋势的一支重要力量,被认定为"中产阶级",是积极维护社会现状的"胶合剂"。但是随着20世纪90年代"新经济"的兴起,经济结构发生深刻改变,工资差距迅速扩大,中产阶级中的很多人境况恶化,跌入中产阶级下层,甚至进一步沦为穷人。少数高级专业人员和管理人员获得的薪金剧增,成为"新技

第四章 维护霸权地位的美国

术贵族",进入富人的行列。中产阶级总体上缩小、分化,成为美国社会结构变化中的一个重要问题。

第三,20世纪70年代以来,美国社会政治相对稳定,但公众对政治体制的信任危机日益严重。

战后初期到20世纪60年代,美国接连爆发了一系列声势浩大的群众运动,如反战运动、青年运动、民权运动和妇女运动等。但是,从70年代以来,美国国内的阶级关系相对稳定,社会矛盾也得到了一定的缓和,这是同美国人民的不断斗争,美国社会经济的发展和美国垄断资产阶级被迫实行的改良主义政策紧密相关的。另一方面,社会矛盾虽没有进一步激化却不能改变公众对政府信任程度不断下降的事实。美国相对稳定的社会政治状况潜存着许多不确定因素,"冷战"结束后的新形势要求美国政治结构进行相应调整,这将是一个缓慢、渐进的过程。

第四,国内各种社会问题丛生,是美国难以治愈的痼疾,尤其是种族问题依然敏感。

美国既是一个移民国家,又是一个多民族的社会。早在北美殖民地时期形成的"白人至上"的种族主义观念根深蒂固,有关种族平等的思想到20世纪60年代后才成为社会的主流思想。战后,由于来自拉美、亚洲的移民迅速增多,美国人口的种族结构发生显著变化。1970年,美国总人口中的白人约占88%,黑人占11%。1995年,白人的比例下降为73.6%,黑人为12%,西班牙裔占10.2%,亚裔占3.3%。2000年人口普查显示,美国纯白种人口(不含拉丁裔)下降到69.1%。据预测,到2050年,美国总人口中的白人仅占52.8%,黑人将占13.6%,西班牙裔将占24.5%,亚裔占8.2%。也就是说,到那时,少数民族从人口上将接近于同白人平分天下。民权运动尽管已有半个世纪的历史,正式的种族隔离法虽然早已被废除,但美国的黑人和白人之间的种族隔阂依然很深。20世纪90年代以来不断发生黑人和多种族教堂被焚烧或破坏事件,从事恐怖活动的美国武装"民兵"组织和其他白人至上组织的势力也在迅速膨胀。在2008年大选中,有着黑人血统的奥巴马成功当选为第56届美国总统,就种族的角度而言,奥巴马能够在各种族选民之间左右逢源,的确表明美国在消除种族歧视方面取得的进步。但是,这并不意味着种族融合的实现,种族之间的疏离状况仍然是现阶段美国社会的现实。

三、"9·11"事件后美国新保守主义势力的上升

2001年举世震惊的"9·11"恐怖袭击事件给美国国内政治带来了新的不确定

性因素。短期内,面对外来威胁,美国社会的团结和凝聚力得到了加强,美国政府的威望得到了加强。但从长期来看,空前规模的恐怖袭击沉重打击了美国人的安全感和超级大国的优越感,在民众心理上留下难以弥合的创伤,对种族关系、社会信任程度,乃至政治制度将产生进一步的影响。正是在这样的背景之下,新保守主义思潮的影响日益上升,新保守主义势力成为占据美国社会主导地位的政治力量。

美国的新保守主义源于20世纪40年代美国的极左派,后演变为民主党内的自由主义派别。20世纪70年代他们转入共和党保守派阵营,为了与共和党老的保守派有区别,自称为"新保守派"。20世纪80年代里根政府与苏联僵硬对抗的立场和对外军事干预的做法,集中体现了新保守主义的主张。老布什上台后,其温和保守主义的立场与新保守派强硬的做法相去甚远。到了克林顿执政时期,自由主义思潮在美国政治生活中占优势,英国、德国等其他欧洲国家奉行所谓"民主社会主义"路线的政党也纷纷上台执政,在世界范围内形成了风行一时的所谓"第三条道路"。然而,小布什上台后,新保守主义卷土重来,新保守派的核心人物被委以重任。"9·11"恐怖袭击事件在一定程度上起到了推波助澜的作用。小布什政府以反恐和国家安全为由,对内采取了一系列举措,强化社会控制,蚕食公民权利,扩大行政当局权力,并削弱立法和司法部门的权限。

"9·11"事件后,在防范恐怖主义和维持公民权利之间如何取得平衡成为美国社会关注的焦点。以反恐为名义,是否就意味着应该牺牲部分个人自由、隐私权、新闻自由?是否应该允许执法部门搜身、监听、搜查住宅和调查私人账目?2001年11月,美国众议院以357:66、参议院以98:1通过了《反恐怖主义法》,扩大电子侦察、监听和情报分享的权限,并授权执法部门在未经起诉的情况下拘留外籍移民。同时,执法部门还被允许秘密取证,可以在不通知本人的情况下进入私人办公室和住宅进行搜查、照相、下载电脑上的私人文件,甚至使用美国和外国学生的私人档案等。布什政府还立即成立了内阁级别的"国土安全局",负责协调包括国防、司法、能源、中情局和联邦调查局等在内的国内情报工作,专门对付境内恐怖主义活动,首长由总统直接任命,不通过国会确认。就连一直标榜独立性的美国媒体也遇到来自白宫的压力。行政当局要求媒体"自律",有选择性地进行报道,而媒体也表现出相当程度的配合和节制。很明显,美国政府的反恐怖主义行动已经对保障公民权利的"宪法第四修正案"形成挑战,遭到美国国内民权组织的强烈反对。

"9·11"事件后,美国的种族关系和多元化社会的凝聚力遭到严峻考验。"9·11"事件的发生和随后进行的反恐战争,使得美国主流社会同穆斯林族裔之间

 第四章　维护霸权地位的美国

相互猜疑逐步加深,在反恐的气氛下,相当部分少数族裔的民权受到不同程度的侵害,歧视和攻击阿拉伯人和穆斯林清真寺的事件也屡见不鲜。从总体上看,美国社会的排外情绪和反对移民的浪潮都有升级的趋势。

"9·11"事件后,美国总统的权力得到进一步的扩张。在反恐战争的名义下,布什总统的权力急剧扩大,从一个弱势总统成长为一个坚定有力的强势总统。在2004年美国总统大选中,布什击败民主党候选人克里连任成功,共和党在参众两院优势进一步扩大,表明美国社会对于政治保守主义思潮的认同。在恐怖主义、大规模杀伤性武器等威胁面前,多数美国人对于总统权力的膨胀持宽容态度。

"9·11"事件对美国政治的影响是深刻的。当打击国际恐怖主义成为首要任务,新保守主义势力就要求美国人民为了国家安全利益而忍受牺牲,传统上崇尚开放性原则和自由主义价值原则的美国社会面临着严峻的挑战。2003年的伊拉克战争是新保守主义发展到顶点的产物,又是新保守主义走下坡路的开始。美国在伊拉克进退维谷的困境使新保守主义对小布什政府的影响衰落。2006年美国中期选举中,民主党从共和党手中夺回了国会参众两院的控制权,沃尔福威茨、博尔顿、拉姆斯菲尔德等新保守派代表人物相继离职,美国公众对新保守主义势力的不满逐渐加深。

保守主义思潮和自由主义政治思潮一直交替左右着美国总统选举的结果,如果说保守主义思潮是美国共和党的获胜法宝,那么自由主义思潮则是美国民主党的力量源泉,美国总统选举结果往往是美国社会政治思潮变化的风向标,能够顺应美国社会政治思潮发展趋向的政党或总统候选人,其取胜的机会相对要大得多。小布什政府八年的"反恐战争"导致了新保守主义外交政策的失败,金融危机又宣告了布什新自由主义经济政策的破产。从这个角度而言,2008年大选中共和党候选人麦凯恩不是输给了奥巴马,而是输给了小布什的内外政策。但就政治思潮的演变而言,奥巴马的当选无疑加速了新保守主义颓势的到来。

第二节　美国经济的演变及趋向

一、美国经济的发展历程

19世纪末至今,美国一直都是世界经济的头号强国。正如列宁在研究了美国

发展史之后曾经评论的那样,"无论就19世纪末和20世纪初资本主义的发展速度来说,还是就资本主义发展已经达到的最高程度来说……美国都是举世无双的,这个国家在很多方面都是我们的资产阶级文明的榜样和理想"。① 从美国独立建国到第二次世界大战结束,美国资本主义发展共经历了三个阶段。

第一阶段,自由资本主义时期(从美国建国到19世纪90年代)。独立战争之后,美国利用欧洲先进资本主义国家的新技术、生产资料和经验,从1807年开始进行工业革命,由于起点高、弯路小,使得美国的工业革命能在较短的时间内以较高的速度完成。1840年,美国工业总产值居世界第五。到19世纪90年代,美国工业总产值已赶上英、法、德三国而居世界第一。

第二阶段,由自由资本主义向帝国主义过渡的时期(从19世纪90年代到第一次世界大战前)。在这一阶段,美国的资本主义继续以较快的速度向前发展,制造业生产增加了12倍。钢产量增加了6.4倍,煤产量增加了3.3倍,石油产量增加了4.4倍,到第一次世界大战前,美国的钢、煤、铁的产量已相当于英、法、德三国的总和。

第三阶段,步入帝国主义头号强国时期(从第一次世界大战爆发到第二次世界大战结束)。第一次世界大战期间,美国借战争之机大发横财。第一次世界大战之后,美国经历十年经济繁荣。1929年10月,美国经历了资本主义历史上最严重、最深刻、持续时间最长的一次经济危机。罗斯福"新政"的实施,使危机得到了缓和。第二次世界大战期间,美国最初故技重演,一方面采取"中立"态度,另一方面同双方大做军火生意,直到1941年12月"珍珠港事件"后才参战。作为世界反法西斯主义的重要力量,美国充当民主国家的兵工厂,发挥了积极作用,再一次利用战争使其实力急剧膨胀,取得了在资本主义世界经济中的绝对优势地位。

第二次世界大战后60多年来,美国经济的发展虽然经历了曲折起伏的过程,各项主要经济指标在资本主义世界经济中的比重有所下降,但由于美国原有的经济基础雄厚,工农业生产和科学技术居于世界领先地位,因此,尽管战后美国经济增长速度在一定时期比其他一些资本主义国家缓慢,它的一些主要经济总量指标的绝对增长额仍然十分可观。迄今为止,它仍然是世界上经济发展水平最高、规模最大的国家。

第二次世界大战后美国经济的发展过程大体上可分为七个阶段。

---

① 《列宁全集》,中文第2版,第27卷,人民出版社,1985年版,第146页。

第四章 维护霸权地位的美国

第一阶段,战后初期的繁荣阶段(1946~1953年)。这是美国逐步从战时经济向平时经济过渡。尽管在1948~1949年出现了战后第一次经济危机,但是由于国内大规模固定资本的更新和扩大,国内需求的增加,西欧和日本对美国商品和资本的巨量需求以及朝鲜战争带来的"战争景气",美国经济出现了初期繁荣。

第二阶段,20世纪50年代后期的低速发展阶段(1954~1960年)。艾森豪威尔政府推行"现代共和党主义",采取自由放任同国家干预相互渗透,传统经济学同凯恩斯主义互为补充的二重性的经济政策,其目的在于既反危机又抑制通货膨胀。但事与愿违,失业率不断增长,物价持续上涨,50年代中期到60年代初,美国发生了一次周期性危机和两次中间性危机,经济发展速度开始下降。

第三阶段,经济高度繁荣阶段(1961~1969年)。从1961年1月至1969年10月,美国经济出现了持续106个月的高速增长时期。国民生产总值的年增长率为4.34%,工业生产的年增长率为5.95%,经济实力有了较大增长,国家现代化程度有了较大提高,整个社会的物质生活水平也有较大改善。出现这种情况的主要原因:一是战后新技术革命的推动;二是美国国家垄断资本主义的发展;三是第三世界的廉价原料和燃料供应;四是相对稳定的资本主义货币金融体系和国际贸易制度;五是侵越战争的刺激作用。

第四阶段,经济持续低速增长阶段(20世纪70年代初至90年代初)。整个70年代,美国的国民生产总值的年增长率只有2.9%,工业生产增长率只有3.2%,年平均失业率为6.2%,经济生活中出现了过去未曾有过的新现象,即经济停滞和通货膨胀同时并存的局面,使盛极一时的以政府干预、财政赤字刺激需求为主要手段的凯恩斯主义也宣告失灵。祸不单行的是,美元危机作为美国经济衰颓的集中体现也在这时爆发了,以美元为中心的资本主义世界货币体系宣告解体,美元与黄金的比价随行就市上下浮动。

1981年,共和党人里根以"振兴经济"为竞选口号入主白宫,提出"里根经济学",主张从改善供应方面着手来推动经济发展,恢复自由企业制度,反对政府过多干预,强调市场机制。其主要政策手段是减税,紧缩社会福利,让个人和企业都有更多的积累,由此带动经济发展。里根执政八年,取得一定效果,从1982年底开始,美国经济回升,1982~1989年,实际国民生产总值年均增长3.9%,但减税使联邦政府收入减少,军费的增加使财政赤字连年增加,债台高筑。里根任内的美国国债翻了一番,达到了2万多亿美元。

第五阶段，经济的再度高涨阶段(1991~2000年)。自从1991年3月走出谷底，美国经济持续增长了125个月，不仅创造了美国历史上经济持续增长时间最长的纪录，而且在失业率降至30多年来最低点的情况下，仍然维持着低通货膨胀，打破了此前许多经济学家对美国经济增长周期和规律的认识。克林顿是在美国经济形势严峻时当选的，上任之初，他就提出要走一条"介乎自由放任资本主义和福利国家之间"的"第三条道路"。从实施效果来看，美国率先走出20世纪90年代初的西方周期性经济危机，经济增长率同欧、日相比居领先地位，外贸出口一直保持强劲势头。整体科技实力和产业结构都优于欧、日，特别是高科技优势明显，失业率也比欧、日低。

第六阶段，经济的调整阶段(2001~2006年)。2001年3月，美国政府宣布美国经济进入衰退期，这是对上一个周期经济过热的调整。虽然在2001年11月开始恢复增长势头，但"9·11"恐怖袭击、安然丑闻、世界通信公司舞弊事件等"经济地震"使经济复苏步伐缓慢，直到2003年下半年，在消费支出和公司购买设备支出的拉动下才实现了强劲增长，美国引领世界科技和产业发展的作用仍然十分显著。

第七阶段，由次贷危机引发的危机阶段(2007年至今)。2007年4月，美国第二大次级抵押贷款机构——新世纪金融公司宣布破产，美国次级贷款风险开始浮出水面。2008年3月，有近百年历史的著名投资银行贝尔斯登破产，到了9月，美林证券、雷曼兄弟、摩根斯坦利、高盛相继倒下或被改组。在经济全球化和金融自由化的背景下，美国一打"喷嚏"全世界都跟着"感冒"，美国的次贷危机迅速演化为全球金融海啸，欧洲、日本和新兴经济体国家都出现了程度不同的经济危机，冰岛甚至到了国家破产的地步。在美国政府一系列强有力救市措施的刺激下，2009年下半年美国经济出现了复苏态势，但美国在国际金融领域的绝对话语权无疑遭到了动摇。

次贷危机

次贷危机的全称是次级房贷危机，它是因次级抵押贷款机构破产、投资基金被迫关闭、股市剧烈震荡引起的金融风暴。次级房贷市场是针对美国最贫穷、信用最差的借款人，其数额并不是很大，但由于金融市场投机盛行，在金融创新的旗号下，金融衍生产品泛滥。债务链某个环节的中断就引发了多米诺骨牌式的连锁效应，进而引发金融市场的全面恐慌。

二、美国经济长期领先的原因

一个多世纪以来,尽管有起有落,美国一直都是世界经济的"领头羊",究其原因,既有得天独厚的历史因素,也是美国善于经济调控与创新的结果。

从历史根源上讲,美国的"经济神话"源于"美利坚式道路"自身的特点。作为一个大国,美国的发展具有不同于其他大国的独特之处,集中表现在:

第一,美国的大量外来移民对于早期美国的开发和近代工业化的完成以及工业现代化的发展都作出了十分重要的贡献;

第二,西进运动的开展和领土的不断扩张,使美国成为拥有得天独厚的优越地理条件和丰富自然资源的大国;

第三,美国没有经历封建社会阶段,封建制度的影响和封建势力的阻力很小,为美国资本主义的迅速发展创造了十分有利的条件;

第四,美国是一个长期和平统一的国家,有一个相对稳定的社会局面,没有经受两次世界大战的洗劫反而从中受益。

第二次世界大战后,促成美国经济发展的原因是多方面的:

首先,新科技革命对经济发展产生了巨大的推动作用。战后的新科技革命浪潮,推动了美国劳动生产率的提高和国民生产总值的增长,美国经济的重心由第二次世界大战前的东部和东北部向南部和西部地区转移,使得这些地区很快成为美国新的经济重心,带动了整个美国经济的发展和产业结构的优化。当代美国的产业结构、部门结构、就业结构和生产组织结构都因此出现了新的变化,第三产业的比重大幅度上升,信息产业成为经济增长点,在世界上遥遥领先;在工业内部,传统的以汽车制造业、钢铁业和建筑业为三大支柱的"夕阳工业"迅速地被新兴科技工业部门所取代,劳动密集型、资本密集型工业转变为科技知识密集型工业;随着产业结构和部门结构的变化,就业结构也发生了巨大变化。体力劳动者减少,脑力劳动者数量日增。更为重要的是,科技上的领先推动了美国经济向全球的拓展,为美国在激烈的世界经济竞争中抢得了先机。

其次,国家对社会经济干预和调节的加强推动了美国经济的增长。国家对社会经济的干预和调节,对资本主义再生产及社会安定产生了关键性作用。在当代主要发达资本主义国家中,虽然美国的国有经济成分在整个国民经济中所占比重最低,但美国政府对社会经济的干预和调节作用却是巨大的。它通过财政倾向政策、收入分配政策、国际收支政策以及经济立法等手段,不断加强对国家经济生活的调节和干预;又通过国民收入的再分配政策、社会福利政策、失业保险政策、文教科技政策和社会团体政策等方式,对社会生活的各个领域进行干预和调节,不断强化国家的经济和社会职能,以保障资本主义再生产的顺利进行,维护垄断资产阶级的统治。

最后,战后美国的经济发展得益于美国在国际经济秩序中的支配地位。现行国际经济秩序是第二次世界大战后国际经济关系变化的结果。以美国为首的发达国家长期垄断着工业制成品和高技术产品的国际分工体系,并通过垄断国际市场价格控制着国际贸易机制。经济全球化浪潮是在旧的国际经济秩序没有根本改变的情况下发展起来的,它加速了整个世界经济的发展和繁荣,但美国凭借其在贸易、金融、投资等方面的优势,无疑成为经济全球化的最大受益者。

此外,战争景气也是美国经济增长中不可忽视的因素。从美国历史看,战争多次给美国经济发展带来积极影响,两次世界大战对于美国经济的提升有目共睹,第二次世界大战以来的朝鲜战争、越南战争、海湾战争等也曾为美国经济注入过发展的活力。当然,巨额的军费开支和军事化经济的确造成了美国负担过重,占用了本来可以用于民用工业的大量人力、物力和财力资源。但是,科技的进步往往是为了适应军事和战争的需要而产生,并且经常最先运用于武器制造和军备的生产。美国庞大的战争机器,不仅指军队,还包括服务于国防和军事的整个社会经济体系。"9·11"事件后,为了发动全球反恐战争并进行灾后重建,美国政府决定发行战争债券,并冠之以"爱国债券"的美名,一上市就成为抢手货,这从一个侧面反映出美国经济的军事化特点。

早在 20 世纪 80 年代,有关美国经济衰落的论调曾盛行一时,到 90 年代,随着新科技革命的发展和信息技术的广泛应用,美国率先打出"新经济"的旗帜,实现了历史上时间最长的持续增长,重新巩固了在世界经济中的领先地位,在全球范围内引发了新经济的热潮,日本、欧洲等发达国家和一些发展中国家纷纷效仿美国,制定出自己的新经济发展战略。所谓 21 世纪是"第二个美国世纪"的说法,反映的正是世纪之交美国再度拉大与其他主要国家经济差距的事实。

总体上,决定美国经济长远发展的有利因素众多:

第一,就经济规模而言,2010 年美国 GDP 总量超过 14 万亿美元,排在第二位的中国为将近 6 万亿美元,排在第三位的日本为 5.5 万亿美元。美国的 GDP 总量与后面的国家相比拉开了不小的距离。美国的对外贸易总额和对外直接投资仍领先于其他国家,除去极少年份,美国也是吸引国际投资最多的国家。

第四章 维护霸权地位的美国

第二,就经济发展速度而言,20世纪90年代美国经济年均增长速度超过3%,是主要发达国家中速度最快的。同一时期,发达国家的平均水平为2.4%,日本为1.3%,德国为1.7%。如此庞大的经济规模还能维持这样的发展速度确实非常可观。进入21世纪,由于经济全球化和信息网络化持续向深度和广度扩张,美国的经济增长平均幅度仍然比日本、欧盟国家都要大。即使在2008年全球金融风暴的打击下,美国的总体竞争力和复苏能力也是发达国家中最强的。

第三,在微观层面,美国经济的基础仍然是健康的。通过信息化和全球化的调整,美国的产业结构和运行机制不断优化,占据了国际经济竞争的制高点。虽然电子商务一度受到挫折,网络公司大量倒闭,但对整个信息产业并非致命打击。而且,宽带、无线通讯等信息技术的创新仍在突破,生物工程领域的创新不断涌现,新能源领域也有持续创新的空间,为经济增长补充新的动力。美国的制造业通过改组和改造,在国际市场中竞争能力加强,汽车、半导体等都已逐步收复失地。

第四,就所处的国际经济环境来看,美国是经济全球化的积极推动者和最大受益者,美国的跨国公司数量最多、规模最大、竞争力最强,最有利于通过全球化实现成本最小化和利润最大化。美国还占据了地缘经济优势,能够以美洲为依托,既面向欧洲,也面向亚洲,将自身的经济联系和影响力拓展到世界任何地方。

第五,美国拥有其他国家无法与之相比的人才优势。经济竞争归根结底是人才的竞争,作为移民国家,美国对世界各国的优秀人才有着最大的吸引力。战后世界约2/3的科技成果和重大发明首先是在美国研究成功的,如今,美国的科研经费超过其他发达国家的总和,基础科学研究和应用研究都处于遥遥领先地位,这是保障美国经济持续发展的最重要因素。

三、次贷危机冲击下的调整与发展趋向

在2007年次贷危机的冲击下,美国经济陷入新一轮的衰退,有关美国经济长期走势的话题再次成为国际社会关注的焦点。

冰冻三尺,非一日之寒。从深层次讲,这次由次贷危机引发的金融海啸和经济危机是此前美国经济扩张期积聚的经济隐患和风险大释放的结果,是世界经济结构严重失衡的表现。在经济全球化浪潮的推动下,制造业向发展中国家转移,以美国为首的发达国家普遍出现了产业空心化状况。为了保持经济增长,美国一直采用信用扩张、鼓励消费的政策。当虚拟经济扩张时,消费需求能够实现持续的增长,一旦虚拟经济出现问题,消费需求的萎缩就会把整个世界经济拖入危机之中。

2001~2003年,美联储连续13次降息,将联邦基金利率从5%降到1%,房贷成本下降刺激了美国房地产的繁荣。而后为了治理通货膨胀,美联储于2004年到2006年又连续17次加息,利率升至5.3%。房贷市场因许多购房者无力偿付到期本息而迅速恶化。更为严重的是,由于放松金融管制,美国的金融机构为追求利益最大化,包装、炒作出接近400万亿市值的金融衍生产品,形成了交叉复杂的资金链,相当多的衍生产品根本没有流动性基础,一个环节的问题就有可能引起全局瘫痪。

面对危机,美国政府抛开新自由主义经济政策的传统,采取注入资金、政府担保、收归国有等手段救市,并且联手欧洲国家、日本和新兴国家一起加大对世界经济的干预力度。美国经济固有的矛盾和缺陷在这次危机中充分暴露出来,美国经济的长期走势再度充满变数。

生产社会化和生产资料私人占有制的矛盾仍然是美国经济固有的基本矛盾。根据马克思主义政治经济学理论,资本主义是社会化的大生产,而生产资料和产品却属于资本拥有者个人所有,这就形成了一组对抗性的、起决定性作用的矛盾,也是资本主义社会的最基本矛盾。当生产无限扩大的趋势同社会有支付能力的需求相对缩小之间的矛盾激化,经济危机就不可避免。尽管战后美国借助西方经济学的最新成果,通过政府行为对经济进行了干预和调节,使经济危机的频度和破坏性得到了相对缓和,但这些措施不能从根本上消除经济危机的爆发。

金融领域的过度膨胀是美国经济面临的最大风险。美国华尔街是全球金融的象征,代表着金融创新的最高水平,美国金融市场的运作和监管机制一直被视为全球的典范。但是,事实证明,从来就没有完美无缺的制度。由于监管的缺失,华尔街的金融机构推出了层出不穷的高风险的金融产品,不断扩张市场,造成的泡沫越来越大。经历了次贷危机和金融海啸之后,如何加强对金融机构的约束和监督是美国政府面临的一大难题。

美国经济中长期没有解决的三大问题——对外贸易巨额逆差、美元动荡和个人储蓄率负增长也很严重。即使在美国经济高速发展时,对外贸易逆差也逐年增长。美国经济增长主要是依靠内需,一般情况下对外贸易巨额逆差对经济的负面影响不大,但当内需大幅下降,经济不景气时,巨额逆差则会加速经济衰退。这三大旧问题与高技术产业生产能力过剩的问题纠缠在一起,相互作用,阻碍了美国经济的增长,导致美国经济衰退。美元在60多年中作为国际主导货币为美国带来了巨额财富,是美国发挥影响力的主要工具之一。美元的反复动荡加深了其他国家对美元信用的质疑,不仅动摇了美国的经济霸主地位,而且冲击整个世界经济的稳

 第四章 维护霸权地位的美国

定性。借债消费是多数美国人的生活方式,2007年美国家庭平均负债为税后收入的134%。无限制的消费和透支欲加剧了经济的脆弱性。

此外,贫富差距拉大、国际石油市场价格动荡、高额的军费支出等诸多现实问题也是困扰美国经济长期走势的矛盾。尤其是当经济处于衰退之中,各种隐含矛盾都被激化,势必影响到美国乃至整个世界经济的正常运行。

在过去100年中,美国经济已经经历过多次高涨和衰落,在新一轮危机的面前,美国同样具备通过其经济实力和影响力渡过难关的能力。迄今为止,美国经济的基础和结构仍然良好,仍然拥有在世界经济领域中明显的优势地位,美元的世界货币地位至少在可预见的未来很难被取代,虽然美国并不是在所有的领域都居于优势,甚至有些方面还存在缺陷,但总体上还没有一个国家或者国家集团能够全方位地对美国拥有的经济优势构成重大挑战。动态地看,美国的优势地位的确处于逐步下滑的过程中。鉴于美国的金融霸权地位在本轮经济危机中遭受重创,在新的国际金融秩序构建进程中,美国的主导话语权将被削弱。中国、印度、俄罗斯、巴西等新兴国家的高速增长,将促使国家间经济实力的对比状况发生不利于美国的变化。

第三节 美国独霸世界的全球战略

一国外交政策的制定基本上是由其国内和国际政治、经济和思想意识诸因素所制约的。美国的外交政策反映的是美国的国家利益,其发展历程大致分为三个时期:大陆扩张时期(1775~1897年)、海外扩张时期(1898~1945年)和全球称霸时期(第二次世界大战结束至今)。头两个时期奉行的是不卷入欧洲纠纷的"孤立主义"政策,虽然在两次世界大战中被卷了进去,但由于采取伺机而动的策略,结果发了大财。战后,凭借其强大的实力,美国走上了妄图独霸世界的侵略扩张之路。为了争夺世界霸权,在不同时期美国推行了不同的政策。

一、美国独霸世界全球战略的演变

1. 美国全球战略的确立

(1)杜鲁门时期(1945~1952年)。1945年4月上台的杜鲁门政府采纳了乔治·凯南等人的理论,要阻挡苏联的所谓共产主义对外扩张,很快修改了罗斯福时期的大国合作战略,制定了以反苏、反共为中心的遏制战略。其基本内容如下:

第一,对苏联和社会主义国家,实行以"杜鲁门主义"为核心的"冷战"政策,以原子弹和美元为坚强后盾,打着"遏制共产主义扩张"、"保卫自由世界的安全"的旗号,同苏联实行全面对抗,对东欧进行颠覆,在中国支持蒋介石打内战,继而对新中国实行政治上孤立、经济上封锁和军事上包围的政策。

第二,对西欧和日本,通过"马歇尔计划"、"占领地区救济基金"和"经济复兴基金"进行扶植与援助,通过分裂德国、建立"北约"和缔结《日美安全条约》,同社会主义阵营对峙,对盟国进行控制。

第三,在亚非拉地区,通过签订《西半球防务条约》和"美洲国家组织"来巩固它在拉美"后院"的统治,打着所谓"技术援助和开发落后地区"的旗号,推行"第四点计划",支持亲美独裁政权,推行新殖民主义。

(2)艾森豪威尔时期(1953～1960年)。艾森豪威尔是在"体面地结束朝鲜战争"和对共产主义采取更"有效的"政策的允诺下上台的。上台之后,他根据变化了的形势,调整了美国的全球战略。

第一,对社会主义国家,推行"解放战略",力图用战争以外的一切手段,把社会主义国家"从共产党的统治下解放出来",使其成为以美国为首的"自由世界"的成员。1954年,国务卿杜勒斯提出了"大规模报复战略"和"战争边缘政策",实质是一种核讹诈的战略,多次引起战争危机。1957年底,艾森豪威尔政府又提出了"和平取胜"的战略,幻想通过"和平演变"来颠覆社会主义国家的政权。尽管在这个时期美苏之间曾出现短暂的"蜜月时期",实现了艾森豪威尔和赫鲁晓夫的首脑会晤,但美国并未放弃对苏联的"冷战"政策。

第二,在亚非拉地区,美国加紧了全面扩张。针对印度支那的局势提出"多米诺骨牌理论",支持法国对越南的侵略。针对中东的新形势,提出填补中东真空的"艾森豪威尔主义",同苏联在中东展开争夺。

(3)肯尼迪、约翰逊时期(1961～1968年)。进入20世纪60年代之后,由于苏联实力的增长,西欧和日本等新的经济中心的出现,以及民族解放运动的蓬勃发展,美国霸权地位受到挑战。肯尼迪一上台就提出"一手拿剑,一手拿橄榄枝"的"和平战略",其实质就是通过运用和平与战争两手策略,在社会主义国家搞和平演变,在亚非拉地区推行新殖民主义。具体如下:

第一,同苏联既对抗又勾结。一方面,美国同苏联继续展开激烈的军备竞赛,在推行"灵活反应战略"的同时,大规模扩充核力量,并针对苏联和中国提出了"两个半战争战略"。另一方面,又同苏联进行勾结,通过政治、经济和文化等多种途

# 第四章 维护霸权地位的美国

径,对苏东进行渗透,促使社会主义国家实现向"自由世界"的和平演变。

第二,在亚非拉地区,施以"恩威并用"的政策。一方面,建立名为"和平队"的援外组织,用"援助"的手法来笼络亚非拉地区的国家和人民,阻止他们起来革命。另一方面,又从美国利益出发,以保卫自由、民主和反对共产主义为名,对古巴进行武装颠覆,在巴拿马、多米尼加进行军事干涉,在印度支那半岛于1961年10月发动了在南越的"特种战争"。

1963年11月22日,肯尼迪在达拉斯遇刺身亡,约翰逊继任总统。他留用了肯尼迪的外事班子,对外政策变化不大,其中心问题是越南战争问题。1964年8月,美国称美国军舰在东京湾(北部湾)遭到北越袭击,国会通过"东京湾决议",美国飞机对北越进行了"报复性"的轰炸。此后,在没有宣战的情况下,美国政府不断扩大越战。1965年3月35000名海军陆战队在南越登陆,特种战争升级为有限战争。到1967年底,在越南侵略美军总数超过50万人。

从战后初期到20世纪60年代末,是美国推行全球扩张主义的鼎盛时期。尽管几届政府在具体的策略和做法上各有差异,但其全球战略基本上是一致的,这就是美国凭借自己强大的经济实力和军事实力,在世界范围内反对共产主义。对社会主义实行全面的"冷战"和遏制政策,对西欧和日本进行扶植、援助和控制,大举向亚非拉地区进行渗透和扩张,最后把全世界都置于美国的控制之下,达到独霸世界的目的。

2.美国全球战略的调整

(1)尼克松、福特时期(1969~1976年)。20世纪60年代末70年代初,美国所面临的国际国内环境发生了重大变化,霸权地位受到了严重挑战。

第一,旷日持久的越南战争把美国拖得筋疲力尽,引起了国内政治、经济局势的动荡不定,国内反战情绪与日俱增,反战示威此起彼伏。

第二,美国在资本主义世界经济中的地位严重下降。1948年,美国在资本主义世界工业总产值中的比重是54.6%,1970年下降为37.8%。1950年美国拥有资本主义世界黄金储备的49.6%,1970年美国的黄金储备只占资本主义世界的15.5%。

第三,美苏军事力量对比发生了不利于美国的变化。20世纪60年代初期,美国在战略核武器和常规军备上占据绝对优势,但到60年代末期,苏联已在战略核武器数量方面取得了优势,并在反弹道系统方面走到了美国前面。

第四,由于经济霸权地位的丧失,美国在同西欧、日本的关系上也出现了问题,

西欧、日本不甘充当"小伙计",独立自主倾向不断发展。

第五,第三世界的崛起,动摇了美国称霸世界的根基。古巴革命的胜利,巴拿马人民收回运河主权的斗争,多米尼加人民对美国军事干涉的反抗等一系列的事件在美国的"后院"燃起熊熊烈火。

针对上述情况,1969年1月上台的尼克松政府提出了一套新的对外战略,即所谓的"尼克松主义"。1969年7月25日,尼克松在关岛的演说中提出"用亚洲人打亚洲人的新亚洲政策",表示美国要从亚洲实行战略收缩。1970年2月,在向国会提出的长篇咨文中,把"新亚洲政策"推而广之,适用于全世界,以"伙伴关系"、"实力"和"谈判"三原则作为尼克松主义的三大支柱。其内容涉及各个方面:

以实力为后盾,以谈判为手段,制约苏联,维持美苏之间的均势。1969年10月,两国宣布进行限制战略武器的会谈,到1972年5月,双方经123次会谈达成了协议。

把建立同盟国的"伙伴关系"作为美国对外政策的基石,要求盟国在政策上协调一致,共同对付苏联;在经济上相互让步,帮助美国渡过难关;在军事上共同分担军费和防务责任。

实施美、中关系正常化。1972年2月,尼克松正式访华,并发表了《中美上海联合公报》。

在第三世界实行局部收缩,确保战略重点。1973年1月27日,美国在巴黎正式签订了《关于在越南结束战争恢复和平的协定》,体面地结束了越南战争。在中东,则在继续支持以色列的同时,在以色列和阿拉伯国家之间推行比过去较为平衡的政策,阻止苏联的渗透和扩张。

尼克松主义是美国霸权地位衰落的产物和表现,是美国统治集团为了继续保住美国在全球的霸权地位而采取的一种政策。其实质就是:通过适当收缩,减轻国内外压力;通过缓和对苏关系,扭转战略上的被动;通过改善对华关系,加强对苏的制约;通过牺牲盟友,延缓自身的衰落;通过维持均势,确保美国的霸权地位。尼克松主义是美国外交政策的转折点,从谋求力量优势转变为力量均势,从充当"世界警察"转变为"共同分担责任"。美国的对外政策比战后任何时期都要灵活、现实与内向,取得了相当的成功,具有深远的影响。

1974年8月8日,尼克松因1972年竞选期间的"水门事件"而辞职,福特继任总统。他的对外政策被称作"没有尼克松的尼克松政策"。

(2)卡特时期(1977～1980年)。卡特是以平民主义的新面孔而赢得大选的。

第四章 维护霸权地位的美国

在国内,美国尚未从越战后遗症和"水门事件"的冲击中恢复过来,1974～1975年的经济危机又使美国元气大伤;在国际上,苏联的势力在继续扩张,美、日、欧之间的矛盾,特别是经济摩擦日益尖锐,美国在第三世界遭到越来越多的反对。

> ### 水门事件(Watergate scandal)
> 是美国历史上最不光彩的政治丑闻之一,对美国国内政治及整个国际关系都有着长远的影响。在1972年的总统大选中,为了取得民主党内部竞选策略的情报,1972年6月17日,以尼克松竞选班子的首席安全问题顾问詹姆斯·麦科德为首的5人闯入位于华盛顿水门饭店的民主党全国委员会办公室,在安装窃听器并偷拍有关文件时,当场被捕。由于此事,尼克松成为美国历史上首位辞职的总统。此后,每当国家领导人遭遇执政危机或执政丑闻,便通常会被冠之以"某某门"(gate)的名称。

因此,卡特上台后把加强美国的思想意识对世界的影响,改善美国的战略地位,恢复美国对第三世界的政治号召力作为对外战略的出发点,提出了"世界秩序战略"。主要内容包括:

第一,"三边主义"战略,把美、日、欧的三边合作作为美国对外政策的基本出发点。

第二,发展更为和谐的南北政治、经济关系,减少第三世界对美国的敌视,削弱苏联的影响。

第三,同苏联实行全面的、真正的缓和,提出要摒除"对共产主义的过度恐惧",反对将"缓和"同苏联的国际行为联系起来。地区争夺上"以水灭火",而不是"以火灭火",使美处于战略守势。

第四,把美中关系作为美国"全球政治的一个中心环节"。1979年1月1日,中、美两国正式建交。

第五,重视人权外交,增进全球对人权问题的敏感,重振美国外交政策的道义内容。"世界秩序战略"的最终目标,就是要建立一个以美国为领导的公正的、多元化的"世界新秩序",以继续维护美国岌岌可危的霸权地位。

然而,卡特的上述政策不但没有收到预期的效果,反而助长了苏联的扩张势头。1979年11月,伊朗人质危机发生后,卡特优柔寡断的政策被人指责为"软弱无能"。1979年12月,苏联出兵阿富汗,卡特政府深感形势严重,对苏政策又趋强硬。1980年1月23日,卡特在国情咨文中提出用武力保卫波斯湾阻止苏联南下的"卡特主义",美国加强了对中东地区的军事部署,组建了快速反应部队,同时还对苏联实行了严厉的经济制裁,但这些强硬的姿态在实际效果上并未扭转美国的颓势。

从本质上来看,卡特时期的美国全球战略基本上是尼克松、福特时期的延续,两者都以多元化的国际结构作为制定战略的出发点,都把协调国际间各种力量的关系作为主要的外交手段。

3. 美国全球战略的发展

(1)里根时期(1981～1988年)。里根在就职演说中就声明前届政府执行的缓和政策已经破产,他将奉行一项"坚定而有原则的外交政策",提出了"以实力求和平"的对外关系总战略。

中美"八一七"公报

1982年8月17日,美国与中国发表有关军售、台湾问题的公报。内容除重申美国承认中华人民共和国政府是中国的唯一合法政府,并认知只有一个中国,台湾问题是中国内政问题,美国无意执行"两个中国"或"一中一台"政策外,主要强调美国不打算长期向台湾出售武器,而向台湾出售的武器在性能和数量上将不超过中美建交后近几年供应的水准,美国将逐步减少对台军售,并经过一段时间导致最后的解决。

第一,重振美国经济,大规模扩充军备,增强美国的经济、军事实力,打出了"扩军抗苏,重振国威"的旗号,制定了16000亿美元的全面扩军计划,其基本目标就是要恢复对苏联的军事优势。

第二,对苏联实行进攻性强硬措施,扭转美苏争霸中的不利局面。宣称"苏联在哪里干涉,就在哪里同它对抗",将通过强硬行动迫使苏联实行克制。同时,美国也不放弃联系与对话,就限制核武器等问题与苏联进行谈判,但强调"会谈的速度、范围和级别将取决于苏联在国际上的表现"。

第三,努力恢复美国在西方世界的领导地位,强调"以美国为中心"的战略同盟关系,力图通过强有力的对外政策,使盟国服从于反苏的总战略。

第四,不断加强美中关系,借重中国,抗衡苏联。出于战略的考虑,1982年里根政府与中国签署了《八一七公报》,声称:美国"不寻求执行一项长期向台湾出售

第四章 维护霸权地位的美国

武器的政策",并减少了对中国在技术转让方面的限制。两国的经贸、技术关系发展很快,但在政治上的根本障碍并未消除。1984年4月,里根访问了中国。

1985年里根再次当选之后,进一步提出所谓"第二次革命",其实质是企图凭借经济、军事和科技力量,用太空军备竞赛拖垮苏联,用美国式的"民主"、"自由"征服世界,重新确立美国在全球独霸地位的扩张战略。为此,里根在第二任期又作了一些外交政策调整。

第一,制定了"星球大战计划"。1985年1月,美国公布了"总统战略防御计划"。即利用美国空间技术优势,建立一个以近地外层空间为基础的多层次的太空综合性战略防御体系,表明美国决心打破"恐怖均衡",同苏联进行经济、军事和科技诸方面的综合较量。

第二,推行"里根主义"。1986年3月,里根发表《自由、地区安全和全球和平》的外交咨文,其核心是综合运用军事、外交、经济和宣传等手段,支持共产党国家的"自由战士",把苏联取得的政治和军事进展推回到苏联本土去,削弱苏联的政治和军事利益。

第三,实行实力遏制和谈判并重的灵活政策。美国希望通过谈判捞取好处以减轻军备竞赛带来的经济压力,趁苏联稳定国内之机阻止苏联核力量的增长。从1985年开始到里根第二任期结束,里根和戈尔巴乔夫先后在日内瓦、雷克雅未克、华盛顿、莫斯科和纽约举行了5次正式会晤,美、苏关系由20世纪80年代初的严峻对抗走向了缓和,进入了对话的新时期。

(2)老布什时期(1989～1992年)。在老布什任内,美国赢得了"冷战"的胜利和海湾战争的胜利,外交成就非凡。

第一,针对苏联和东欧,老布什政府提出了"超越遏制战略"。经过20世纪80年代的"重振国威"之后,美国在经济、政治体制和科学技术方面已对苏联占有很大优势。1989年5月12日,老布什总统在得克萨斯农业和机械大学发表题为"苏联的变化"的演讲,围绕对苏关系第一次提出了"超越遏制"的新观念。

"超越遏制"的基本内容是:在不放弃对苏联军事遏制的同时,抓住苏联"改革"的时机,以经济援助为诱饵,采取政治、经济、文化和意识形态等多种手段,使东欧脱离苏联的影响,促使苏联削减军事力量,同美国合作解决全球范围的地区冲突,最终使苏联国内政治"多元化",实行西方式的市场经济和私有化。同美国战后以来的遏制战略相比,超越遏制战略突出了"和平演变"在美国全球战略中的地位。

第二,更加重视西西关系,力图巩固美国在西方联盟中的领导地位。1991年,国务卿贝克提出了"新大西洋主义",其内容主要是加强业已存在的各种体制,把北约、欧共体和欧安会这三大机制作为建立欧洲新格局的基础,在重塑欧洲格局的过程中保持和加强美国在欧洲的领导地位。

第三,对中国推行既维持美中关系基本框架,又诱使中国进行"和平变革"二者相结合的基本政策方针。前者意在重视中国在地区问题和全球性问题上的重大作用、潜在的市场吸引力以及保持对中国施加影响的种种渠道的畅通,维系美国的现实国家利益。后者意在以"人权"为突破口,对中国软硬兼施,以期中国的政治、经济和社会制度发生有利于西方的"和平变革"。

第四,更加重视第三世界的动荡及其对美国的影响,并切实加强对付第三世界威胁的能力。海湾战争期间,老布什提出要建立以美国为领导的"世界新秩序",标志着美国企图利用战胜伊拉克的余威,把军事上的胜利转变为政治上的主动,务求把对第三世界的经济技术等援助同受援国的体制改革更加紧密地结合起来,大力推进所谓"全球民主化进程"。

海湾战争

1990年8月2日,伊拉克军队入侵科威特,推翻科威特政府并宣布吞并科威特。以美国为首的多国部队在取得联合国授权后,于1991年1月16日开始对科威特和伊拉克境内的伊拉克军队发动军事进攻,以较小的代价取得决定性胜利,重创伊拉克军队。这场战争对"冷战"后的国际关系产生了深刻影响,同时,它展示出的现代高技术条件下作战的新情况和新特点,带来了世界范围内的新军事革命。

4."冷战"结束后美国的全球战略

(1)克林顿时期(1993~2000年)。以主张"变革"入主白宫的克林顿顶住了国内"新孤立主义"的压力,在新形势下,仍然坚持维护美国的领导地位和唯一超级大国地位的总目标,在外交政策上进行了一系列调整。1994年7月,克林顿政府出台了第一份国家安全战略报告《国家参与扩展安全战略报告》,报告的核心思想就是:美国作为唯一超级大国要积极"参与"国际事务,阻止和遏制对美国及其盟国的一系列威胁,实现全球称霸,使21世纪成为"美国世纪"。在1999年科索沃战争中,"克林顿主义"正式出台成为美国全球战略的代名词。

"克林顿主义"的思想基础是"扩展民主论",突出美国外交中的意识形态因素,

第四章 维护霸权地位的美国

在外交中推行美国式的民主、人权,实际上是流行于西方的"民主和平论"的翻版,即所谓的"民主国家相互不打仗"。而"人权高于主权"、"人道干涉无国界"则是"扩展民主"论的衍生物,实质上就是确立"美国霸权下的和平"。为此,美国在全球范围内进行积极的对外干预活动。

"克林顿主义"的一个突出特点是把经济问题放在对外政策的中心地位。这在美国战后外交史上还是首次,是同以往政府最大的不同点。重点放在促使更多国家认可并接受现有的和不断出现的国际规则上,以确保美国在世界经济秩序中的主导地位。在为美国产品开拓海外市场之时,尽可能避免出现直接的双边冲突,而是强调发挥世贸组织、亚太经合组织等多边组织的作用。

在地区政策方面,欧洲仍是美国全球战略的重点地区,美国的对欧政策强调合作,推动北约成为建立新的欧洲安全体系的主要工具,加紧北约东扩的步伐。对俄罗斯的政策,在鼓励其加紧完成转轨的同时,加大控制和防范的力度。对亚太奉行灵活的实力政策,一方面,致力于巩固其在亚洲的军事存在,以实现其有效威慑潜在敌对国并确保美主导地位的目标。另一方面,采取灵活的政策,积极利用亚太经合组织推动该地区的"经济自由化",促进该地区的"民主化"。在中东保持同以色列"特殊关系"和对伊拉克强硬政策的同时,努力协调同埃及、约旦和沙特阿拉伯等阿拉伯伙伴的立场,在阿以之间求得某种平衡,以实现美在中东的战略意图。在拉美,1994年12月9日,在克林顿倡议下举行了美洲国家首脑会议,揭开了美拉关系新时期合作的帷幕。

对华政策是美国全球战略的重要一环。"冷战"后的中美关系虽然存在众多的共同利益,但却缺乏一个雄厚的战略合作基础,两国通过努力共建战略信任至关重要。1997年10~11月,江泽民主席访美取得成功,1998年6月,克林顿访问中国,双方同意建立中美面向21世纪的建设性战略伙伴关系,争取把一种健康、稳定的中美关系带入21世纪。

(2)小布什时期(2001~2008年)。小布什是进入21世纪的第一任美国总统,他受新保守主义影响,一改克林顿时期的新自由主义理念,转而奉行进攻性现实主义。就职之初,将实力放在美国对外战略的首要位置,主张以强大的军事力量、扩大的自由贸易和巩固的盟国关系为基础,保持美国的霸权地位。对外战略不再是立足于改变别国,而是战胜别国,表现出更强的进攻性、冒险性和独断专行的倾向。表现在:撕毁防止全球变暖的《京都议定书》、退出反弹道导弹条约、不顾他国反对大肆推进建立国家导弹防御计划(NMD)和战区导弹防御计划(TMD)、阻碍朝鲜半岛和平进程等,这些做法处处体现美国利益至上,引起国际社会的广泛不满。

"9·11"恐怖袭击事件发生后,小布什政府的全球战略进行了重大调整,以崇尚武力和单边主义为特征的新保守主义色彩更加明显。

谋求新的"帝国霸权"是小布什政府对外战略的根本目标。"冷战"结束后,美国国内一直有鼓吹确立美国"绝对霸权地位"和"美国统治下的和平"声音。"9·11"事件加快了美国实施"新帝国战略"的步伐。美国民众对安全的期望和强烈的民族情绪与"新帝国论"产生共鸣,建立一个主宰世界的"美利坚帝国"成为美国社会和美国政府的目标。

打击国际恐怖主义是小布什政府面临的紧迫任务。在"反恐"的旗号下,美国发动了阿富汗和伊拉克两场战争,以反恐战争为契机建立了美国主导下的地区平衡和新秩序。在2002年1月的首次《国情咨文》中,小布什将伊拉克、伊朗和朝鲜三国列为所谓的"邪恶轴心",是恐怖主义的主要源头。2006年3月,小布什政府出台的《国家安全战略报告》指出:极端伊斯兰主义是恐怖主义的思想根源,反恐战争是一场民主对专制的意识形态战争。

单边主义和"先发制人"是小布什政府对外战略的主要手段。小布什政府中的新保守派占据了决策核心的位置,他们认为美国实力超强,抛弃相互依存的理论,推行我行我素的政策,强调美国绝对至上。2002年6月,布什在西点军校讲话时提出了"先发制人"的军事战略。根据这一战略,美国将保持军事上的超强优势,以阻止任何敌人对美国的挑战,并在"恐怖分子构成的威胁尚未变成行动之前"便对之实施"先发制人"的打击,防患于未然。这直接挑战现行国际法和国际秩序,带有明显的"新帝国主义"色彩。

在地区政策方面,美欧关系麻烦不断,美国仍然将北约作为维护和平和美国利益的基础,推进北约东扩。但"9·11"事件后,传统的美欧联盟关系的基础受到了前所未有的冲击,法、德等欧洲国家在重大国际问题上已不再无条件地听从美国的指挥或同美国保持一致,而是更多地从本国或本地区的处境和利益出发决定自己的立场。对俄罗斯,美国继续坚持既防范又合作的政策,在反恐、防止核扩散、打击跨国犯罪和毒品走私以及能源领域加强与俄罗斯的合作。在亚太,美国以美日关系为重点,利用日本牵制中国,加大了对中国遏制的力度,美中关系总体保持稳定和发展。

(3)奥巴马时期(2009年至今)。基于对小布什政府外交政策的反感和失望,无论是在美国国内,还是在世界范围内,奥巴马就任后的外交政策调整都成为关注

第四章 维护霸权地位的美国

的焦点。

奥巴马执政之初,正值金融危机依然严峻之际,为此,奥巴马政府大大提升了经济安全在国家战略中的地位,改变了小布什政府"反恐优先"的做法,积极寻求阿富汗问题和伊拉克问题的解决之道,相继推出"伊拉克新战略"和"阿富汗—巴基斯坦新战略"。

同时,奥巴马摒弃了布什政府"单边主义"的对外政策,突出多边主义与国际合作的重要性,在与伊斯兰国家之间的关系、气候变化和关塔那摩监狱等热点问题上都表现出与前任总统截然不同的立场,以此重塑美国的国际形象。奥巴马认为,单边主义外交政策以及"先发制人"的做法使美国在国际上丧失了人心,使得美国难以承担在国际上的领导地位。美国必须更多地运用软实力来改变自己的形象,重新恢复其在国际上的领导地位。新任的国务卿希拉里也提出要运用"巧实力",即在外交、经济、军事、政治、法律和文化等所有政策工具中,选择正确的工具或组合来实现美国的外交利益。2009年4月22日,希拉里在美众议院听证会上进一步将奥巴马政府对外政策概括为"伙伴关系、实用主义和原则性"。2009年10月,奥巴马获得了诺贝尔和平奖的殊荣,事实上,奥巴马还没有来得及解决任何重大国际冲突,他的获奖在于他提出了一套自由主义的外交构想,顺应了当今国际社会一些重要理念的变化。

"奥巴马主义"尚在形成当中,其内容和特征尚未充分显现。但可以肯定的是,尽管奥巴马政府极力否定小布什政府的一系列对外举措,但美国对外政策的实质和根本目标不会改变。因此,尽管奥巴马对发展中国家和应对全球性问题做出了种种承诺,但在国内政治压力面前,却一再采取针对发展中国家的贸易保护主义和技术保护主义的措施,在气候变化、能源和反恐等议题上仍然坚守美国至上的利益和立场。奥巴马不会放弃美国的世界领导地位,只是要改变美国领导世界的方法,在美国实力相对下降的情况下,继续巩固美国称霸世界的战略目标。

二、战后美国对外战略的特点

从杜鲁门到奥巴马的美国对外战略的发展,实际上就是美国争夺世界霸权的历史。整个"冷战"时期,美国对外政策的主线就是同苏联对抗,其间此起彼伏,有张有弛。杜鲁门主义奠定了以反共为主导思想的对外干涉主义的基调;肯尼迪就职演说中的豪言壮语:"不惜任何代价,去支持任何朋友,反对任何敌人",标志着美国的气焰达到顶峰;尼克松政府认识到美国的力不从心,实行战略收缩,推行均势以确保霸权地位；到了布什，凭借美国综合实力的优势，提出"超越遏制战略"，促使苏联走向剧变、解体，赢得了"冷战"的胜利。克林顿政府面对"冷战"后世界的新变化，适时调整政策，但争夺世界霸权的战略目标并未改变。而小布什政府则登峰造极，试图打造"新帝国"，新任的奥巴马政府则致力于恢复因小布什单边主义而受损的美国领导地位。归纳起来，战后美国争夺世界霸权的对外政策表现出以下特点：

第一，外交与军事紧密结合。军备竞赛和裁军谈判一直都是美国对外政策的重要内容。对外交和军事统筹考虑，既是为了在对外关系中尽量避免战争，又是为了在对外战略中掺入美国强大军事力量的威慑因素。第二次世界大战后历届美国政府都有与外交政策相配合的军事战略，比如，艾森豪威尔时期的"大规模报复战略"，肯尼迪时期的"两个半战争战略"，尼克松政府的"一个半战争战略"，里根时期的"新灵活反应战略"以及克林顿的"灵活和有选择的参与战略"，等等。因此，研究战后美国对外战略就必须了解美国同时期的军事战略。尽管在"冷战"后国家之间综合国力的竞赛中，军事的首要地位已经让位于经济实力，但军事地位的下降并不排除在特定情况下使用武力，拥有强大的军事力量仍然能起重要的政治作用，美国对外战略中以军事做后盾的特点不会改变。

第二，美国争夺世界霸权时更多地采取了"借力"的方式。历史上的列强一般采取以武力征服领土、奴役人民和强占资源的方式来征服世界，进行扩张。相比之下，战后美国争夺霸权的做法则更为独特，就是凭借强大的军事、经济实力援助友好国家来推行外交政策，建立遍布各大洲的各种军事集团、条约组织作为美国力量延伸的支撑点，形成包围其对手的网络。

第三，由于意识形态在美国外交中占重要地位，"和平演变"一直是美国对外战略的重要内容。所谓"和平演变"战略，是美国统治集团用武力消灭社会主义国家受挫以后，改用和平的方式，使社会主义制度逐步演变成为资本主义制度，进而把社会主义国家纳入到世界资本主义体系之中，成为资本主义国家的附庸，重新实现资本主义一统天下的战略。应当看到，美国的"和平演变"战略一方面根植于为美国争霸世界服务的实际利益，另一方面也是源于美国人与宗教信仰相联系的传教士狂热精神。美国人自立国起就以"上帝的选民"自居，认为自己的思想、价值观念和民主制度都是最优秀的，有向全世界推行的责任。这种美国式理想导致意识形态在对外关系中受到朝野的普遍重视，在公众中有很强的凝聚力。从其实施效果来看，美国的和平演变战略在前苏东国家和一部分第三世界国家都收到了显著效果。

第四章 维护霸权地位的美国

三、美国的国际地位

第二次世界大战结束以来,美国凭借其强大实力,长期推行霸权主义的全球战略,在世界各地同苏联展开了激烈的争夺,扩张其经济、政治、军事的力量和影响。处于西方霸主的地位,发挥着领导整个西方的作用。美苏争霸不仅拖垮了苏联,美国的实力地位也受到了很大的削弱。20世纪80年代中期,耶鲁大学历史学家保罗·肯尼迪的《大国的兴衰》一书引发了"美国国力是否衰落"的争论。苏联解体之后,美国成为世界上唯一的"超级大国",其战略地位相对提高,单极霸权得到加强。进入21世纪,美国的新保守派公开鼓吹美国对世界的领导权。那么,究竟应该如何看待当前美国的国际地位及其走向呢?

第一,美国超强的实力地位不可否认,这是一个客观事实。美国是当今世界唯一的超级大国,并且这一地位还将持续相当长时间。美国的强大在于它的综合实力。世界上许多强国或集团可以在某一个或某几个方面赶上甚至超过美国。然而,这些国家或国家集团,往往只能在与它那种力量有关的领域内产生影响,相比之下,美国却几乎在所有决定一国综合国力的重要方面都名列前茅或拥有一席之地:人口数量、军事实力、外交联盟、经济基础与潜力、文化的普遍被接受性、政治相对稳定,等等。从19世纪末至今,美国就是世界头号经济大国,一直掌握着科技革命和市场竞争的主动权。21世纪是一个以信息为基础的相互依存的时代,美国的许多方面仍是得天独厚的,优势十分明显,其发展潜力仍是巨大的。

第二,美国的实力优势不是绝对的。美国的新保守主义者将美国的实力绝对化,认为美国能够凭借其超强实力实现其帝国霸权梦想。然而,在实践中,美国在伊拉克战后重建过程中陷入泥潭的事实则充分说明实力并非万能的。单边主义的做法不符合世界多样性的现实,必然遭到世界各国人民和越来越多国家的反对和抵制,美国在国际社会中的领导地位及其国际形象也因此而受到极大的负面影响。在2007年次贷危机和2008年金融危机的冲击下,美国霸权的经济基础不可避免地受到削弱,不得不更多地依靠国际社会的合作与协调来解决问题。与此同时,面对全球化浪潮所带来的环境、能源、恐怖主义等各种全球性问题的挑战,任何单个国家的力量都无法单独应对。纵观历史上世界强国争雄的兴衰可以发现,受发展不平衡规律的制约,世界大国在综合国力的较量中向来不存在固定不变的格局,没有一成不变的强者。

第三,短期内,美国的国际主导地位还没有哪一个国家能够代替。但从长远来看,美国单极霸权主导国际事务的局面必然会被打破,世界将更加深入地向多极化过渡。世界需要美国这样的超级大国积极介入国际事务,但积极介入并不是等同于任意干涉他国事务。伊拉克战争是美国单极霸权的集中体现,美国却因此陷入前所未有的孤立境地。奥巴马上台后在内忧外患之下摒弃了小布什政府的强硬姿态,但维护、强化美国霸权地位的实质并没有改变。历史的经验表明,一旦霸权过度膨胀,难免就会捉襟见肘。只要美国继续奉行强权政治政策,它与世界其他力量之间的冲突和斗争就会继续发展,迫使世界其他力量寻求制衡美国的有效途径。未来的国际社会将不会再处于某个国家单极主宰之下,而是世界各国合作共处、相互依存、共同发展。

第五章　走向联合的欧洲

欧洲曾在古代孕育了辉煌的古希腊和古罗马文明，历史源远流长。近代以来，欧洲是资本主义和殖民主义的发源地，是各种政治思想和政治哲学的发源地，同时也是两次世界大战的策源地和主战场。在第二次世界大战前的数百年中，欧洲一直是世界政治、经济和文化的中心。

欧洲世界中心地位的丧失，源自资本主义各国政治经济发展不平衡和世界体系的变化。19世纪末20世纪初，随着美、日的迅速发展，欧洲的经济地位开始相对下降。第一次世界大战虽尚未使以欧洲为中心的国际力量结构发生根本变化，但欧洲诸强明显受到削弱，苏联出现在欧洲侧翼。第二次世界大战使欧洲资本主义列强遭到沉重打击，加之战后世界殖民体系瓦解，欧洲各国的宗主国地位最终丧失，几百年来以欧洲为中心的局面宣告结束，世界资本主义的重心转移到美国。不仅如此，欧洲分裂成西欧、东欧两部分，资本主义的西欧沦为美国的附庸，社会主义的东欧则为苏联所控制，昔日雄踞世界霸权地位的欧洲，不得不在美、苏的夹缝中求生存。

20世纪80年代末90年代初，欧洲再次发生新的震荡。东欧剧变，苏联解体，欧洲的力量结构开始进行新一轮调整与重组。一方面，欧洲国家联合自强成为世界政治经济中的一支重要力量，欧洲一体化范围和程度不断扩大和深化；另一方面，在欧洲格局重新组合的过程中，面临诸多内部和外部的不确定性因素。在2008年全球金融危机的冲击下，欧盟国家经济也陷入了衰退之中，欧洲一体化进程也因资金匮乏而受阻。如何加强欧盟的凝聚力来克服金融危机的不利影响，是联合中的欧洲需要应对的新的焦点问题。

从地理上讲，欧洲包括俄罗斯等地处欧洲部分的独联体国家。俄罗斯跨欧亚两洲，但一直强调自己的欧洲特性，对于欧洲而言，俄罗斯无论面积还是潜在的影响力都太大了。本章将只论及除俄罗斯等独联体国家以外的欧洲国家。

第五章 走向联合的欧洲

第一节 战后西欧的联合自强

西欧作为一个政治地理概念,是指第二次世界大战后欧洲所有的资本主义国家,共24个。其中实力较强、影响较大的国家有英国、法国、德国和意大利。这些国家在战后走上了联合的道路,经济上,通过联合医治战争创伤,发展成为资本主义经济的三大中心之一。政治上,通过联合朝着更高层次的政治联盟推进,成为世界政治多极化趋势中的重要一极。外交上,通过联合努力"用一个声音说话",提高自身的国际地位。

一、西欧经济与政治

1. 西欧经济

第二次世界大战结束时,西欧各国经济险象环生,工业凋敝,食品匮乏,物价飞涨,失业激增,殖民体系相继瓦解,不仅在世界工业生产、贸易、金融中的地位降到历史上的最低点,而且无力依靠自身力量摆脱困境。战后几十年,西欧经济得到了迅速的恢复和发展,成为资本主义世界经济的三大中心之一,并由此带来国际关系及世界力量格局的深刻变化。

战后西欧国家经济能够取得发展,主要受以下几个方面因素的推动和影响:

第一,国家垄断资本主义的调整。战后,西欧各国普遍接受凯恩斯主义,通过对一些基础工业和公用事业实行国家所有制,制定各种经济政策,推行以全民社会福利为核心的社会政策等方式,担负起对整个国民经济进行调节、干预和对国民收入进行再分配的任务。

英国

英国是君主立宪制国家。英王虽然不享有实权,却仍是英国政治体制中不可缺少的角色。实际权力掌握在议会内阁手中,英国议会由上院(贵族院)和下院(平民院)组成,下院多数党领袖出任首相并负责组阁,掌握实际权力。战后英国政坛一直由保守党和工党两大党轮流执掌。

第二,新科技革命的推动。战后的新科技革命始于美国,但西欧很快成为新技术革命的另一支主力,并在生产管理中广泛利用新科技成果,提高劳动生产率,极大地推动了经济的迅速发展。

第三,西欧经济联合的推动。西欧各国通过日益加强的经济合作实践,使经济实力迅速提升,增强了国际竞争力。尤其是欧共体(欧盟)的建立和发展,加速了成员国之间商品、资本、劳务、人员的自由流通,促进了各国经济的发展。

第四,战后美国对西欧的援助。其中,最为突出的是马歇尔计划对战后欧洲重建的显著作用。通过"马歇尔计划"的实施,西欧国家获得了恢复经济所必需的物资和支付手段,防止了社会动荡,也带动了美国私人资本向西欧国家的流入。同时,美国在西欧长期大量驻军,西欧处于美国的军事保护伞下,无须巨额军费开支,可全力发展经济。

第五,稳定的国际经济环境与第三世界国家廉价的能源、原材料。战后至20世纪70年代,以美国为主导建立起来的资本主义世界贸易、金融秩序稳定有效地运行,是西欧国家经济发展的重要国际背景。同时,西欧国家充分利用与许多发展中国家的历史联系,大量获得廉价的能源、原材料和劳动力以及广阔的市场,在对第三世界的盘剥中推动本国经济发展。

进入21世纪后,欧元的问世加强了欧盟在世界经济、金融和贸易中的地位,向作为国际储备货币的美元发起挑战。在激烈的国际竞争中,西欧国家自身有着明显的优势,那就是一体化框架内所体现出来的雄厚的总体经济实力以及历史积累起来的科技基础。但是,面对经济全球化的浪潮和一些发展中国家的迅速崛起,已进入高福利时代的欧洲国家感到越来越大的外部压力,尤其是2008年以来,受美国次贷危机及全球性食品和石油价格高涨的影响,支撑欧元区经济增长的投资、消费和出口三大支柱全线下滑,经济形势恶化,甚至出现衰退。尽管各国政府出台救市措施,复苏仍然乏力。2010年初,希腊出现资不抵债的困境则引爆了欧元危机,使得欧元区经济的前景更加错综复杂。

法国

法国实行资产阶级民主共和制。1958年由戴高乐创建的第五共和国,是一种兼有议会制特点的总统制。形式上它有两名行政首脑,总统和政府总理,政府对议会负责,又对总统负责。总统和议会都是由选民直接选举产生。总统任期七年,可连选连任,处于国家权力的中心地位。法国是多党制国家,右翼的保卫共和联盟和左翼的社会党影响最大。

第五章　走向联合的欧洲

德国

德国实行联邦制的资产阶级议会共和制。德国基本法规定，联邦与州分权，联邦的权力始终居于州之上。联邦总统只是象征国家团结的最高代表，只执行礼仪性的职能。联邦总理是联邦政府的首脑，掌握实权。立法权和司法权由联邦议院和联邦法院分别行使。德国实行多党制，长期由联盟党和社民党轮流主导执政。

2. 西欧的政治、社会状况

西欧是资产阶级议会民主制度的发源地，资产阶级的议会民主思想在西欧具有广泛、深厚的社会基础与影响。由于历史状况、文化传统及政治经济条件等因素的影响，西欧国家实行的政治体制各不相同，主要有民主共和制和君主立宪制两种类型。另外，西欧还有三个国家政治体制比较特殊：安道尔和摩纳哥实行大公国制，梵蒂冈是教皇国。当代西欧无论是民主共和制还是君主立宪制，实质上都是资产阶级的议会民主制，都实行"三权分立"原则，行政权属于君主或总统、内阁首相（总理），司法权属于最高法院，立法属于议会。就国体来讲，都是资产阶级专政国家。其中，英国、法国、德国和意大利的政治体制最具典型性。

战后西欧各国资产阶级在统治方法上更加充分利用和进一步加强资产阶级民主制，不仅在政治方面扩大了资产阶级民主，而且把资产阶级民主扩大到经济和社会生活等方面，普遍采取"高工资"、"高福利"的做法。这既是战后西欧各国阶级力量对比关系变化的结果，也是统治阶级为缓和阶级矛盾、巩固其统治而强化国家机器的表现，各资本主义国家因而在社会政治方面出现了一些新的变化和调整：

（1）社会结构的变化。西欧各国的社会结构在战后发生了根本性的变化。由于科技进步，生产方式、产业结构、劳动就业结构的变化以及生产的社会化、国际化

意大利

意大利的政体形式同德国相似，实行资产阶级议会共和制。总统是国家元首，但权力有限，大权属于总理及其内阁，内阁对议会负责。意大利政党林立，政治争斗十分活跃，政府更迭频繁。天民党是主要党派，常与其他党结成同盟组成内阁。

加深,西欧各国战前大量的劳动密集型产业相继萎缩,高科技产业和社会服务业迅速崛起。与此相适应,大批"管理阶层"、"白领阶层"开始进入社会结构的核心,成为一支庞大的社会力量。社会结构呈现出"两头小,中间大"的状况,即两头是少数极贫和极富的人,中间是庞大的中产阶级。中产阶级是社会安定和经济增长的最重要因素。

(2)福利制度的建立和发展。战后,福利制度在西欧蓬勃兴起。各国的社会福利制度在规模和具体项目上不尽相同,但都包括社会保险、社会扶助和社会服务等基本内容。客观地讲,福利制度的确是战后西欧资本主义国家所进行的重要社会改良,这在相当大程度上发挥了稳定社会情绪的积极作用。但是,从本质上讲,福利制度并没有改变资本主义根本制度,分配制度的调整没有也不可能消除资本主义固有矛盾和改变其阶级实质。进入20世纪70年代以后,福利制度的弊病日益明显。国家财政不堪重负,赤字激增,债台高筑,税赋加重,严重削弱了经济发展的物质基础,降低了市场竞争力。福利制度的改革成为各国政府面临的难题。

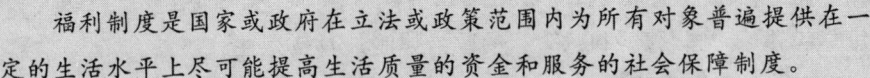

什么是福利制度?

福利制度是国家或政府在立法或政策范围内为所有对象普遍提供在一定的生活水平上尽可能提高生活质量的资金和服务的社会保障制度。

(3)民主社会主义思潮与社会民主党的发展。20世纪的欧洲是一个政治理论的"实验室"。其中,民主社会主义思潮和各国社会民主党(含社会党、工党及其他信奉民主社会主义的政党)的影响较为突出,西欧社会民主党已成为当今西欧政坛上与资产阶级自由保守派相抗衡的一支主要力量。

民主社会主义既是一种理论体系,又是一种社会运动,它宣称既反对资本主义的种种不公正和社会弊端,又反对共产主义和"极权主义",要成为代替资本主义和共产主义的第三种力量。社会改良主张和社会民主党"和平变革"的口号,迎合了西欧人民要求社会变革而又求稳怕乱的心理,先后在英国、法国、瑞典、挪威、芬兰、丹麦、荷兰、比利时、奥地利、联邦德国和意大利等一系列国家执政或参政,在欧洲政坛上留下深刻的烙印。

二、欧洲一体化的进程和成就

欧洲一体化,是指第二次世界大战结束以后从西欧开始的以部分让渡主权、建

第五章 走向联合的欧洲

立超国家机构为标志的经济上不断趋向联合并带动社会与政治走向联合的实践。半个多世纪以来,由于欧洲一体化的深入发展,西欧各国经济实力增强,内部长期稳定得到维护,一度在战后沦为二、三流国家的西欧各国作为一个整体成为国际政治中一支重要的力量。

有关欧洲统一的思想历史悠久。战后,欧洲统一从理想走向现实。面对瘫痪了的经济和废墟般的城市,西欧国家深感要复兴欧洲文明和维护欧洲的长期和平,防止法西斯主义东山再起,必须依赖彼此间的联合;"冷战"的开始使欧洲被分割为东欧和西欧,共同的外在威胁加快了西欧各国联合的步伐;与此同时,美国为控制西欧、对付苏联,大力推动西欧联合,并以此作为援助西欧的条件。在这种背景之下,战后的欧洲一体化实际上表现为西欧发达国家的一体化。

欧洲一体化进程大致可分为以下三个阶段:

第一,起步阶段。从1950年5月法国外长罗伯特·舒曼提出建立欧洲煤钢共同体的"舒曼计划",到1957年3月《罗马条约》的签订。这一时期一体化的主要成果是欧洲煤钢共同体的建立和发展。根据"舒曼计划",1951年4月18日,法国、联邦德国、意大利、比利时、荷兰、卢森堡六国在巴黎签署了《欧洲煤钢共同体条约》,并经各国议会批准于1952年7月正式生效,迈出了欧洲一体化具有开创性的第一步。欧洲煤钢共同体的建立和发展取消了西欧6国煤钢工业产品贸易中的一切限制,加强了彼此间的经济联系,推动了6国的经济发展。欧洲历史上第一次出现了民族国家政府通过把部分权力委托给某个超国家机构来开展国家间合作的范例,在长期运转中它还逐步积累了建立超国家机构的丰富经验,为后来欧洲经济共同体的建立提供了有利条件;它也使法德关系的改善出现转机,标志着作为西欧联合先决条件的法德和解的开始。

第二,发展壮大阶段。从1957年3月《罗马条约》签订到1991年12月《欧洲联盟条约》签订之前,西欧一体化的主要成果是建立了欧洲共同体,在建设欧洲统一大市场的经济一体化方面取得长足进展。西欧6国于1957年3月又签订了《欧洲经济共同体条约》和《欧洲原子能共同体条约》,通称《罗马条约》,确定了建立一个共同市场的总目标,这是西欧一体化进程中的又一重要步骤。1958年1月1日,欧洲经济共同体和欧洲原子能共同体正式成立。为了促进进一步联合,1965年4月西欧6国签署了《布鲁塞尔条约》,决定将6国的三个共同体的主要机构实行合并,统称欧洲共同体。1967年7月1日条约正式生效,欧洲共同体正式成立。1973年,英国、爱尔兰、丹麦加入,1981年希腊加入,1986年西班牙和葡萄牙加入,欧共体扩大到12个国家。这一时期,欧共体在经济一体化方面的进展有:建立了关税同盟,实行了共同的农业政策,建立了欧洲货币体系等。

第三,一体化发展的新阶段——全面深化与扩大。20世纪90年代以来欧洲一体化高潮迭起,最令世人瞩目的是欧洲联盟的启动和欧洲一体化的全面深化与扩大。

1991年12月,欧共体12国在荷兰马斯特里赫特首脑会议上就《欧洲经济货币联盟条约》和《欧洲政治联盟条约》达成了协议。这是欧洲一体化历史上的又一个里程碑。经货联盟的目标是实现欧洲统一货币和成立欧洲中央银行,政治联盟的目标是包括外交和安全政策、司法与内部事务合作等内容的更为紧密的国家联盟。虽然此后在各成员国批准《马约》的过程中发生了周折,到1993年11月1日《马约》才正式生效,但它标志着欧洲一体化进入一个新阶段。

《马约》签署以后,欧洲一体化取得了一系列突破性进展。1993年1月1日,欧洲统一大市场开始运转,实现了商品、资金、劳务、人员的自由流通。1995年1月1日,欧盟接纳奥地利、芬兰、瑞典三国为新成员,欧盟成员扩大到15国。1995年12月,欧盟马德里首脑会议决定从1999年起实行单一货币,名称定为"欧元"。2002年1月1日,欧元正式进入流通领域。2004年,欧盟吸收了东欧、南欧10个国家,2007年罗马尼亚、保加利亚加入,一个横跨东欧、西欧包括27个国家的新欧盟出现了。截止到2011年,加入欧元区的国家已经增加到17个。

欧洲一体化所产生的影响远远超出其自身领土之外,历史作用不容低估。就成员国内部来看,一体化有力地推动了西欧经济发展,维护了成员国内部的长期稳定。从世界范围来看,一体化极大地增强了欧洲国家的国际地位,使之成为世界多极化的促进力量和不断上升的力量中心,并在国际事务中发挥了积极作用。欧盟作为战后最有成效的区域性集团,为区域一体化提供了成功的范例,促使越来越多的国家开始尝试通过一体化来改善本地区的体系结构,以更好地增进各自的发展与安全。

三、西欧国家的对外关系

西欧各国的外交政策不尽相同,但他们所处的国际地位相似,有着共同的目标、共同的战略利益和战略思想,这就使以欧盟国家为核心的西欧国家在国际舞台上形成合力,在对外关系中采取共同立场与行动,其对外政策的基本倾向是一致或相近似的。

第五章　走向联合的欧洲

战后初期,西欧在对外关系中基本上是追随美国,奉行反苏反共的对外政策。到了 20 世纪六七十年代,随着经济实力的加强和国际形势的变化,西欧各国寻求独立自主的倾向日益明显。"冷战"结束后,西欧联合的步伐加快,对外关系当中的主动性也不断加强。《马约》将共同外交和安全政策设立为欧盟的支柱之一,提升了起步于 20 世纪 70 年代的欧洲政治合作,目的是为欧盟对外政策建立起一套法律框架和法定程序,采取共同立场和联合行动的手段执行共同外交和安全政策,并最终形成共同防务。但是,共同外交和安全政策只是提供了一个操作的框架,运作仍然采用的是国家间合作的方式,在实际操作中遇到很多问题,行动力会受到很大牵制。

1. 欧美关系

建立和发展与美国的同盟关系一直是战后西欧国家对外关系的首要内容。"冷战"期间,由于面临共同的敌人,西欧和美国拥有一致的安全利益,以北约为纽带建立起美国为主、西欧为辅的关系格局。

"冷战"结束以后,欧美之间的利益分化开始突出,矛盾上升。以欧盟为核心的西欧国家在摆脱了"冷战"束缚以后,谋求与美国建立新型的、平等的伙伴关系,实现欧美在国际事务中共同发挥领导作用的目标。但总体上欧美之间仍保持着较稳定的同盟关系,在一系列问题上进行了有效的合作。在维护以西方国家为主导的国际政治经济秩序、难民、反对恐怖主义、环境保护等方面,欧美的利益高度一致。在经济领域,彼此的相互依存仍然很高,在贸易和投资方面保持着紧密的合作。更为重要的是,欧美关系中军事安全因素的支柱性作用依然存在。就连反美情绪最激烈的法国也不得不承认,欧洲独立防务力量的建设无法绕开北约,因此改变了 20 世纪 60 年代以来拒绝参加北约军事一体化机构的立场,于 1995 年 12 月宣布恢复法国在北约军事委员会的席位,并在 2009 年正式重返北约军事一体化机制。

从长远发展来看,欧洲仍将继续奉行与美国结盟的战略。欧盟国家对美仍有一定程度的依附,还不是与美国平起平坐的一极。巩固和发展与美国的同盟关系,仍是欧盟国家对外关系的核心环节。

2. 欧苏、欧俄关系

"冷战"期间,西欧一直将苏联看成是对自己安全的最大威胁。从战后初期到 20 世纪 50 年代,西欧追随美国,对苏推行军事对抗和经济封锁的遏制政策。到 60 年代以后,西欧对苏联的政策趋向松动灵活,在联美抗苏的同时,力主美苏缓和以确保欧洲安全,并借助苏联抗衡美国,增加西欧在东西方关系中的发言权,减少对美国的战略依赖。

对苏联解体之后的俄罗斯,西欧采取既合作又防范的政策。在安全问题上,西欧各大国与俄罗斯建立了定期对话机制,互换信息,增强相互信任。在政治关系上,欧盟与俄罗斯1994年6月签署了《伙伴关系与合作协议》,将对话制度化。1999年,欧盟科隆首脑会议制定了《欧盟对俄罗斯的共同战略》,确定欧盟对俄罗斯的战略目标是促使俄"更加开放、稳定、民主、多元化并为繁荣市场经济而实行法治,为欧盟与俄罗斯在21世纪的战略伙伴关系创造广阔的前景"。在经济上,欧盟是俄罗斯最大的经济合作伙伴。但是,从地缘的角度考虑,无论俄罗斯采取何种政治、经济制度,一个强大的俄罗斯始终会令西欧国家感到不安。欧俄关系中的牵制与防范将长期存在。

3. 欧日关系

在美日欧为支柱的资本主义世界中,西欧和日本都把对美关系放在首位,欧日之间的关系则一直处于相对冷淡的状态之中。1994年,欧盟提出的《走向亚洲新战略》将对日关系重新定位,作为欧盟亚洲战略的重要组成部分。在此推动下,西欧各国同日本的关系有了新的发展,领导人互访频繁,开始探索有效的经济、政治合作方式。

4. 西欧与中东欧关系

"冷战"期间,西欧各国同中东欧国家的关系受制于西欧同苏联的关系。"冷战"后,欧洲一体化的范围从西欧扩展到全欧,中东欧的前社会主义国家成为西欧加紧渗透的对象,成为北约、欧盟两大机构东扩的对象国。西欧各国普遍重视与中东欧各国发展关系,支持这些国家彻底融入西方体制,提供各种援助和优惠贷款,向这些国家大量投资,扩大了在中东欧地区的政治、经济、文化影响,不仅以援助直接帮助了东欧的转轨,而且借援助条件和入盟标准引导了这些国家向市场经济和西方式自由民主制的转轨进程。

5. 西欧与第三世界关系

西欧国家多是老牌殖民帝国。战后,殖民体系瓦解,西欧国家逐步承认新独立的第三世界国家是主权国家,并积极主动地发展相互关系。到20世纪70年代后,开始从战略的高度考虑和处理与第三世界的关系问题,采取开明、积极的态度,提出相互依存的思想和"以对话代替对抗"的方针。欧共体自1975年后与非加太地区68个国家先后签订的4个《洛美协定》,对建立新型南北关系产生了十分积极的影响。

 **第五章 走向联合的欧洲**

20世纪90年代以来,西欧国家进一步加强了与发展中国家和地区的经济联系,创建了亚欧会议、非欧会议、拉美欧洲首脑会议等合作与对话机制。其中,欧亚关系的迅速发展十分令人瞩目。1994年欧盟制定了《走向亚洲新战略》,确定了加强同亚洲国家政治、经济关系的新战略。1996年3月首届亚欧会议召开,标志着欧亚之间建立起常设性对话合作机制。2001年9月欧盟再度发表了与亚洲"加强伙伴关系"的新战略。

6.西欧同中国关系

自从1975年欧共体同中国建交以来,双方关系总体发展比较顺利。到20世纪70年代末,除梵蒂冈之外的所有西欧国家都与中国建立了正式外交关系。1985年,欧共体同中国签署了贸易合作协定,使双边关系有了法律依据。90年代以来,随着中国经济的持续高速发展,政局稳定,市场不断开放,综合国力不断增强和国际地位日益提高,中国在西欧各国对外关系中的地位得到提高。西欧国家认识到,在世界多极化的发展中,中国是在联合国和其他国际事务中重要的合作伙伴,因此有必要从战略的高度来发展对华关系,欧中关系得到进一步的改善和加强。

东扩后的欧盟已超越美日成为中国最大贸易伙伴,欧中经济合作的前景是巨大的。政治上,欧中双方无根本利害冲突,能够在一些重大国际事务中相互借重,协调合作。然而,由于欧中在历史、文化传统、社会制度和价值观念上的差异,西欧对华政策具有明显的两面性。台湾问题、人权问题、西藏问题和军控问题等仍会在双边关系中起一定的干扰作用。如果处理不当,就会影响双边关系的发展。

第二节 东欧国家的发展演变

"东欧"或"东欧国家"是战后由于"冷战"而出现的一个特定的政治地理概念,指自然地理上的东欧、中欧和东南欧的波兰、匈牙利、民主德国、捷克斯洛伐克、保加利亚、罗马尼亚以及南斯拉夫、阿尔巴尼亚8个连成一片的社会主义国家。历史上,东欧各民族往往是大国争夺的牺牲品,从19世纪中叶到第一次世界大战期间,东欧各国的雏形才出现,缺少西欧资本主义发展的过程和经验。战后,东欧国家都在反法西斯战争胜利的基础上走上社会主义道路,并且成为东西方对峙的前沿地带。20世纪80年代末90年代初,东欧剧变,华约解散,东欧国家均提出"回归欧洲",推行全面的西化政策。

一、东欧国家的社会主义实践

1. 东欧人民民主国家的建立

东欧地区在第二次世界大战前经济比较落后,资本主义发展水平较低,封建势力有深厚基础,存在着尖锐的社会矛盾。第二次世界大战期间东欧国家均被法西斯德国、意大利所占领,各国人民将反法西斯的斗争和国内反封建的民主任务结合起来。战后,东欧国家先后建立了人民政权,确立了社会主义制度。

总的看来,东欧各国政权的转变与社会主义发展道路的确立是东欧国家在特定的社会历史条件下发展的必然结果。东欧国家借助外力取得革命的胜利,在当时有其合理性与优越性,但从长远看也带来一些复杂的问题。尤其是苏联对东欧国家的干预和控制从一开始就给社会主义国家间的正常关系带来很大的消极影响。

2. 东欧社会主义国家的政治与经济

东欧国家在走上社会主义道路以后,经过40多年的努力,在许多方面取得了历史性的成就,突出地表现在:

第一,在政权建设方面,建立了以共产党的领导为核心的社会主义人民政权,在几十年的时间里基本上维持了政权的稳固和政局的稳定,为社会主义事业的发展提供了基础和保障。

第二,在相当长的一段时间内,保持了较快的经济增长速度,经济实力大大增强。

第三,实现了向现代化国家的过渡。东欧多数国家在战前都是落后的农业国。战后按照重、轻、农的顺序优先发展重工业,由农业国发展成为中等发达的国家。

第四,人民生活水平普遍提高。劳动报酬、住房等物质生活条件均有较大改善,就业、医疗保健等社会保障体系比较发达。

第五,社会主义文化教育事业蓬勃发展。东欧各国大力发展教育、科技和文化事业,造就了一大批科学技术人才。

战后东欧社会主义国家的建立和发展,形成了一个强大的政治经济集团,开创了社会主义与资本主义国家之间和平共处与竞争的新时代,极大地改变了20世纪国际社会的面貌。但是,由于东欧各国的政治经济体制基本上照搬照抄了"苏联模式",使其长远发展受到严重制约。所谓"苏联模式",就是经济上高度集中,政治上过分集权。这种体制在短期内对集中全国有限的物力、财力和人力,医治战争创伤,恢复国民经济,快速实现社会主义工业化,奠定社会主义的经济基础,消除社会两极分化,实现相对公平等方面起到了积极作用。但是这种体制的局限性和弊端也十分明显,潜藏着许多矛盾与危机因素,特别是当国民经济的恢复发展达到一定水平,这种体制的低效、僵化、不民主等弊端就明显地暴露出来,严重阻碍了社会进步,甚至激起群众的不满和抗议。因此,从20世纪50年代起,东欧国家就开始了探索适合本国发展道路的改革。

实践证明,东欧国家的改革和积极探索结束了"苏联模式"的一统天下,促进了人们的思想解放,并取得了不同程度的实际效果。但是,这些改革总的说来未能使旧体制发生根本变化,而是在旧体制的框架内修修补补,成效有限。而20世纪80年代末掀起的改革高潮没有把握好方向,不仅没有解决旧的矛盾和问题,反而使社会主义事业出现逆转,是不成功的。

3. 东欧社会主义国家的对外关系

(1)东欧国家与苏联的关系。在"冷战"的背景下,社会制度、意识形态以及地缘的因素使东欧国家同苏联的关系在其对外关系中占据了主导地位。波兰、匈牙利、捷克斯洛伐克、保加利亚、民主德国和罗马尼亚6国是经互会和华约的成员国,是苏联紧密的盟国。这些国家与苏联保持紧密的政治、经济、军事各方面的双边关系,在政治上定期召开最高领导人会议协调政策,在经济上实行内部国际分工和生产专业化,在军事上实行统一装备、统一指挥、统一行动,而苏联一直充当着同盟中的最高权威和"家长"。当然,这些国家和苏联之间也存在着矛盾:一是社会主义的单一苏联模式与东欧各国国情的矛盾;二是苏联的大国沙文主义、民族利己主义和对外扩张政策与东欧国家民族利益和独立自主要求的矛盾。这导致了东欧国家与苏联关系的种种曲折变化。苏联同南斯拉夫的矛盾、波匈事件、苏联同阿尔巴尼亚的矛盾、苏联入侵捷克斯洛伐克等都是典型的例子。

(2)东欧国家同西方的关系。东欧与西方本来有着传统的联系,"冷战"导致这种联系被隔断,东欧希望恢复这种联系,特别是经济联系。20世纪60年代随着东西方关系的解冻,东西欧国家间的相互交往开始加强,70年代美苏关系一度缓和,东欧国家同西方的关系有了较大发展。进入80年代,东欧对外开放的程度日益提高。其中东西欧之间的交往联系尤其密切,不仅贸易关系发展较快,而且在制止军备竞赛、维护欧洲的稳定与世界和平等重大问题上,有着共同的认识。

尽管官方往来不多,美国和西欧多年来从未放弃对东欧国家进行和平渗透,进而颠覆社会主义国家的政治经济制度。一方面,通过经贸关系对东欧国家诱压兼施,另一方面,利用现代化的传播媒介对社会主义国家进行政治、思想文化渗透,此外,还煽动、支持社会主义国家内部的反政府势力进行破坏和颠覆。在20世纪80年代末的东欧剧变中,西方国家通过经济援助、政治支持、媒体介入等手段直接插手东欧剧变进程,起到了推波助澜的作用。

(3)东欧国家同中国的关系。东欧各国是继苏联之后最早承认中华人民共和国的,新中国在成立后不到两个月的时间内就同除南斯拉夫之外的东欧各国建立了外交关系。此后中国同这些国家在政治、经济和文化等方面关系发展迅速。20世纪60年代初中苏关系恶化以后,东欧华约6国中除罗马尼亚外,均受苏联影响执行反华政策。到70年代中期,双方关系逐渐改善。

1955年南斯拉夫同中国正式建立外交关系,20世纪70年代中期开始两国关系有了迅速发展。阿尔巴尼亚在中苏关系恶化时坚定地站在中国一边,同中国的关系在20世纪60年代有不同寻常的发展。但70年代以后,由于中国调整了对内、对外政策,阿中分歧不断加深,直到80年代中期以后,阿中关系才有所缓和。

二、东欧剧变

所谓东欧剧变,是指从20世纪80年代末90年代初,东欧各个社会主义国家的政治经济制度发生根本性的变化,社会主义制度最终演变为资本主义制度的剧烈动荡。它是社会主义事业在东欧的失败,也是资本主义制度在东欧的重演,使世界社会主义、共产主义运动陷入低潮。

20世纪80年代末,一些东欧国家陷入严重困难,国民经济每况愈下,社会政治领域也出现越来越多的不稳定现象。面对国内局势的巨大压力,一些东欧领导人受到戈尔巴乔夫"人道的、民主的社会主义"思想的鼓励和推动,决定以政治多元化和经济市场化为猛药良方,结果导致局面失控。从1989年6月波兰大选开始,东欧出现了雪崩式的"多米诺骨牌效应"。仅1989年下半年,东欧华约6国波兰、匈牙利、民主德国、捷克斯洛伐克、罗马尼亚和保加利亚政局相继都发生了剧变,走上了改变国体、政体的道路。1990年又波及南斯拉夫和阿尔巴尼亚,南斯拉夫更是在剧变过程中引发了国家分裂和战争的悲剧。就东欧国家政权转移方式而言,基本上是和平的。反对派夺取政权以后无一例外地全面实行向资本主义制度的转轨,使东欧社会主义的成果丧失殆尽。

东欧剧变这样一个历史事件,原因是深刻复杂的,是历史和现实、国内和国际诸多因素综合作用的结果。从内部原因看:其一,东欧国家经济建设没有搞好,影响了人心的向背,这是东欧剧变的基础性原因。其二,政治上长期不注意发展社会主义民主,后来又盲目照搬西方的议会制、多党制,这是造成东欧政局动荡的直接原因。其三,在思想文化领域,"左"的教条主义长期为害,使马克思主义的意识形态严重脱离实际,逐渐丧失了在国内的主导地位和对广大人民群众的影响,加强了东欧剧变。

从外部原因看:其一,是西方资本主义国家和平演变东欧的强大攻势。东欧国家一直是西方实施和平演变战略的重点,西方国家采取多种手段对东欧发动意识形态进攻,并利用有利时机直接插手东欧国家的内政外交,诱压兼施,极力促变。其二,苏联内外政策的转变既为东欧剧变提供了外部条件,又对其演变产生了导向和催化作用。戈尔巴乔夫上台以后,苏联一方面放松对东欧的控制,对西方在东欧推行和平演变采取超然态度;另一方面又多方鼓励东欧向苏联的"新思维"方向演化。

东欧剧变留给我们的教训是深刻的。首先,社会主义建设的根本目的是解放生产力,发展生产力,改善人民生活。经济搞不好,人民生活水平不能得到迅速提高,社会主义制度的优越性就无法体现出来。其次,社会主义国家必须注重执政党的建设。只有成熟的马克思主义政党才能不断制定并采取正确的方针政策,不断把社会主义事业推向前进。再次,社会主义国家必须坚持独立自主的原则。又次,社会主义改革不能背离社会主义制度。最后,必须警惕西方国家的和平演变战略。

三、东欧国家的转轨

东欧剧变发生后,这一地区的国家都走上了制度转轨的道路。经济上,从以公有制为基础的计划经济体制向以私有制为基础的市场经济体制转变。政治上,从原来的共产党一党执政向以多党制的三权分立原则为基础的西方式民主政治体制过渡。对外关系上,以融入西方、融入欧洲一体化为政策核心。

1. 经济转轨

东欧国家经济转轨措施的基本内容主要包括:全面推行国有企业私有化,提高企业经营效率;放开物价,形成依靠市场调节的价格体系;实行紧缩货币政策,抑制通货膨胀;削减财政补贴,减少财政赤字;取消对外贸易限制,实行货币自由兑换;等等。

在转轨过程中,东欧各国经济无一例外地严重衰退,经济发展水平大都倒退了十几年,而且经济秩序混乱,社会治安状况恶化,失业人数急剧增加,通货膨胀严重,居民的实际平均收入锐减,贫富差距扩大,普通人民群众的生活水平大幅降低。

虽然东欧经济最困难的时期已经过去,但各国经过转轨后的发展现状很不平衡。波兰、捷克、匈牙利回升较早,原有基础较好,增长稳定,大大领先于东欧其他国家。斯洛伐克、斯洛文尼亚的经济转轨也初具规模,经济良性运行。保加利亚、罗马尼亚、阿尔巴尼亚、马其顿等在转轨过程中有过反复,处境相对困难。而波黑、塞尔维亚和黑山由于经历了长时间的战乱和经济封锁,要彻底摆脱困境尚需时日。

总体看来,东欧各国已初步确立了西方市场经济的框架。但还存在市场机制不健全、各环节运转不协调等问题,由于法规的不健全而导致的贪污腐败盛行,基础设施薄弱,支柱产业和高新技术产业发展力度不够,经济增长缺乏后劲等深层次的经济问题尚未解决。在市场经济体制的法制化、规范化、高效化等方面还有相当长的一段路要走。

2. 政治转轨

剧变后,东欧国家的政治制度向西方资本主义三权分立的多党议会民主制转变。主要内容包括:修改原来的宪法或制定新宪法,放弃将马克思主义作为社会的指导思想,实行意识形态多元化;取消共产党一党执政,创建西方式政党制度,实行多党制,制订一系列有关政党活动的法律和准则;以三权分立原则建立总统制或议会制的国家政权组织形式;等等。

东欧国家的政治转轨在初期是以急风暴雨的形式展开的。各国原来执政的共产党或工人党纷纷下台,形形色色的反对派夺取了国家政权。各国在相当长一段时间里政局不稳,爆发了强度不一的社会政治"地震"。许多国家掀起反共浪潮,党派林立,夺权与反夺权斗争尖锐,街头政治盛行。民族矛盾尖锐,民族分离主义盛行。在南斯拉夫,民族分离主义不仅造成国家一分为六,而且酿成旷日持久的内战;在捷克斯洛伐克,两大民族的矛盾造成国家一分为二;在其他许多国家,民族矛盾引发的地区冲突频频发生,不断形成新的热点。

经过一段时间的动荡,东欧政局渐趋稳定。剧变初期的狂喜和盲目照搬西方模式的阶段已经过去,各国的社会政治意识发生了重大变化,探索符合国情的发展道路成为各国共同面临的课题。如今,政治多元化原则、三权分立原则已通过宪法和法律得到贯彻,新的政治体制的框架已经初步确立,西方式的政党制度已经取得了实质性进展。

3. 对外政策的调整

东欧剧变之后,各国在对外关系上进行了重大调整,推行以西方为重点的新的

第五章　走向联合的欧洲

多元务实外交。主要内容包括：

第一，战略目标西移，把"回归欧洲"作为对外政策的重点和首要目标。剧变之后，东欧各国都奉行亲西方的政策，西欧大国和美国是各国对外关系中的重点，这是由各国的政治、经济、安全利益所决定的。同时西方国家为了消化"冷战"的胜利成果，填补苏联解体所造成的力量和权力真空，启动了欧盟东扩和北约东扩。捷克斯洛伐克、匈牙利和波兰还加入了"发达国家俱乐部"——经合组织。

第二，与俄罗斯及独联体各国保持睦邻友好关系。东欧剧变后，东欧各国与俄罗斯的原盟国关系不复存在，一些国家还一度掀起反俄、防俄的民族主义浪潮。但俄罗斯毕竟是对他们的安全有至关重要影响的邻国和大国，东欧各国已普遍重新认识同俄罗斯保持正常的国家关系的重要性，转而与俄罗斯谋求发展睦邻友好关系。

第三，努力加强区域性合作。东欧国家地域相连，处境相似，为了共渡难关，协调西进步伐，东欧国家在不放弃同欧洲一体化努力的同时，积极加强内部联系与合作。

第四，加强与中国等亚太国家的关系。东欧剧变之后，出于维护国家利益的需要，东欧诸国都表示同中国保持和扩大友好合作关系的基本方针不变，继续执行"一个中国"的政策，双方关系很快开始了正常发展的新阶段。此外，东欧各国还开始重视与亚太地区其他国家的友好关系，特别是加强与东盟、日本、韩国等国家的经贸合作。

第三节　迈向统一的欧洲

"冷战"结束后，欧洲人重新燃起对"统一的欧洲"的渴望，不是历史上依靠武力的统一，而是建立在共同的理念和共同的原则基础上的统一。欧洲一体化无论在广度上还是在深度上都有了质的飞跃，以欧盟为核心的欧洲联合将主导东西欧的融合进程，北约在维护全欧安全与稳定中的作用大大增强。尽管现阶段的欧洲面临诸多新问题的困扰，欧洲迈向联合与统一的进程必将进一步发展。

一、欧盟的扩大和深化

欧盟是欧洲迈向统一的核心。2004年5月1日，欧盟实现了历史上最大规模的扩大,本次扩大具有里程碑式的意义,扩大的对象包括8个东欧国家和2个地中海周边国家,意味着曾是"冷战"时期两个对立军事集团中的成员国走向融合。2007年1月1日,欧盟扩大为27国的集团,西临大西洋,东与俄罗斯、乌克兰接壤,北及波罗的海,南至地中海,大大提升了欧盟的整体经济实力,加强了欧盟在国际事务中的政治地位。

这一轮东扩从1993年6月哥本哈根欧盟首脑会议开始启动,历经十多年才逐步得以落实,其根源在于新入盟国家与老欧盟成员国之间巨大的差异。根据欧盟制定的入盟标准,新成员国已经实现了经济体制转轨,并且具有应付市场竞争的能力,在入盟的同时加入关税同盟和共同市场,实行共同的农业政策、贸易政策和竞争政策等。新成员入盟后,经济上将得到欧盟巨额资金的援助,对逐步缩小与老成员国的差距,促进其经济起飞会有相当的推动作用。欧盟内部的贸易将进一步发展,老成员国的资金也将更多流入新成员国,欧盟的内部市场将更加扩大。与此同时,新入盟国家人口众多,劳动力素质较高,劳动力成本较低,是欧盟理想的市场和投资场所,给欧盟的发展带来新的动力。政治上,东扩的实现有助于确保欧洲的政治稳定,保证民主化进程在东欧的持续。当前,土耳其、克罗地亚、马其顿、阿尔巴尼亚等国家还在等待加入欧盟,欧盟作为欧洲核心的地位还将得到进一步强化。

在欧盟扩大成员的同时,一体化的程度仍然要继续深化。统一的欧洲中央银行和单一货币"欧元"现阶段是不完整的,欧元区目前只有17个成员,成员国财政政策的统一还有相当长的路要走。政治一体化是更高、更复杂的目标,目前还处于低级阶段,共同外交与安全政策仍是一种政府间合作的机制,并无制定和贯彻共同政策的权威和行动能力。欧洲民族矛盾的加剧和民族主义蔓延,削弱了欧洲统一的内聚力,也对一体化建设起了消极作用。

2004年6月,由欧盟制宪筹备委员会绘制的欧盟新蓝图——《欧盟宪法条约》在欧盟理事会上获得通过,这是欧盟历史上的首部宪法。但是,截至2006年年底,只有15个欧盟成员国批准了《欧盟宪法条约》。法国在2005年5月的全民公决投票中,约55%的选民投了反对票,紧接着的6月1日,绝大多数荷兰选民又在全民公决中对《欧盟宪法条约》说"不"。2007年12月,欧盟首脑会议在葡萄牙签署了《里斯本条约》,作为《欧盟宪法条约》的修改和简化版,保留了实质性内容,但不再沿用"宪法"一词。2009年12月1日,《里斯本条约》正式生效。

《里斯本条约》的主要内容和重要意义

根据《里斯本条约》,欧盟增设"总统"和"外长"两个常任职位,这将有利于欧盟保持政策连续性,使得欧盟在国际事务上的立场更加一致。在内部运作程序上,除了在外交、防务、税收等事关国家主权的领域仍然实行全体一致通过的投票制度,在气候变化、能源安全、紧急救援等领域的决策将实行"双重多数",即一项决议只要能得到55%成员国的支持,并且这些国家能代表欧盟总人口的65%,决议就能获得通过。这将大大增强欧盟内部的决策效率,改变长期存在的"议而不决"状态。《里斯本条约》的生效不仅为欧盟的机构改革铺平了道路,而且意味着欧盟政治一体化进程取得历史性的成就。

一直以来,欧盟的扩大和深化是一组深刻的矛盾。扩大是以内部差异进一步拉大为代价的,新成员的加入使现有的分歧更加复杂,必然会带来越来越多的不和谐与不稳定,存在短期内难以调和的矛盾和困难。欧盟深化则要求成员国向超国家机构转让更多主权,国家利益的协调更加困难,尤其是外交和安全领域是国家主权的核心,任何国家都不会轻易放弃,成员的增多只会增强相互协调的难度,欧盟内部围绕推进一体化和维护国家主权之间的矛盾更加尖锐。

当前,欧洲一体化仍然符合欧洲各国的根本利益和长远的战略利益,仍然有着坚实的思想和现实基础,推动一体化的政治动力和经济动力、内因和外因仍然存在。欧洲一体化的成就曾经在20世纪80年代刺激了其他地区一体化的兴起,当其他地区一体化逐步形成对欧洲的抗衡态势后,无疑会反过来推动欧洲一体化向更高水平发展。可以说,几十年一体化的历史,使"欧洲联合"不再只是一种理想,而且是一种能够真的感受到的客观现实。主权国家和欧洲民众两个层次的联合同时发展、互动促进,逐渐确立起一种共同的心理积淀——欧洲意识,这是世界其他区域一体化所不具备的独特之处,是欧洲一体化继续发展的思想基础。从这个意义上来讲,《里斯本条约》的生效,表明欧盟国家将为建立一个"和平、统一、自由、民主、繁荣、公正"和可持续发展的欧洲而继续努力,使欧洲成为多极世界中重要的一极,在国际事务中发挥更大作用。

二、北约东扩及其新战略概念

北约在"冷战"结束后的欧洲安全结构重组中占据了核心地位,在进行职能调整的同时,增加了成员国,扩大了影响作用。今天的北约已经与"冷战"时期的北约完全不同。

北约东扩是"冷战"后西方在欧洲最重要的战略举措,是指北约向东欧和中欧以及前苏联部分地区的延伸和推进。美国是北约东扩的主要发起者和推动者。"冷战"期间美国正是利用北约来控制西欧,巩固自己在西方国家中的盟主地位。新形势下美国要继续领导欧洲,就必须对北约进行改造,通过北约东扩接管由于华约解体、苏联分裂在中东欧地区造成的"权力真空",能够继续加强美国在欧洲的军事与政治存在,防止俄罗斯东山再起重新成为对西方的威胁。另外,欧洲局势并不太平,民族和领土纠纷不时发生,俄罗斯对其他欧洲国家来说终究是一个潜在的威胁力量,在相当长的时间里欧洲的安全仍然离不开美国。前东欧和独联体国家在摆脱前苏联控制后,纷纷提出申请加入北约寻求保护伞。英、法、德等西欧大国则希望借助美国的力量将北约的边界向东推进来防范俄罗斯。

在这种情况下,尽管各方动机不一致,但在主张北约东扩这一点上找到了共同点。1994年1月,北约布鲁塞尔首脑会议上正式提出了向东扩展的计划,同时出台的还有"和平伙伴关系"计划。

"和平伙伴关系"计划

该计划由北约和所有中东欧、前苏联和欧洲中立国签订,双方在军事演习、维和、危机控制等方面进行合作和政治磋商,伙伴国必须承认西方的民主、人权标准,并尊重现有边界,伙伴国可向北约总部派出联络员。这是一种过渡性安排,为申请加入北约的国家准备条约。中东欧国家均表示接受"和平伙伴关系"计划,包括俄罗斯在内,先后已有30个国家加入了该计划。

1999年4月,北约在对南联盟的狂轰滥炸中度过了它的50周年生日。在华盛顿举行的纪念庆典上,北约正式接纳了波兰、捷克斯洛伐克和匈牙利三个新成员国,并推出了《北约新战略概念》,确定了北约在21世纪的战略任务。

《北约新战略概念》宣称,鉴于欧洲和大西洋地区内及其周围地区的不稳定性和不确定性,北约面临的威胁已发生质的变化,北约今后的任务是"塑造安全环境,提高欧洲和大西洋地区的安全和稳定",新战略的重点从传统的"集体防御"转向维护共同价值和利益,在确保成员国安全的同时,北约要转向防区外处理危机,包括对付大规模毁灭性武器的扩散、打击恐怖活动、制止种族灭绝行为以及干预由民

第五章 走向联合的欧洲

族、宗教矛盾引发的地区冲突。因此,北约的活动范围就不能局限于成员国领土。与此相适应,北约在和平时期必须保证有足够的军事力量确保威慑,保证以欧洲为基地的核常规力量的组合能不断地更新,保证军事上的灵活性和机动性,对防区内外的事态能做出"快速反应"。新战略虽然承认联合国在解决国际安全问题上的主导作用,但却没有明确规定必须经过联合国的授权才能采取军事行动,而且北约也不再坚持所有国家作为一个整体去实施军事行动,而是可以根据利益需要组成临时同盟。

"新战略概念"的出台,以及北约在科索沃战争中的所作所为,标志着北约的性质已发生历史性的、根本性的变化,从一个防御性的区域性军事集团演化为一个扩张性和进攻性的军事政治集团,对防区范围问题采取含糊处理,实际上成为美国实现其全球战略的重要工具。"新战略概念"的出台,表明北约已经完成了"冷战"结束后的职能转变,由单一的军事集团转变为复合型的政治军事组织。同时,北约在欧洲安全和防务中的核心作用进一步强化,相对于西欧联盟和欧安组织的无所作为,北约的干预能力大大增加。

2002年11月北约布拉格首脑会议,是另一次具有里程碑式意义的会议,确立了以反恐为核心的战略转型。峰会推出关于全面促进北约军事能力的"一揽子"改革计划,调整指挥结构、成立快速反应部队,将北约主要基地转移向中东欧地区,明确把反恐和反扩散作为其新的战略重点,强调北约将更多承担起全球责任。此后,北约打着"反恐"、"维和"的旗号突破传统防区,加快走向"全球化"的进程,对其他地区进行干预。

2004年3月29日,保加利亚、爱沙尼亚、拉脱维亚、立陶宛、罗马尼亚、斯洛伐克和斯洛文尼亚7国加入北约,北约成员国由19个增至26个,完成了历史上最大的一次扩张。2009年4月,在北约成立60周年之际,阿尔巴尼亚、克罗地亚在峰会上正式加入,北约成员国扩大到28个,使北约的势力扩大到西巴尔干地区。从发展趋势来看,北约的势力将逐步渗透到外高加索、中亚甚至远东地区。

"冷战"后北约的变化对维护欧洲的稳定和安全的确起到一定的作用。然而,北约战略调整中体现出越来越强的干预性,这种干预性以美国的军事优势为后盾,以西方的共同利益和价值观为指导,渗透出极强的强权政治色彩,给21世纪的国际和平与安全留下巨大隐患。

三、欧洲面临的新问题

欧洲在"冷战"结束后进入了一个新的历史时期。伴随着欧洲联合发展的是欧洲地区的动荡,出现了一些新的问题和矛盾,甚至在欧洲大陆绝迹近半个世纪的战火又被重新点燃,给欧洲一体化的未来增添了复杂性和不确定性。

1. 欧洲格局重建中的大国争夺

由于雅尔塔体制的崩溃,欧洲原有的力量结构被打破,导致各种力量的重新分化组合。在各种力量的角逐和较量过程中,美国、英国、德国、法国和俄罗斯等大国并存共处,互有需求,它们纷纷调整各自战略,力图根据自己的利益来组合欧洲,塑造新的欧洲格局。从长远发展来看,大国间的明争暗斗将成为欧洲动荡不安的潜在因素。

欧洲内部的大国力量平衡由于德国的统一被打破。1990年10月3日,战后被人为分裂的德国实现了重新统一。统一后的德国拥有8000万人口和35万平方公里领土,是欧洲头号经济强国,又占据着欧洲心脏地带,成为东西欧之间的平衡点,战略地位和政治地位明显增强。

法国在"冷战"后失去了以其政治优势抗衡德国的经济实力的资本,主张深化欧洲联合,借助欧盟的整体力量同美国抗衡,争夺欧洲事务的主导权,同时用欧盟的框架制约德国的大国走向。英国同样担心德国在欧洲形成"德国的欧洲",开始与法国接近,对德国形成牵制和约束。

随着北约东扩的进程,越来越多的东欧国家加入欧盟和北约,但它们并不甘心充当"二等国家"的角色,它们虽然在经济上依靠西欧,但在军事安全上则依靠美国和北约的庇护,日益倾向于在决策上与西欧国家分庭抗礼。

从目前的发展趋势来看,英、法、德三国已经形成了利益互相制衡的错综复杂的关系,法、德合作仍是欧洲联合继续发展的关键和推动力量,但两国间的摩擦可能会增多。英、法和其他欧洲国家在制约德国的问题上有着共同利益,但各国的具体想法和做法却不尽一致。在2003年伊拉克战争中,以法国、德国和比利时为代表的"老欧洲"与以英国、意大利和东欧国家为代表的"新欧洲"之间围绕反战和亲美等问题龃龉不断,是欧洲内部矛盾的一次典型体现。随着欧盟和北约的进一步扩大,欧洲国家内部的争夺和矛盾也将更加激烈,导致欧盟制定共同外交与安全政策,对外"用一个声音说话"的计划更加难以实现。

美国在欧洲的存在对维持欧洲的平衡和稳定仍然非常重要。美国对欧洲新格局的基本设想是继续保持美国的领导地位,并在新大西洋主义的口号下控制全欧事务,这就必然导致欧美政治关系上充满矛盾和斗争。不管英、法、德对欧洲未来新格局的设想有多少分歧,它们在争取欧洲事务的主导权、争取与美国建立更为平

第五章 走向联合的欧洲

等的盟国关系方面有共同利益,在借重美国的同时尽量减少对美国的依赖。

俄罗斯受到内忧外患的挤压,其大国地位明显下降。现阶段,俄罗斯无力阻止北约东扩,也无力与美国、西欧抗衡。但是,俄罗斯在欧洲的存在依然不可忽视。在波黑问题、科索沃问题、伊拉克问题等重大问题上,俄罗斯都表示出明显不同于西方国家的立场。面对欧盟与北约的向东推进,俄罗斯在英、法、德之间推行实用主义的平衡政策,主动调节与北约的关系为自己营造有利的国际环境,同时利用欧美关系中的缝隙和矛盾,力争在欧洲格局的重建中发挥作用。一旦俄罗斯的实力得以更大程度的恢复,必将加强对欧洲事务的影响力,必然给未来欧洲的走向带来新的变数。

纵观国际关系史,欧洲格局每隔几十年或十几年就会发生一次变更,其变更基础是主要大国力量对比的变化和政策的调整。当前的欧洲格局重建,在很大程度上取决于英、法、德等欧洲主要大国的关系,同时,美、俄、欧关系的走向和变化也是重要的影响因素,欧盟和北约则将在这一进程中发挥支柱的作用。大国间围绕主导权的争夺时断时续,欧洲联合的进程不可能一帆风顺,构筑一个强大、统一的欧洲还需要相当长的时间。

2. 民族分离主义的恶性膨胀和蔓延

欧洲民族繁多且杂居情况十分复杂,由于种种原因,历史上一些民族间积怨甚深。民族矛盾以及与此相关联的宗教问题、边界问题曾经是欧洲从中世纪到20世纪上半叶几百年中征战不断的重要原因。两次世界大战从欧洲发端,也与欧洲这种多民族国家的特点有关。美苏对峙的两极格局体制使欧洲维持了40多年的和平,"冷战"的结束促使曾一度被掩盖的民族矛盾重新突出起来,东欧剧变、苏联解体激活了欧洲长期压抑的民族主义,表现出来的是一些国家的民族分离主义恶性膨胀,引发国家内部的冲突,甚至导致国家解体。

南斯拉夫的解体是欧洲民族分离主义恶性膨胀最为严重的结果。南斯拉夫是一个多民族国家,在20世纪80年代末东欧剧变中,民族分离主义空前高涨。1991年6月,斯洛文尼亚和克罗地亚宣布独立,并得到国际社会承认,引发了内战和民族冲突。紧接着,马其顿和波黑也宣布独立。1992年4月,塞尔维亚和黑山两个共和国组成南斯拉夫共和国联盟。巴尔干地区历来有"欧洲火药桶"之称,持续的战争和动荡不仅给前南斯拉夫各族人民带来巨大的灾难,也给整个欧洲的安全带来严重的威胁。到1999年,由于塞尔维亚族和阿尔巴尼亚族的矛盾引发南联盟的地区危机,招致大国干预引发科索沃战争,南联盟遭到沉重打击。此后,黑山共和国的分离倾向也日趋明显，经过谈判，塞尔维亚和黑山终于在2002年3月签署协议，组建一个松散的国家联合体，将国名改为"塞尔维亚和黑山"。2006年5月，塞黑举行全民公决，其结果是黑山独立，"南斯拉夫"这个名字从此消失。2008年2月17日，科索沃宣布脱离塞尔维亚独立，并获得美国、英国和法国等大国的承认和支持，这不仅为各种各样的分离主义势力发出了错误的信号，而且使得欧洲国家在民族问题上面临新的矛盾和分裂暗流。

除了南斯拉夫的悲剧，民族主义的恶性膨胀还蔓延到其他东欧国家。捷克斯洛伐克同样由于两大民族间的矛盾而导致解体。巴尔干地区的马其顿、阿尔巴尼亚等国都还存在尚未解决的民族冲突的隐患。

与东欧民族主义的恶性膨胀相比，西欧国家同样受到民族问题的困扰。英国的北爱尔兰问题、西班牙的巴斯克问题、法国的科西嘉问题不时被激化，英国的苏格兰、比利时的弗拉芒、意大利的南蒂洛尔地区也存在要求独立或是扩大自治权的势力。

如今，民族分离主义引发动荡最剧烈的时期已经过去，多数欧洲国家的民族矛盾也不大可能酿成大规模的冲突或战争。但是，民族主义的蔓延会对欧洲的安全与稳定造成破坏性影响，对正在深化中的欧洲一体化进程无疑是一种制约。

3. 极右翼势力上升的问题

极右翼势力的上升成为另一个严重影响欧洲政治稳定和欧洲联合前景的威胁因素。极右翼思潮在欧洲一直存在，但是近年来这股势力"政治化"的趋势不断增强。在法国、德国、意大利、荷兰、丹麦、奥地利等欧洲国家，极右翼势力纷纷抬头，各式各样的极右翼政党以各自的方式参政、议政，甚至执政。1999年，由海德尔领导的奥地利自由党在大选中获得27%的选票，成为国内第二大党，与人民党组成联合政权，成为西欧唯一参政的极右翼政党，在欧洲引发了一场"政治地震"。2002年4月，在法国大选中，极右翼国民阵线党候选人勒庞获17%选票，击败左翼社会党候选人诺斯潘进入第二轮，震惊了整个欧洲和世界。在意大利、德国、法国、英国、奥地利等国家，形形色色的法西斯党派在进行活动，他们公开宣扬种族主义和法西斯主义，甚至主张用暴力手段来达到目的。在德国，新纳粹分子的暴力排外倾向最为严重，以外国移民为对象的施暴现象和极端行为屡屡发生。上述极右翼势力的共同特征是：推崇种族主义和排外主义，主张维护本国或本地区的狭隘利益，反对外来移民，反对欧盟东扩，反对全球化和欧洲一体化，反对欧洲单一货币。学者们使用"新民粹主义"的概念来界定欧洲右转的性质，反映出"冷战"后欧洲政治、

第五章 走向联合的欧洲

经济、社会的复杂变迁。

极右翼势力的崛起缘于"冷战"后欧洲,特别是西欧社会心理的变化。在全球化和欧洲一体化的进程中,受失业问题的困扰,不少西欧人感到生活不稳定、缺乏安全感。在根深蒂固的种族优越感的影响下,他们对其他外来移民抱有不同程度的民族偏见。同时,欧洲各国主流政党在执政时期政策上的一些失误,传统左右翼政党的政治纲领又日益趋同,结构不断老化,无法有效解决所面临的经济低迷、政治腐败、社会危机等问题,引起选民不满,转而支持那些奉行极端主张的政党。

欧洲极右翼势力的日益猖獗已经引起欧洲各国正义力量的警惕。本质上,极右翼势力都是反民主、反平等、反人权的,这与西欧国家近代以来主流的政治文化传统是完全对立的。极右翼势力宣扬的反全球化、反欧盟东扩等主张与当前世界的总体发展趋势相背离,与欧洲一体化的发展趋势背道而驰,对欧洲各国的现实生活构成威胁。总的说来,极右翼势力在欧洲还难成气候,各国从舆论、政策到法律体系都有对极右翼势力的防范和制约措施,极右翼势力活动的空间还相对有限。但是,极右翼势力崛起的诱因并非短时间内能够彻底清除,其潜在危害给欧洲的稳定和欧洲的联合带来的消极影响不可回避。在2008年金融危机的冲击下,欧洲的社会政治思潮再度趋于活跃,以反思资本主义发展模式的弊端入手,开始了新一轮的理论思考。

第六章 追求"普通国家"目标的日本

日本位于太平洋西岸,是一个地域狭小、人口密集、资源贫乏的群岛国家。1868年"明治维新"后,日本逐步走上资本主义道路。从19世纪末到20世纪上半叶,日本先后发动了甲午战争、日俄战争、侵华战争和太平洋战争,给中国人民、亚洲人民和世界其他国家的人民造成了极大灾难。二战后几十年里,日本经济迅速发展,已经成为当今国际舞台上一支重要的力量。

第六章 追求"普通国家"目标的日本

第一节 "冷战"时期的日本

一、战后日本的民主改革与西方民主政治制度的确立

1945年8月15日,日本宣布无条件投降后,美国以同盟国占领军的名义单独占领了日本,对日本进行了一系列政治和经济改革,日本确立了战后新的政治体制。

1. 美国的军事占领与民主改革

日本投降后不久,美国派遣15万军队,以"盟军"的名义占领了整个日本,任命麦克阿瑟为盟军最高总司令,全权负责日本战后事宜。盟军占领当局于1945年9月22日发表了《占领初期美国对日本政策基本原则》,在政治上和经济上对日本实行改革,达到使日本"非军事化"和"民主化"的目的。改革的主要内容包括:解除日本745万军队的武装,解散军事机构;铲除日本军国主义势力,审判战犯,解散一切好战的军国主义团体;修改日本宪法;实行政治民主化,扩大公民的基本人权、政治自由和平等的权利;推进经济制度民主化改革;等等。

> **日本的和平宪法**
>
> 1946年11月,日本内阁遵照盟军总部的原则,公布了新的日本国宪法,1947年1月开始实施。新宪法前言部分确定把保障和平主义、主权在民、基本人权作为日本宪法的三大原则。新宪法规定,将日本天皇专权的君主立宪制改为以世袭天皇为象征的议会内阁制,国家的主权属于国民,天皇只保留礼仪性、象征性地位,其地位以全体国民的意志为依据。新宪法还制定了放弃战争、不保有军备的原则,明确规定:"永远放弃把利用国家权力发动战争、武力威胁或行使武力作为解决国际争端的手段,为达此目的,日本不保持陆、海、空军及其他战争力量,不承认国家的交战权。"因而,这部宪法被称为"和平宪法"。

上述改革,一方面使美国能够进一步从政治、经济、军事和外交上加强对日本的控制;另一方面也沉重地打击了日本的军国主义势力和封建主义势力,完成了明治维新所未能彻底完成的资产阶级性质的改革,实现了日本政治制度的巨大变革。

但是,由于这场改革是在特定历史条件下进行的,因此带有一定的局限性。随着"冷战"的开始,美国妄图把日本变成其在亚洲推行全球扩张战略的基地,改变了限制和打击的政策,代之以在政治上拉拢、经济上扶植日本的政策。1951年,美国片面对日媾和,并签订了《日美安全条约》,使战后日本的民主化进程受到严重阻碍,国内军国主义的势力没有得到彻底清除。

2.西方民主制度的确立

经过一系列民主改革和新宪法的制定,日本建立了以天皇为象征的议会内阁制。新体制采取三权分立原则,把立法、行政和司法的权力分别交由国会、内阁和法院掌管,以达到相互制衡的目的。日本国会由参议院、众议院两院组成,两院议员皆由普选产生,只对选民负责。国会有修宪、制宪、审议预算、任命内阁总理大臣等权力。内阁是国家最高行政机关,向国会负责,拥有掌管国家事务、处理对外关系、任命官吏、制定政令等职权。内阁由总理大臣和国务大臣组成,一般由议会中占议席半数以上的政党来组阁。

1955年体制

从1955年开始,自民党所代表的保守政治力量在议会中基本上处于稳定多数,连续执政38年,而社会党、共产党等革新势力和公明党等中间势力长期处于在野地位。这种在法制上虽然容许政权交替但实际上却由一党长期执政的政治结构,被称为"1955年体制"或"一党优位制"。自民党一党长期执政,对于保证战后日本社会的稳定、促进经济的发展起到了积极作用,但是也暴露出自身难以克服的问题,为"冷战"结束后日本政坛的动荡埋下了伏笔。

改革后的日本确立了政党政治制度,代表不同阶级、阶层的各种政党相继恢复或建立。主要政党有自由党、民主党、社会党、公明党、民社党、新自由俱乐部、社会民主联盟和共产党。战后初期,由社会党和共产党及左翼力量构成的革新阵线获得过相当大的发展。1947年曾以社会党为首组成了联合政府。1955年11月,自由党与民主党合并为自由民主党(简称自民党),在众议院占64%的议席,成为国会第一大党,从而形成了以自民党和社会党"保革对立"为主要特征的"1955年体制"。以自民党所代表的保守政治力量与社会党所代表的革新政治力量之间在社会基础、国内政策、安全战略、对外路线等方面都一直对立。双方斗争的焦点主要

第六章 追求"普通国家"目标的日本

集中在日美安保体制、修宪与护宪、自卫队与再军备等问题上。

二、战后日本经济的恢复与发展

战后日本经济在战争废墟上得到了迅速的恢复和发展,由一个经济濒临崩溃的战败国变为仅次于美国的世界经济大国,被称为"日本奇迹"。同时,日本也积累了因高速发展所产生的问题,到20世纪80年代,形成了"泡沫经济"。

1. 战后初期日本经济的迅速恢复

战争结束时,日本经济已陷入瘫痪状态,国民财富损失了1/4,东京、大阪、横滨和名古屋等大城市几乎化为灰烬,大批工厂倒闭,全社会有1000万以上的失业者,农业大面积歉收,粮荒严重,海外贸易几乎完全断绝,物资奇缺,物价上涨,人民生活恶化。

面临战争带来的创伤,尽快恢复国民经济是当务之急。战后初期,日本政府采取优先发展重点产业的"倾斜式生产方针",设立复兴金库,把有限的原料、资金、外汇等分配给煤炭、钢铁、铁路、海运、电力等重点基础工业,对重点工业实行价格补贴和低利息贷款的保护政策。这些措施保证了基础工业和交通部门的迅速恢复,并带动和促进了整个国民经济的迅速恢复。同时,实行"充分保护农业利益"的方针,发展粮食生产,稳定人民生活。经过10年的经济恢复,到1955年,除了对外贸易一项,主要经济指标全面恢复或超过了战前最高水平。

战后初期日本经济得以迅速恢复,一方面在于日本早在明治维新时期就开始了工业革命,国内有一定的工业基础,为经济的恢复与发展提供了必要的条件;另一方面则在于美国的扶持政策,美国政府减免了日本的战争赔偿,并以"占领地区救济基金"和"占领地区经济复兴基金"的名义,向日本提供了大笔资金援助。朝鲜战争期间,日本成为美军的侵朝基地,大量军需订货使日本工矿企业生产迅速活跃起来。

随着战后经济恢复的基本完成,日本经济发展已步入正轨。1955年,日本人均国民收入在西方国家中居于第34位。

2. 日本经济高速发展的奇迹

1955年以后,日本经济开始了近20年的高速发展时期。1955~1973年,日本的实际国民生产总值年平均增长率达9.8%,实际国民生产总值增长了4.2倍,翻了两番多。其间,1967年日本的国民生产总值超过英国、法国,1968年赶上联邦德国,一跃而成为西方世界中仅次于美国的第二经济大国。在这个经济高速增长的过程中,日本的经济面貌发生了根本性的变化,工业生产名列世界前茅,产业结构实现了高级化,农业实现了现代化,人民生活水平有了很大提高。

1973年10月,第四次中东战争爆发后,受石油危机的严重冲击,日本经济进入了低速增长时期,但是与同期西方发达国家相比,日本的经济增长速度是最快的。1973~1985年,日本实际国民生产总值年平均增长率为4%。1986~1990年,日本国民生产总值年平均增长率提高到4.6%,日本在世界经济中的地位继续上升。1985年底,日本成为世界上最大的债权国,而美国在同一年成为世界最大的债务国。1987年,日本的人均国民生产总值在历史上第一次超过美国。1975~1990年,日本国民生产总值由4992亿美元增至29898亿美元,达到美国的60%,占世界的13%,超过苏联成为世界上仅次于美国的第二经济大国。日本经济的高速发展被人们称作"20世纪的经济奇迹"。

究其原因,首先,战后有利的国际和平环境,为日本经济的迅速发展提供了良好的时机。日本特定的国际、国内环境的限制使日本军费开支锐减,使它节省了大量的军费开支,将更多的财力投资于经济建设之中。

其次,美国对日本实行特殊的扶植政策,给日本带来了巨额的援助和投资,朝鲜战争和越南战争又给日本带来了"特需繁荣",使日本获得大量外汇收入。美国对日本还几乎无保留地开展技术转让,向日本开放本国市场。

再次,受国际经济旧秩序的影响,战后国际市场上初级产品价格十分低廉,而制成品价格却大幅度上升。这不仅使日本廉价获得大量能源、资源,而且使其作为制成品出口大国在贸易上赚取了大量的"剪刀差"利润。

最后,日本国内长期相对稳定的政治局势,长期实行适合本国国情的经济发展战略,是日本经济迅速发展的根本原因。在"1955年体制"下,日本国内政局比较稳定,政府制定的各项重大政策得以长期顺利地贯彻实施,保持了政策的连续性,为日本经济的高速、稳定发展提供了有力的政治保障。基于对战争的反省和国际、国内环境的压力,日本确立了"经济立国"的发展战略。20世纪五六十年代,又适时提出了"贸易立国"方针,以高出口带动高增长,使日本经济获得了高速发展。进入20世纪七八十年代,日本又适时提出了"科技立国"的方针,推动产业结构进一步高级化。同时,日本有尊师重教的传统,高度重视发展教育科技事业,善于吸收、利用世界上一切先进的科技成果,并使之"日本化",保证了日本经济得以持续高速发展。

3. "泡沫经济"的形成和破灭

所谓"泡沫经济",一般是指在不切实际的赢利预期和投机狂热的驱动下,以股票、房地产等资产价格超常规猛涨为特征的虚假繁荣。

日本国土面积小、自然资源贫乏、国内市场十分不足、对外严重依赖的经济存在严重的脆弱性。20世纪80年代,作为世界制造业中心的日本对外出口数量巨大,西方国家为提高对日出口产品的价格,从而减少自己的贸易逆差,敦促日本"自愿"控制出口。特别是1985年9月,美、英、法、联邦德国和日本5国财长和中央银行行长会议达成降低美元汇价的"广场协议",规定提高日元对美元的汇率。日元的升值,限制了日本的出口能力。日本政府为了应付日元升值的冲击,采取放宽财政金融政策的办法刺激经济回升。从1986年1月到1987年2月,连续5次调低公定利率,致使大量过剩资本投向收益率相对较高的资本市场和房地产行业,带动了股价和地价狂涨。据统计,1985年底至1989年,日本的土地资产总额由1000万亿日元跃升为2130万亿日元,股票时价总额亦由同期的214万亿日元激增至890万亿日元,4年间分别增加了1.1倍和3倍。同时,私人消费也急剧扩大。由此造成了土地和股票的价格远远脱离实际。到1988年,日本经济已明显出现"过热",供需矛盾加剧,物价涨幅增大,出现了"泡沫经济"。

20世纪80年代末,日本政府为减少通货膨胀危险,抑制土地投机,采取金融紧缩政策。1989年5月至1990年8月,连续5次上调公定利率,引起资产价格下跌,股价暴跌。到1991年3月末,日经指数下跌至22984点,跌幅近70%。股市的暴跌引起地价下降,导致房地产市场的崩盘。至此,"泡沫经济"彻底破灭。

三、从"政治侏儒"向政治大国转变的外交战略

战后初期到20世纪50年代,由于国内政治、经济和防务的需要,日本政府外交上依附于美国,被称作"政治侏儒"。随着日本国力的提高和国际形势的变化,日本表明了要做政治大国的强烈愿望,并从政治、经济、军事、外交诸方面为成为政治大国创造条件。

1. 战后初期的"政治侏儒"外交战略

战后初期,日本被美国独家占领,丧失了外交权,一切外交活动和对外交涉均需通过美国占领军当局来办理,成了美国庇荫下的"政治侏儒"。在外无国权、内无实力的境况下,日本对外战略的基本目标就是重返国际社会。

没有美国的支持日本就无法重返国际社会,于是,日本奉行"亲美一边倒"对外

战略,配合美国的"冷战"与遏制政策,参与对社会主义国家的战略物资禁运,并且积极支持美国的侵朝战争;不顾苏联、中国等国家的反对,于1951年同美国等西方国家签订和约;1951年和1954年,日本同美国签订了《日美安全条约》和《共同防御援助协定》,使驻日美军进一步合法化,并组建日本防卫力量,分担美国在远东的防务;在美国的操纵下,日本政府对新中国采取敌视政策,蒋介石集团于1952年签订了"日蒋和约"。

在美国的竭力支持下,1952年4月,日本加入国际货币基金组织,这是其重返国际经济社会的第一步。1955年9月,日本又参加了关税及贸易总协定。20世纪50年代中期,日本积极谋求恢复同西方国家和东南亚国家的贸易关系,为走向世界创造条件。1956年10月,鸠山首相访问苏联,双方签署了《日苏联合宣言》,实现了两国关系的正常化。日苏邦交恢复后,日本得以顺利地参加联合国,成为国际社会的一员。

2. 20世纪50年代中期到60年代的自主外交战略

20世纪50年代中期以后,日本经济的快速增长带动了对资源和市场需求的急剧增加,迫切希望能自主地发展同其他国家和地区的贸易及外交往来。尤其是1956年12月日本加入联合国以后,国民的自信和自主意识开始增强,强烈要求改变"亲美一边倒"的政策,实行独立自主的外交战略。

1960年1月,日美签订《日美共同合作和安全条约》,代替了旧的《日美安全条约》。新条约删除了驻日美军可以镇压日本内乱的"内乱条款"和不经美国同意则日本不得向第三国提供军事基地的条款,从而使日本基本上恢复了对国家的统治权。根据新条约,日美两国在政治、经济及安全保障方面的关系进一步明确,使日美经济与军事合作得到加强,形成"平等伙伴关系"。1964年春,日本在国际货币基金组织中得到与美国、西欧相同的待遇,并加入了经济合作与发展组织,进入了先进国家行列。1969年11月,日美双方就归还冲绳问题达成协议。日本谋求外交上的自立并非是要摆脱美国,而是谋求与美国建立对等的联盟关系。既与美国保持密切关系,又不受美国束缚,从而有利于日本提高国际地位,在亚洲乃至世界上获取更多的利益。

1957年,日本首次发表的《外交蓝皮书》提出了"经济外交"的口号,要"以和平的经济力量向外发展",将经济外交作为国家的中心战略。其重点是推行以东南亚为主的经济外交,目的是获取资源与市场,提高日本在亚洲的国际地位。此外,日本还积极开展对欧洲的经济外交,与西欧国家签订了一系列双边贸易协定,逐步打

第六章 追求"普通国家"目标的日本

入了欧洲市场。

3. 20世纪70年代的全方位多边自主外交战略

20世纪60年代末70年代初,日本已经成为资本主义世界第二经济大国。1972年7月,田中角荣上台之后,明确表示"日本跟着美国脚步走的时代已经过去了",开始推行多边自主外交战略。

第一,以日美安全保障体制为基轴,谋求同美国建立"富有成果的伙伴关系",提出要在政治上"发挥美国难以发挥的特殊作用",在军事上"分担责任",在经济上维持协调,缓和矛盾,充当美国"对等的真正合作者"。

第二,进一步强化日欧间对话,加强日欧关系。自20世纪70年代中后期开始,日欧贸易摩擦不断激化,日本通过加强政治对话的方法减轻贸易摩擦在日欧关系中的分量。

第三,恢复日中邦交,构筑远东地区的日、美、中三角关系。多边自主外交的重要课题之一是恢复日中邦交,谋求同中国建立长期稳定的政治和经济合作关系。1972年,田中首相访华,签署日中《联合声明》,恢复日中邦交关系。1978年8月,福田首相访华,签订了《日中和平友好条约》,同年两国还签订了长期贸易协定。

第四,加强同第三世界国家的经济政治联系。1973年"石油危机"之后,日本改变了过去一味追随美国的中东政策的态度,制定了"新中东政策",加强同阿拉伯国家的政治对话,承认巴勒斯坦人民的民族权利。在东南亚,为了消除东盟国家的恐日心理,日本政府采取措施与其对话,设法列席和参加东盟首脑会议,并于1977年提出了"福田主义"三原则,即"不做军事大国"、同东盟国家建立"心心相印"的对等伙伴关系、"为东南亚的和平与繁荣作出贡献"。

4. 20世纪80年代的政治大国外交战略

20世纪80年代以后,日本历届内阁都表示了日本要做政治大国的意愿。概括起来,日本政治大国目标的基本含义包括:以日美同盟为轴心,以日、美、欧体制为基点,作为西方阵营的重要一员在国际上发挥作用;立足于亚太,以亚太合作为杠杆,确立日本在亚太的主导地位;以经济实力为后盾,积极扩大在国际社会尤其是第三世界的影响;积极、全面地参与国际事务,在国际机构中发挥作用,增加对国际事务的发言权;在综合安全保障的原则框架内,适度增强军事力量。简而言之,日本政治大国战略的目标就是要提高日本在国际上的政治地位,使日本从经济大国迅速成长为政治大国,迎接21世纪"以日本为中心的太平洋时代"的到来。

1983年1月,中曾根在施政演说中明确阐述了他的"战后政治总决算"路线,意在清除战败国意识,扫除国内与政治大国目标相悖的各种障碍。中曾根内阁对内大力实施了行政、财政和教育改革,对外重新定位日美关系以及日本在国际上的地位,突破了包括防卫预算、参拜靖国神社等一系列"禁区"。

为此,日本逐步调整了防卫战略思想,由"专守防卫"转向"攻势防卫",从单独防卫转向集体防卫,由"内地持久战"转为"海边歼敌"、"洋上歼敌"。1981年的《防卫白皮书》改变了日本的防卫战略,首次提出了"前沿防御战略",主张"一旦有敌来犯",就要做到"歼敌于海上"。1987年的《防卫白皮书》又提出"洋上防空"设想,再次突破"禁区",增强支援美国作战的功能。日本放弃了战后实行多年的"重经济、轻武装"的"军事小国"路线,开始大力扩充军事力量。军费开支从1980年的22300亿日元增加到1987年的35174亿日元,提高了57.8%,年平均增长率为7%,突破了关于防卫费用总额不超过国民生产总值的1%的规定,达到1.004%。此后防卫费又连续3年突破国民生产总值的1%。到1990年,日本已经成为仅次于美苏的世界第三军费大国。

外交上,以日美关系为外交基轴,坚持"西方一员"的立场,确立日、美、欧三极体制,实现与欧美大国平等参与国际事务、共同维护国际秩序的目的,提高自身的国际地位,分享国际权益。同时,继续稳定发展日中之间的"成熟关系"。加强与东盟国家关系,促进与亚太地区国家的合作。20世纪80年代以后,日本将对外援助置于支持美国抗衡苏联的战略格局中,运用手中大量剩余资金,不断扩大政府开发援助,为实现政治大国的战略目标服务。在地区热点问题上,日本采取了同第三世界国家趋于一致的立场,提高了日本的国际地位和影响力。

第二节 "冷战"结束后的日本经济与政治

一、"冷战"结束后的日本经济

20世纪90年代"泡沫经济"的破灭导致日本经济长期停滞,但日本目前仍然是世界第三大经济强国。进入21世纪,通过经济和社会改革,日本经济走出滞胀,实现了新的发展。

1."泡沫经济"破灭后的十年经济停滞与改革

"泡沫经济"破灭后的近十年里,日本经济形势急转直下,处于长期停滞的状

 第六章 追求"普通国家"目标的日本

态。1990~1999年,日本实际国内生产总值由430万亿日元增加到482万亿日元,10年总共增长了12.1%,只相当于高速增长时期一年的增长水平。从国际比较看,除1996年外,20世纪90年代,日本大多数年份的经济增长率都处于发达国家中的最低水平,尤其是1998年,当美国和欧盟各国经济出现1990年以来最为繁荣的景象时,日本经济反而陷入了战后以来最为糟糕的状态。对于日本经济来说,20世纪90年代可以说是"失去了的十年"。

"泡沫经济"的破灭显示战后日本形成的"赶超型"经济模式已不适应当今日本经济乃至国际经济发展的需要。日本政府根据其金融地位和国际形势的变化,在推行"投资立国"战略的同时,开始进行社会经济的结构改革,具体措施包括:实施积极的财政政策,据统计,从1992年8月到2000年10月,日本历届内阁共计实施9次经济刺激对策,总规模达129.1万亿日元,每次平均数额达18.44万亿日元;改革金融体制,日本政府一方面引入规范金融机构经营行为的"早期纠正措施",另一方面导入财政资金,帮助破产金融机构进行清算和增加金融机构的自有资本;改革经济结构,通过规制改革促进市场竞争,提高效率和降低成本是日本经济结构改革的重点。

日本经济的长期停滞积淀了很多深刻的矛盾,如巨额的不良债权、紧缩的恶性循环、超低利率和财政赤字陷阱、结构性的贸易赤字、制度性疲劳、人口老龄化以及从工业化社会向信息化社会的转折缓慢等。这些矛盾既是日本经济长期停滞的重要原因,又是未来日本经济发展的严重障碍。

2. 21世纪初日本经济走出停滞

进入21世纪后,日本政府继续推进经济结构调整,日本经济在一波三折中走出停滞,开始回升。

2001年4月,小泉纯一郎出任首相以后宣布实行"新世纪维新",进行改革,提出"重建经济,建立充满自信和自豪的日本社会",在世界上"发挥日本的建设性的作用"。具体目标是:要在两三年内处理完不良债权,建立与21世纪环境相符合的竞争性的经济机制。

小泉政府采取了一系列强有力的金融再生政策。先后13次推出"紧急经济政策",累计投资达140多万亿日元,帮助银行补充自有资金,以缓解金融机构的巨额坏账;精简人员,建立债权整理回收机构,帮助银行冲销不良资产;建立股票收购机构,将金融机构持有的企业股票从银行转移至私人,帮助金融机构改善经营环境。在经济体制改革方面,小泉在内阁中组建"经济财政政策委员会",打破了官僚、议

院和行业团体构成的"铁三角"对经济的垄断局面,排除了财阀派系对经济的影响,积极推进民营化、市场开放,逐步改变日本原来政府主导型的经济模式,建立"小政府",放松对企业的管制;同时实行财政结构改革,控制国债发行,减少财政支出。

通过改革,日本经济从2002年下半年走出长达十多年的萧条,使日本经济有了长足发展,企业消除了雇用、设备和债务三方面的过剩,提高了收益,大公司利润不断增长,就业率和股指连年上升,银行坏账大大减少,巨额外债减少。2002～2006年,日本GDP连续4年正增长,景气时间达55个月,全面走出经济衰退,开始全面复苏。但是,小泉改革在带来日本经济景气的同时,也造成了国内发达地区和落后地区经济差距和收入差距的重新拉大。

小泉下台以后,尽管历届政府都在进行经济改革,但是,由于国际、国内经济形势的变化,日本经济整体上处于下滑状态。2011年3月11日,日本东北部遭受9级强震的袭击,地震引发的海啸与核泄漏重创了日本经济,凸显了日本经济的脆弱性。

3. 日本经济的走向

2010年,日本在经济总量上被中国超越,失去了世界第二经济大国的地位,但是,日本经济的规模仍然巨大,拥有发展的优势与潜力。

当前,日本是世界第三经济大国,经济规模和人均水平都居世界前列。资本、技术和人才是经济发展的基本要素。由于日本继续保持世界第一资本输出大国和海外纯资产大国的地位,所以从资本方面看,日本经济的发展依然是很有潜力的;在技术和人才的因素方面,日本基础雄厚,优势明显。从经济增长的构成要素分析,日本经济增长潜力不可低估。

首先,勤劳的国民和高素质的劳动力。日本是一个重视教育的国家,也是一个教育发达的国家。目前,日本是世界上文盲率最低、国民受教育水平最高的国家之一。教育的发达使国民的平均素质得到提高。日本民族也是世界上最勤奋的民族之一。一个国家的发展归根结底是全体国民勤奋劳动的结果。勤奋的国民和高素质的劳动力是日本能够在许多方面走在世界前列的最宝贵的基础条件,这个基础今后仍将长期存在。

其次,大量的储蓄和充裕的资金。世界上许多国家的经济发展往往受到资金不足的制约,为筹措资金而背上沉重的外债,甚至陷入债务危机的国家也屡见不鲜,日本则不存在这方面的问题。日本国民有勤俭节约的传统美德,在主要发达国家中,日本的国民储蓄率一直是最高的。大量的国民储蓄为经济发展提供了充裕

第六章　追求"普通国家"目标的日本

的资金条件，今后日本经济发展基本上不存在资金方面的障碍。

再次，较强的实用技术开发能力。一个国家的技术实力强弱不仅要看其在基础科学研究方面的发明或创造，更为重要的是要看其能否将这些发明和发现变为产品。日本非常重视科研，尤其重视应用科学研究，每年的科研经费约占GDP的3.1%，位居发达国家榜首。论基础研究与发明能力，日本虽然不如美国，但是，日本的实用技术开发能力和精加工能力比较强，将技术产品化的经验积累较丰富。在专利申请、专利注册、商标申请和登记等方面，日本都居于发达国家的领先水平。在信息领域，日本在"蓝牙技术"、移动电话技术、存储芯片技术、电动汽车技术等方面都不断创新。因此，日本较强的实用技术开发能力，是其能够在未来维持经济增长的一个非常重要的因素。

最后，企业优先发展的传统和文化。企业是国民经济的细胞，企业的发展离不开一定的企业文化。与欧美不同，日本企业文化的一个突出特点是把企业的发展放在优先地位。在欧美等发达国家，企业的经营者首先满足股东对红利的要求，因此，欧美企业的经营目标是当年利润第一。日本则是将企业的长远发展作为主要目标，股东对红利的要求往往被置于次要地位。

由于日本在人才、资本、技术和企业文化方面都有进一步发展的优势和潜力，所以，2011年地震对日本既是考验，也是机遇。把握好灾后重建的战略，拉动新一轮的经济增长，日本将会继续实现新的发展，仍将是亚洲和世界举足轻重的经济大国。

二、"冷战"结束后的日本政治

1. "1955年体制"的终结与日本政局的演变

1993年7月，自民党在第40届众议院大选中败北，其所获议席在511个议席中未满半数。8月，在众参两院首相选举中，号称"万年执政党"的自民党首次被7党1派联合势力从长达38年的执政地位拉下马，组成了以新党领袖细川护熙为首相的七党联合内阁，宣告了以"一党优位制"为特征的"1955年体制"的结束。

"1955年体制"的结束与日本政坛的变动改组并非偶然现象，而是国际形势变化和日本国内政治经济发展变化的直接反映。

美苏对立结束导致日本国内政治生态发生变化。"冷战"时期，为了扶持日本，美国采取支持亲美、保守的代表垄断资本利益的自民党而打击日共及其他进步势力的政策。"冷战"结束后，美国不再对自民党独具青睐。外部威胁下降，也使日本民众不再因为惧怕苏联共产主义的威胁而将选票投给自民党了。

> **日本的"金权政治"**
>
> 自民党长期执政,形成了典型的"金权政治",即金钱与权力相勾结的政治。政客们同政府官僚特别是企业界结成了千丝万缕的利害关系。金融、实业界上层,向自民党提供大量的金钱,以获取各种照顾与好处。自民党有了足够的经费支持后,用金钱和实惠收买选民,扩大派系,巩固自己的地位,并指使官员给予特定企业好处。这种腐败现象日益泛滥,引起选民们的极大不满。

自民党内派系斗争严重。自民党是由自由党和民主党两党合并成立的,自成立以来就一直存在着派系斗争。各派围绕着本派在自民党中的权力和在党内的地位彼此争斗,不断分化组合。这种争权夺利的派系斗争也引起民众的极大反感,日益显示出民众对自民党政治的不信任及对以自民党为首的现存政党的不满。随着自民党内部的矛盾加深,年轻议员对党内的元老当政、密室策划以及论资排辈等现象极为不满,他们打出了"根除腐败,彻底改革"等旗号,脱离自民党,另立新党。

"1955年体制"终结后,日本政局一直处于动荡之中。政党不断分化组合,国会反复解散重选,内阁轮番更替。随着政党的不断分化,内阁首相不断更替,内阁与议会之间在改革问题上的斗争也十分激烈,初步形成了民主党与自民党两大政党轮流执政的局面。

2.日本政治趋向右倾保守化

"冷战"结束以来,日本政治明显趋向右倾保守化,主要表现在:

第一,右倾保守政治力量占据上风。1993年7月以后,日本政界发生激烈变动,政治力量进入大分化、大改组阶段,各种政治力量趋向右倾保守。从政治力量改组的情况看,力量较强的自民党、民主党和自由党都是保守主义政党。原来的革新势力、第一大在野党——社会党在大选中遭到惨败后更名为社会民主党,放弃了党纲中的社会主义原则,承认自民党的对外政策,且与自民党联合执政。共产党也不再强调社会主义革命,而是主张在现有的资本主义制度框架内进行民主改革。2003年11月,在众议院选举中,众议院里形成了自民党和民主党两大政党对峙的局面。由于民主党的成员基本上是从自民党内分化出来的,其政治倾向的主流仍然是保守的,保守政治力量在国会中处于从未有过的优势地位。

第二,政府官员和国会议员参拜靖国神社成风。1985年8月15日,日本首相

第六章 追求"普通国家"目标的日本

中曾根参拜靖国神社,是战后日本首相第一次以公职身份参拜靖国神社,开了一个极为恶劣的先例。"冷战"结束后,许多日本政客经常以参拜靖国神社的活动来拉选票。1997年,桥本龙太郎以首相身份参拜靖国神社,右翼势力进一步谋求参拜靖国神社合法化和"靖国神社国家护持化"。2001年,小泉纯一郎担任首相后更是连续6年参拜靖国神社。

> ### 靖国神社
>
> 建于1869年,原称"东京招魂社",1877年改为现称。该神社供奉自明治维新以来为日本军国侵略主义战死的军人及军属,其中绝大多数是在中日战争及太平洋战争中阵亡的日军官兵及殖民地募集兵。靖国神社在第二次世界大战结束前一直由日本军方专门管理,是国家神道的象征。由于靖国的祭祀对象包括了14名甲级战犯,使得该神社被东亚各国视为日本军国主义的象征而备具争议性。

第三,不断制造"教科书事件",为侵略历史翻案,甚至美化侵略历史。日本的中学教科书通常每4年申请审订一次。1982年,日本文部省对送审的高中二、三年级历史教科书进行了修改,把描述侵略历史的部分予以淡化或删改,遭到亚洲各国人民的强烈反对,激起了第一轮"教科书问题"波澜。此后,每隔几年"教科书事件"就会重演,严重影响日本与东亚各国的互信关系。

第四,出台右倾色彩较浓的政策法案,鼓吹修改宪法。修宪的实质是要修改早已被日本政府视为阻碍其向外"发展"的《和平宪法》第9条,即放弃作为国家主权发动战争的权利。进入20世纪90年代以后,日本通过一系列政策法令把《和平宪法》的精神实质架空。1992年出台的《联合国维持和平活动合作法案》(PKO法案),使自卫队走出了国门;1999年,众议院通过了《新日美防卫合作指针》以及与之相关的《周边事态法》等三个法案,使自卫队在日本周边发生紧急事态时可以向美军提供后勤支援;2000年1月,日本第147届国会开幕后,设立了宪法调查委员会,计划用5年时间正式开展有关宪法的讨论,将修宪问题提上日程;2002年,日本借机通过《反恐怖特别措施法》等三项法案,将日本的战舰派往印度洋,配合美军的军事行动;2003年7月,日本国会通过了旨在"为国际作贡献"的《支援伊拉克重建特别措施法案》,可以不经国会同意或批准直接向伊拉克派遣自卫队及运送武器装备;2003年12月,日本政府派兵伊拉克,实现了战后大规模向海外派兵的梦想;

2004年4月,宪法调查委员会确定了宪法第9条的修改案,明文规定日本可行使集体自卫权;2004年12月10日,日本内阁通过了新的《防卫计划大纲》,明确提出将国际贡献与本土防卫并列为自卫队的主体任务;等等。这一系列的政策法令严重违背《和平宪法》,几乎彻底消除了对日本军事发展的限制,把宪法中的和平灵魂抹杀得荡然无存。

第五,极力发展军事力量,妄图充当军事大国。"冷战"结束后,日本连续10年保持军费总额居世界第二位、人均军费居世界第一位的状态。同时,在军事战略上进行了一系列的调整和部署,防卫对象由"单一化"向"多元化"转变,即由防卫苏联变为应付周边事态和国际恐怖主义;自卫队活动由"内向型"转为"外向型",即军事活动由国内转向海外;防卫战略由"专守防卫"转向"攻势防卫",增强了日本的军事攻击能力。为了提高军事实力,日本一方面加紧与美国研发"战区导弹防御系统"(TMD);另一方面加快发展独立的军事能力,将扩充军备的重点放在海军和空军的发展及远程打击能力上。2003年3月,日本用一枚H2A火箭发射了两颗间谍卫星,以加强对周边国家尤其是东北亚地区的监测。日本自卫队已发展成世界上一支拥有现代化装备的重要武装力量。2007年1月,日本正式把"防卫厅"升格为"防卫省",防卫厅长官升格为防卫大臣。

政治右倾化趋势是日本国内外政治生态变化的结果。战后日本缺少一个对侵略战争进行认真反省、对战争责任进行真正清算的历史过程。由于美国出于"冷战"战略的需要,没有打碎日本旧的国家机器,没有对战争罪犯进行彻底的追究,致使很多与侵略战争有千丝万缕联系的人,甚至是战争罪犯又重新跻身于统治阶层。自民党政权成功地领导了战后日本的经济复兴与繁荣,使日本成为经济大国,相当部分民众对在政治和军事上也成为大国的政策表示认同。

政治的右倾化极大地助长了日本国内右翼势力的发展和猖獗程度,不利于日本同东亚各国的政治、经济、文化交流,成为东亚地区乃至世界和平与安全的潜在威胁。

第三节 "普通国家化"大国外交的基本走向

一、"普通国家化"外交战略

"冷战"结束后,为了彻底改变战败国地位,日本在继续推进政治大国战略的基

第六章 追求"普通国家"目标的日本

础上,逐步确立了"普通国家化"的国家战略目标,力求"建设新的国家","为国际作贡献",使其在全球事务中发挥一个"普通国家"所能发挥的正常作用,树立其新的国家形象,开始了"普通国家化"进程。

1."冷战"结束初期日本的国际新秩序蓝图

"冷战"结束后,日本将两极格局的瓦解视为其跻身世界主导国家行列的大好时机。为了对未来国际格局施加影响并在其中占据有利地位,日本在20世纪90年代初提出"国际新秩序"蓝图,调整外交战略,积极参与建立国际新秩序,开始全面推行其政治大国战略。

日本国际新秩序的设想是以建立美、日、欧三极复合领导为目标,日本在其中作为一极,发挥与美、欧相当的主导作用,反映出日本"脱美自主"并在国际社会发挥世界大国作用的美好愿望。

日本国际新秩序的内容

1990年1月,日本首相海部俊树提出"必须以美、日、欧三极为主导来形成世界新秩序"。在同年3月的施政演说中,海部明确指出"日本必须参与构筑国际新秩序",提出了国际新秩序的五项内容:一是保障和平与安全;二是尊重自由与民主主义;三是在开放的市场经济体制下确保世界繁荣;四是确保人类生活的理想环境;五是确立以对话与协调为基础的稳定的国际关系。其后几届内阁对国际新秩序的见解基本承袭了这五大目标,并在行动方针上不断予以调整和具体化。

1992年6月,日本外交实现了两大突破:一是6月15日在国会强行通过《关于联合国维持和平活动合作法》("PKO合作法"),为日本在联合国名义下向海外派兵打开了大门。二是6月30日由宫泽内阁制定《政府开发援助大纲》("ODA大纲"),为日本运用对外援助增强政治外交能力提供了依据,标志着日本的对外援助方针从经济中心转变为政治中心,并增强了日本外交的意识形态色彩。1993年,日本《外交蓝皮书》提出要为筹划建立国际新格局而开展"富有能动性和创造力的外交",在国际上通过积极谋求参与地区热点问题的解决,加强国际协调合作,力求树立"既是民主国家一员",又是"亚太一员"的"独自的形象"和国际上的"大国"形象。

2."普通国家化"战略的形成

1993年,日本政要小泽一郎出版了《日本改造计划》一书,首次提出"普通国家"这一概念。小泽认为日本既然已成为经济大国,就应当成为"国际国家",其前提是首先要成为"普通国家",日本理所当然地要"在安全保障、经济援助等领域作出国际贡献"。

"普通国家论"并不是对日本原来的国家战略的全面否定,而是扩充了原来国家战略的内涵。从狭义上讲,"普通国家"就是通常意义上人们所说的能够像其他国家一样在国际上正常发挥军事作用的国家,就是要"告别战后",修改宪法第9条,打破战后体制制约和政治上的"禁忌",让日本拥有军队和向海外派兵的权力等。换言之,"普通国家"就是日本走向政治大国、军事大国的代名词。从广义上讲,"普通国家"则以日本的国际化为主线,强调日本不仅要在国际社会里作出军事贡献,还必须承担起在政治、经济、文化等方面与世界上其他国家一样的责任,包括对内政治、经济、社会方面的改造以及对外战略的制定。"普通国家化"虽然其表象是追求政治、经济和军事大国地位,但其实质却是日本国家决策上的"自主性"与其他国家特别是发达国家关系上的"平等性"和在国际事务上的"大国化"三种趋势的结合。

此后,"普通国家论"取代"政治大国论"而成为日本政治与外交的主流理论。日本官方虽然未正式使用过"普通国家"这一概念,但其政治与外交调整的方向却与"普通国家论"一脉相承。实际上,"冷战"结束后历届日本内阁的施政方针都带有浓厚的"普通国家化"印记,把彻底摆脱战败国地位和成为"普通国家"作为国家战略的基本取向,力求"建设新的国家",塑造新的国家形象。为此,日本政府对内采取了一系列政治、经济、文化和社会改革措施,并向国民灌输大国主义意识,力图形成新的国家认同。

1994年以后,以日美同盟"再定义"为契机,日本调整了构筑"日美欧三极主导"国际新秩序的大国路线,改为采取以辅助和维护美国在东亚地区的霸权地位来换取自身在东亚地区主导大国地位的道路。2001年,小泉就任首相后,借配合美国反恐之名,行向海外派兵之实,全面推行"亲美一边倒"战略。"冷战"结束初期以"日美欧三极论"为特征的"脱美自主"外交路线,逐渐转变为以"亲美自主"为特征的、实现"普通国家"目标的对外战略。

二、"冷战"后的日本对外关系

1. 强化日美安全保障体制

"冷战"时期,为遏制东亚共产主义势力而结成的日美同盟,在"冷战"结束初期

第六章 追求"普通国家"目标的日本

因失去共同战略目标而出现短暂"漂流"。日美两国在建立国际新秩序问题上出现了分歧,过去被隐藏在共同安全利益之后的经贸摩擦表面化,在亚太地区争夺主导权的斗争日趋激烈,日本国内出现了对美说"不"和"厌美"情绪。战后日美同盟首次遇到了双边冲击,从而引发是否继续维持日美同盟关系的论争。然而,日美关系的恶化趋势及由此导致的日美同盟"漂流"不仅很快引起两国高层的警觉,而且迅速被"中国威胁论"所制止。日本领导层主流派认为,坚持并固守日美同盟符合日本的国家利益和发展战略。

进入21世纪后,日美同盟关系进一步加强。小泉内阁强调美国是日本"不可替代的同盟国",重申要"以日美同盟关系为基础",推行"脱亚入美"的一边倒政策。"9·11"事件后,日本政府坚定地站在美国一边,支持美国的反恐战争。2003年,美国发动对伊战争,日本义无反顾地站在美国一边。在朝鲜核问题上,日本更是与美国紧密合作,在朝核问题六方会谈中与美国保持一致。2005年2月,日美修改日美防卫合作方针,以台湾海峡"有事"为着眼点,研究双方联合作战情况下的各自应对等问题,并确定新的相关实施法则,日美同盟关系进一步具体化。

日美关系中也存在着矛盾。两国在经济贸易中的摩擦时有发生,区域集团化的进一步发展使日本"回归亚洲"的呼声强烈,日美之间在亚太地区主导权的争夺中存在分歧。此外,驻日美军引发的一系列事件引起日本国民强烈不满,美军基地所在地民众纷纷要求修改日美地位协定。但是,两国之间相互需要、相互依存和相互渗透的趋势始终占据主流。美国需要日本的资金和在国际事务中的支持,日本离不开美国的市场、安全保护和对其实现政治大国目标的支持。在21世纪,双方在经济上仍然是稳定的竞争伙伴关系,在政治、安全上的同盟关系也将进一步发展。

2.全面加强与欧洲的协调

"冷战"结束后,日本为了提高自身的国际地位与影响,倡导建立日美欧三极体制,改变日美欧三角中日欧关系的薄弱状况,全面改善与欧洲的关系。日欧双方加强政策协商,改变了过去过多关注经济摩擦问题的状况,在政治、安全、经济、文化和教育等方面加强合作。

伴随欧盟一体化程度的提高和国际地位的上升,日本更加重视对欧关系,扩大了与欧盟在各个领域的对话与合作。安全上,日本开始与欧洲进行合作。经济上,日本与欧洲加强协调。1995年3月,欧盟委员会制定了"以合作代替对抗"的对日关系新战略,强调欧日关系不应再以一系列贸易争端为特点,而应当发展"包括政治、经济、文化和教育在内的全面关系"。从20世纪90年代开始,日本和北约每年举行一次会谈,积极参加欧洲各种安全保障会议和论坛,讨论全球与地区性问题。日本还利用联合国改革的有利时机,加强日欧关系,尤其是加强与英、德、法三国的关系,并争取欧盟的支持,以早日成为联合国安理会常任理事国,实现政治大国的梦想。

3. 积极开展亚太外交

"冷战"结束后,日本的亚太外交范围从经济领域扩展到政治和安全领域,充当亚太领导的措施更加有力。经济上,日本以扩大经济援助和加强经济联系为先导,进一步发展同亚太地区国家间的关系。政治上,展开全方位、多层次的外交攻势,争取亚太事务的主导权。安全上,积极参与亚太地区的多边安全对话机制。

4. 在摩擦中推进日中关系

"冷战"结束后,日中的政治、经济、外交、文化等各个方面的关系有了全面的发展,日中关系已经成为影响亚洲乃至世界的双边关系,对世界和平与发展产生着重大影响。1998年,江泽民主席访问日本期间,双方确立了致力于和平与发展的友好合作伙伴关系框架。日中两国经贸关系互补性强、是维系和推动双边关系健康发展的重要因素。中国经济的迅速增长,成为日本最大的贸易伙伴,为日本经济摆脱低迷提供了机会。随着中国在经济总量上超越日本,日本通过日本安全同盟来遏制中国的趋向有所加强,同时,由于两国在历史问题、东海油气田开发、钓鱼岛归属、台湾问题方面,日中两国还存在着深刻的矛盾和分歧,缺乏足够的相互信任,尽管两国关系总体上处于友好合作的状态,但政治摩擦不断,对双边经贸往来和文化交流产生了消极影响。

5. 与俄罗斯建立战略伙伴关系

苏联解体后,日本北方的军事威胁消除,日俄力量对比对日有利,日本积极改善同俄罗斯的关系,力争早日解决日俄领土问题。1998年4月,两国宣布建立"战略伙伴关系"。日本加大了对俄外交力度,在政治对话、安全合作、人员交流等领域广泛促进日俄关系的改善。但是,在领土问题上,由于两国的立场差距甚大,解决领土争端、缔结条约的愿望至今未能如愿。

6. 积极开展联合国外交

联合国外交是日本实现其"普通国家"目标的重要手段,日本认为,获得安理会常任理事国的席位,是日本成为真正政治大国的标志。

为此,日本积极参与联合国的一切事务。无论是在维和、军控、援助方面,还是

第六章 追求"普通国家"目标的日本

在环境、贩毒、人口、难民、恐怖活动等全球性问题的解决中,日本都寻求在联合国框架内发挥重要作用,并且提供大量的资金支持,为联合国及其附属机构提供工作人员。长期以来,日本是联合国的第二大出资国。通过努力,日本的联合国外交取得了初步成效。但是,2005年,日本与德国、印度、巴西一起向联合国大会提交的关于安理会改革的"框架决议草案",未获五大国的一致支持。2011年年初,"四国集团"再度联手推动"入常"的进程。日本要成为安理会常任理事国,仍然面临着困难和问题。

三、日本实现"普通国家"政治大国战略目标的前景

近20年来,日本全力实施政治大国战略,开展"积极进取"的全方位外交,国际地位已有显著提高,具备了成为政治大国的许多有利条件。日本是世界上第三大经济强国;是联合国第二大出资国,在联合国高级官员的职位中任职很多,在安理会中任非常任理事国的次数最多;是唯一列席北约和欧安会的亚洲国家。但是,制约日本发挥更大作用的因素依然存在。

在日本国内,政治力量的重组还在进行中,新保守主义思潮的泛滥和新保守派的日益得势,不利于日本冷静而理智地选择未来的外交战略和政策。在国际范围内,日本对历史问题态度暧昧,亚洲国家对日本始终保持警惕,担心日本是否已经背离和平主义的发展路线,重蹈历史覆辙。在没有取得世界特别是亚洲国家的安全信任的情况下,日本很难进一步扩大其政治、军事作用。美国并没有放弃对日本的防范。日本在重大问题上不能不考虑美国的利益,只能在日美同盟的框架内,在美国的合作和支持下发挥作用。在联合国改革问题上,日本实现安理会常任理事国的梦想还需要相当长的时间。上述因素表明,作为一个经济大国,日本如果能够在维护世界和平、促进全球共同繁荣方面作出更多贡献,它实现"普通国家化"政治大国目标的前景才会更加光明。

第七章　苏联的演变与俄罗斯的重振

1917年11月7日，俄国爆发十月革命，建立了世界上第一个无产阶级专政的社会主义国家——俄罗斯苏维埃社会主义联邦共和国（简称"苏俄"）。1922年12月30日，俄罗斯联邦、乌克兰、白俄罗斯和南高加索联邦建立了苏维埃社会主义联盟，简称"苏联"，逐渐发展成为一个拥有15个加盟共和国、横跨欧亚大陆的社会主义大国，迅速完成了工业化和农业集体化，由一个农业国变为一个工业国。第二次世界大战中，苏联人民开展了伟大的卫国战争，打败了德国侵略者，为世界反法西斯战争的胜利作出了巨大贡献和民族牺牲，也为自己赢得了较高的国际地位。战后，苏联在社会主义建设的道路上取得过巨大成就，与美国为首的资本主义阵营抗衡，在国际舞台上起着举足轻重的作用。1991年12月，苏联解体。脱胎于苏联母体的俄罗斯联邦是苏联遗产的最大继承者和独联体中最大的国家，也是国际关系中的重要力量。

第七章 苏联的演变与俄罗斯的重振

第一节 苏联的演变与解体

一、战后苏联的演变

战后40余年,苏联取得了巨大成就,但其政治经济体制和外交战略中存在很多弊端,在20世纪80年代中后期已经演变为全面的危机。

1. 战后苏联的政治体制与改革

苏联的政治体制到战后已经形成了固定的模式,基本特征是高度中央集权。具体表现在:党对国家实行统一领导;权力集中于党中央和政治局;实行干部任命制和高层领导干部职务终身制;建立中央检察机关,缺乏民众监督和约束机制;建立民主法律制度,强调国家专政和镇压职能;严格控制意识形态,常常以政治批判方式处理思想分歧和学术争论。这种中央高度集权的政治体制和与之相应的经济体制在国际上被称为"斯大林模式"或"苏联模式"。

"苏联模式"是特定历史条件下的产物。由于其政令统一,指挥方便,便于统筹全局,集中全国的人力、物力、财力,从而保证了苏联这样一个幅员辽阔、民族众多的国家政局的稳定和经济的发展,保证了反法西斯战争的胜利,在历史上起过积极作用。但是,它也存在着严重的弊端:社会主义法制不健全,政治民主逐渐受到破坏;以党代政,党政不分;个人崇拜恶性发展,集体领导名存实亡;权力过分集中于中央,地方权力和积极性受到严重束缚;党和国家机关官僚主义浓厚,腐化盛行,严重脱离群众;思想僵化,教条主义泛滥,对时代变化提出的新问题缺乏科学的理论思考。随着时间的推移,这种体制的弊端日益突出,严重阻碍了苏联的社会发展进步,改革势在必行。

1953年斯大林逝世后,苏联逐步走上了改革之路。从赫鲁晓夫开始,经过勃列日涅夫、安德罗波夫到契尔年科的几十年间,改革原来的政治体制模式成为苏联国内政治的中心内容,包括:批判个人崇拜,加强集体领导;改革中央集权的领导体制;加强民主和法制建设等。但是,改革基本上是在原有框架内进行,权力过分集中等弊端不但依然存在,甚至有所发展。1985年戈尔巴乔夫上台后,政治体制改革的任务更加迫切艰巨。

2. 战后苏联的经济发展

战后,苏联在非常困难的情况下,依靠自己的力量开始了国民经济的恢复与重建工作。经过 30 多年的建设,苏联发展成为世界第二大经济强国。国民经济稳定、持续发展,增长速度较快。1982 年与 1950 年相比,国民收入增长了 8.2 倍,人民生活水平有较大提高。军事实力也迅速增强,建立起庞大的常规军事力量和战略核力量,整体军事实力与美国在伯仲之间,远远超出其他国家。

苏联经济的发展是在国家自上而下、高度集中的计划经济体制下进行的,并且逐步形成为一种经济模式。其基本特点是:国家机关是经济管理的主体;整个国民经济以及各个企业的经营活动都靠国家下达的指令性计划来指挥,不承认商品生产和商品交换;国家以行政方法为主管理经济,忽视经济杠杆的作用;由于特定的历史条件限制,长期实行封闭政策。

这种经济模式在特定历史时期便于国家集中调配资源和迅速恢复经济。但是,在平常情况下,这种经济体制缺乏活力与生气,不能够充分发挥地方、企业以及个人的积极性和主动性,难以及时地进行技术改造;不能够真正地提高经济效益,使经济始终处于一种粗放状态;不能够正确地调整经济结构,促进经济的全面发展;长期压低消费品生产比例,使得人民生活始终不能实现由小康向富裕的转变;不能够全面地对外开放,难以吸取世界各国之长为自己所用,难以参与国际竞争促进自身的发展。随着战后世界经济的发展,这种体制的弊端越来越突出,越来越不能适应科技进步和经济发展的需要。

从 20 世纪 50 年代至 80 年代中期的几十年中,苏联经济体制改革缓慢推进。50 年代是经济体制改革发端阶段。改革的主要内容是对工业和建筑业进行改组,但结果并没能解决原有体制束缚企业积极性的根本弊病。20 世纪 60 年代是经济体制改革的高潮阶段。在广泛的理论探讨、试点和制订综合方案的基础上,1965 年 9 月,苏共中央召开全会,作出了经济改革的决议,决定于 1966 年起分期分批推行计划工作和经济刺激相结合的新体制,但不久就陷于停滞。1969 年 12 月,苏共中央全会对 1965 年改革以来出现的问题进行了总结,提出了加强集中、统一的措施,使改革势头减弱。1979 年 7 月,苏共中央全会通过了《关于改进计划工作和加强经济机制对提高生产效率和工作质量的作用》决议,要求完善经济运行机制。1982 年安德罗波夫时期,对经济体制改革进行了前所未有的热烈讨论,但同此前一样,改革没有取得突破性进展。到了 20 世纪 80 年代中期,苏联经济停滞已经相当严重。

3. 战后苏联对外战略的演变

战后,苏联的对外战略和对外关系,经历了一个由和平外交到霸权外交再到妥协外交的发展变化过程。

在斯大林时期(1945～1953年),苏联总体上奉行的是和平外交战略,具体措施包括:加强同欧亚各人民民主国家的团结合作,支持被压迫民族的革命斗争,壮大社会主义力量;奉行与不同社会制度国家和平共处的政策,发展互利合作关系,进行正常、平等的经济贸易往来;揭露和反对帝国主义的侵略政策和战争政策,推进和平运动,维护世界和平。但是,这一时期对外关系中也出现了严重的大国主义、大党主义和民族利己主义,在1948年苏南冲突中表现得最为明显,给国际关系特别是社会主义国家间关系带来很大的消极影响。

在赫鲁晓夫时期(1953～1964年),确立了以"和平过渡"、"和平竞赛"、"和平共处"(简称"三和")为主要内容的外交路线,目标是谋求实现苏美合作主宰世界。在对外关系中强调同以美国为首的西方国家和平共处,在和平竞赛中超过美国;强调发达资本主义国家的工人阶级可以通过议会道路和平地取得政权;强调社会主义国家的一致性,视其为自己的势力范围,加强控制,并谋求美国的认可;对亚非拉地区,在支援民族解放运动的旗号下,加紧渗透扩张,鼓吹通过和平过渡,走非资本主义道路,以便把这些国家纳入自己的战略轨道。在"三和"路线下,苏联冲破了以美国为首的西方阵营的长期战略包围,赢得了和平的国际条件,有利于苏联的经济发展,为以后同美国争夺世界霸权奠定了基础。在此期间,苏联继续坚持大党主义和大国霸权主义,试图用各种办法强行控制其他社会主义国家,导致社会主义国家之间出现严重的矛盾和冲突。苏阿关系和苏中关系的破裂就是明显的例证。同时,在与西方国家的关系上频频发生危机。1962年的"古巴导弹危机"是一个典型例证。

在勃列日涅夫时期(1964～1982年),实行积极进攻的对外战略,以"和平"与"缓和"为手段,以军事实力为支柱,以美国为主要对手,以欧洲为战略重点,加紧控制盟国,在第三世界抢占战略要地,控制战略要道,大肆扩展势力范围,谋求对美优势,以实现称霸世界的目的。此时,苏联的大党主义和大国沙文主义以及霸权主义恶性膨胀。1968年,苏联出兵捷克斯洛伐克,扼杀了"布拉格之春"。随后,苏联抛出了以"社会主义大家庭论"、"有限主权论"、"国际专政论"为主要内容的"勃列日涅夫主义",通过经互会和华约组织,从政治、经济和军事上对东欧加强控制。苏联还不断增兵中苏、中蒙边界,挑起武装冲突,使中苏关系进一步恶化。1969年3

月,苏联蓄意制造的珍宝岛流血事件充分暴露了其霸权主义面目。在亚洲,苏联向印度提供了大量经济和军事援助,支持印度反华与肢解巴基斯坦;支持越南黎笋集团反华、排华,并怂恿其入侵柬埔寨。在非洲,苏联采取打代理人战争的办法,出钱、出枪支持古巴军队进入安哥拉;策划雇佣军入侵扎伊尔;支持门格斯图在埃塞俄比亚掌权,插手埃塞俄比亚和索马里之间的欧加登战争,借机在红海沿岸攫取军事基地。在拉丁美洲,苏联通过古巴扩大影响。1979年12月,苏联入侵阿富汗,这一赤裸裸的霸权主义之举遭到了世界各国的广泛谴责。

苏联霸权主义政策的主要原因

(1)苏联是从沙俄封建军事帝国主义社会脱胎而来的,不可避免地会带有沙俄侵略扩张的痕迹。

(2)苏联长期处于帝国主义的包围之中,两次遭受外敌武装干涉或入侵,有很强的不安全感。

(3)苏联外交指导思想上存在严重的错误,要求其他社会主义国家的内政外交都要服从于它的利益,混淆民族主义和爱国主义、大国主义和国际主义的界限。

1985年,戈尔巴乔夫上台,推行了外交"新思维",公开检讨苏联对外政策中的大国主义和霸权主义,提出全人类的利益高于一切,主张国际关系民主化、非意识形态化和人道主义化,对苏联的外交政策和外交关系作了深刻调整。在确保苏联超级大国地位的基础上,以苏美关系为核心,缓和同西方国家的紧张关系;放松对东欧国家的控制,允许其"自由选择";对第三世界国家实行收缩和放弃政策。通过与美国的缓和,美苏之间长达40多年的敌对关系开始发生改变,逐步转化为在国际事务中展开合作的伙伴,两极格局走向终结。

战后苏联的对外政策和对外关系是在从以美苏为首的两大阵营的对峙到美苏两个超级大国争霸世界的背景下展开的,这就决定了战后苏联的对外政策和对外关系具有极强的复杂性。一方面,苏联作为一个社会主义国家,积极支持社会主义国家在世界上的发展,支持殖民地和半殖民地的民族解放运动,维护世界社会主义和世界工人阶级的利益,限制和打击帝国主义的反动政策,客观上为人类的和平进步、为社会主义和共产主义事业的发展、为打击殖民主义势力作出了一定的贡献。另一方面,从斯大林到赫鲁晓夫再到勃列日涅夫,苏联在对外政策和对外关系方面都带有非常明显的大国主义和霸权主义倾向,在社会主义国家乃至整个国际社会中留下了极其恶

第七章 苏联的演变与俄罗斯的重振

劣的影响,严重败坏了社会主义的声誉,并且使苏联国民经济加速走向军事化,加重了自身负担,加剧了经济困难,贻害长远,为苏联的演变和解体埋下了祸根。虽然戈尔巴乔夫时期苏联对外政策的调整有利于国际形势的缓和,但是随着苏联自身走向解体,苏联的对外政策彻底失败。

二、苏联的演变与解体

1. 戈尔巴乔夫改革与苏联的演变

1985年3月,戈尔巴乔夫上台。1986年2月举行了苏共第27次代表大会,提出了"加速发展战略",指出要在苏共领导下坚持社会主义方向,改进和完善苏联的政治经济体制,重点探索经济改革和加快经济发展的途径。然而,由于经济改革的方案未能从根本上触动高度集中的计划经济体制,总的思路仍然是用增加投入、扩大规模的方法追求速度效应走外延扩大型的经济发展道路,到1987年年底,苏联的经济改革基本上流于形式,没有取得实质进展。于是,戈尔巴乔夫认为推动经济改革就必须首先进行政治体制改革。

1987年10月,戈尔巴乔夫的著作《改革与新思维》出版,全面反映戈尔巴乔夫要从政治上彻底变革传统的苏联社会主义模式的思想。此后,他在1988年6月苏共第十九次全国代表会议上所作的报告和1989年11月他在《真理报》上发表的理论文章《社会主义思想与革命性》中,对苏联的社会主义模式进行了全面的批判,提出要对苏联整个社会进行根本改造,并把"人道的、民主的社会主义"作为苏共的奋斗目标。

戈尔巴乔夫改革的背景

戈尔巴乔夫上台之际,苏联社会正面临严重的困难和严峻的挑战。在国内,苏联经济发展陷于停滞,旧体制的弊端进一步暴露。政治权力过分集中在少数人手中,领导层老化,官僚主义严重,腐化和特权问题十分突出,党在群众中的威信不断下降,社会生活缺乏活力。意识形态领域内,教条主义弥漫,思想僵化,西方各种思潮大量涌入,苏共的思想政治工作处于瘫痪状态,群众思想十分混乱。在国际上,由于长期搞军备竞赛和推行霸权主义,苏联处境极为孤立,同时还面临着全球范围内的新技术革命、美国推出的"星球大战计划"、社会主义国家的改革浪潮等种种挑战。在此形势下,戈尔巴乔夫决心对苏联的内外政策进行一番彻底的调整和改革。

在"新思维"和"人道的、民主的社会主义"思想指导下,苏联改革逐渐背离了社会主义方向。1989年5月至6月,苏联开始推行政治公开性和民主化。1990年2月、3月苏共相继召开两次中央全会,决定修改宪法,取消苏共的法定领导地位,实行多党制和总统制,改革现有国家机关。1990年3月,通过了苏联宪法修正案,设立国家总统职位和规定总统权限,取消了宪法中规定的共产党领导作用的条款,苏共从此丧失了法定的政治领导权力。1990年7月召开的苏共二十八大通过了《走向人道的、民主的社会主义》纲领性文件,并且通过了新党章及一系列决议,使民主社会主义成为完整的体系。即在政治上,实行议会制、总统制和多党制,取消共产党的领导,共产党的指导思想、奋斗目标、阶级属性、地位作用和组织原则都发生了根本性的变化;在经济上,全面改革所有制关系,取消起主导作用的社会主义公有制,实行生产资料非国有化和私有化,实行自由市场经济;在意识形态上,实行多元化,放弃马克思列宁主义的指导地位;在外交上,实行收缩战略,为了争取西方的援助,对美国采取忍让态度,主动作出一系列让步,同时主动甩掉东欧和第三世界的"包袱"。苏联的政治经济和对外关系发生了质变。

上述改革导致苏联社会出现全面危机。经济上,改革不仅没有取得成果,反而造成社会生产的全面停滞,国民收入出现了负增长,财政赤字激增,内债外债攀升,通货膨胀不可遏制,市场供应全面短缺,居民生活水平连年下降,整个国民经济处于失控状态。政治上,苏共丧失原有宪法规定的领导地位后,内部分化成激进派、保守派和主流派(中间派),三派之间激烈争夺政治权力,使国家政权处于半瘫痪状态。各种反共、反社会主义的政治组织大批涌现,全面否定苏联70多年的社会主义历史成就,提出各种各样的资本主义纲领主张。示威、游行、罢工接连不断,社会和政局动荡不定,正常政治秩序无法维持。社会上,民族矛盾日益尖锐,民族分离主义倾向不断发展。从波罗的海三国(立陶宛、拉脱维亚、爱沙尼亚)到中亚各加盟共和国纷纷发表独立宣言和主权宣言,民族分裂活动愈演愈烈。各共和国之间及一些共和国内部民族纠纷日渐扩大,甚至发展到武装对抗的程度,使得联盟的统一和完整受到严重威胁。1991年3月,苏联举行全民公决投票,76.4%的人赞成保留联盟,保留苏联国名,反对分裂。同月,戈尔巴乔夫和9个加盟共和国领导人发表了决定整个国家命运的"9+1"联合声明。声明指出,要尽快签订新的联盟条约,通过新宪法,重新选举苏联人民代表和总统,建立新的中央政府,将国名改为主权共和国联盟,这大大加速了苏联走向解体的进程。

 第七章 苏联的演变与俄罗斯的重振

2."八一九事件"与苏联解体

面对国内社会的全面危机,1991年8月19日,苏联副总统亚纳耶夫发表声明说,鉴于戈尔巴乔夫由于健康原因已经不能履行职务,根据宪法,即日起由他本人行使总统职权。亚纳耶夫宣布成立以他为首的8人组成的苏联国家紧急状态委员会,自8月19日起,在苏联部分地区实施为期6个月的紧急状态,这就是"八一九事件"。紧急状态委员会发表《告苏联人民书》,呼吁公民支持该委员会力图使国家摆脱危机的努力。他们试图维护联邦的统一,维护共产党的合法地位,维护社会主义的道路选择。但是,以叶利钦为代表的激进民主派坚决反对事变。在他们的支持下,8月21日,戈尔巴乔夫声明已控制局势,并恢复了与全国的联系。22日,戈尔巴乔夫发布总统令,宣布撤销国家紧急状态委员会及其所颁布的一切决定,解除紧急状态委员会所有成员的一切职务,并对他们进行拘留和审讯。"八一九事件"以传统派的失败而告终,并导致了苏联的加速解体。

"八一九事件"后,戈尔巴乔夫宣布辞去苏共中央总书记职务,建议苏共中央自行解散,下令剥夺苏共财产,让各个党组织独立自主地决定自己以后的活动。随后,《真理报》等苏共报刊被停止,苏共中央大楼被查封,苏共档案被接收。各共和国的共产党也被禁止活动,其财产被没收,有些领导人遭到逮捕。在上下一片反共浪潮中,苏联共产党不复存在了,苏联处于分崩离析的边缘。

1991年8月,苏联第二大共和国乌克兰宣布独立。到12月,苏联原有15个共和国中除俄罗斯外均宣布独立。12月8日,俄罗斯、乌克兰、白俄罗斯三国宣布建立独立国家联合体,三国发表宣言声称:共和国脱离苏联和建立独立国家的进程已成为事实,苏联作为国际法的一个主体和一种地缘政治现实已不复存在。12月21日,上述三国再加上阿塞拜疆、亚美尼亚、哈萨克斯坦、摩尔多瓦、塔吉克斯坦、土库曼斯坦、吉尔吉斯斯坦和乌兹别克斯坦共11国发表《阿拉木图宣言》,正式宣告了独立国家联合体(简称独联体)的诞生。戈尔巴乔夫不得不于12月25日在国家电视台发表《告苏联公民书》,宣布"终止自己以苏联总统身份进行的活动"。12月26日,苏联最高苏维埃共和国院举行最后一次会议,宣布苏联不复存在。

三、苏联解体的原因、教训和影响

1.苏联解体的原因

唯物史观认为,任何历史事变都是多种因素共同起作用的结果,是社会矛盾长

期积累而得不到缓和的结果。正如恩格斯所说:"有无数互相交错的力量,有无数个力的平行四边形,由此就产生出一个合力,即历史结果。"苏联演变解体的原因也是如此。表面上看是戈尔巴乔夫在苏联内部进行改革和西方长期对苏联进行和平演变的结果,但是从深层次看主要还是由于苏联领导集团在改革中推行的错误政策和苏联长期积累的历史问题等综合因素所致。

戈尔巴乔夫推行的人道的、民主的社会主义路线是苏联解体的内在的直接原因和导火索。苏联改革的初衷是坚持、发展和完善社会主义制度,但是改革并没有走上良性发展的轨道,反而在戈尔巴乔夫"人道的、民主的社会主义"指导下,逐渐背离了社会主义方向,使改革步入歧途,终于导致苏联的演变和解体。因此,戈尔巴乔夫推行的"人道的、民主的社会主义"改革葬送了苏联式的社会主义。

苏联长期积累的历史问题是苏联解体的内在的根本原因。

第一,高度中央集权的政治体制使得苏共及其政权内部缺乏有效的民主监督和制约机制。严重束缚了广大群众、基层组织和地方的积极性和创造性。国家政权集中在苏共,苏共的权力集中在中央政治局,政治局的权力实际上又集中在总书记手里。党的领袖犯错误,就有可能导致亡党亡国。

第二,高度中央集权的经济体制违背了经济发展的基本规律,使得苏联的经济不能适应激烈的国际经济、科技竞争,不能满足人们的期望和要求。由于经济建设没有给人民带来更多的实惠,人民逐渐对苏共和苏联社会主义制度失去了信心。

第三,错误的民族政策和大俄罗斯主义行为埋下了民族分裂的祸根。苏联有130多个民族,其中俄罗斯族占人口的53%。苏联成立时的联盟条约和以后颁布的三部宪法都明文规定,各加盟共和国享有主权国家地位,可以自由退出联盟,这为后来民族分裂主义者争主权、闹独立提供了法律依据。在戈尔巴乔夫的公开化、民主化的鼓动下,以前党和政府在民族关系中的大俄罗斯主义以及在民族工作中犯的错误被揭露出来,引起了极端民族主义的迅速泛滥。民族危机成为苏联社会出现全面危机的关键部分,并且成为加速苏联解体的一个关键因素。

第四,争夺世界霸权的对外政策破坏了社会主义的形象和声誉,也耗尽了国力。战后初期,苏联在处理同社会主义国家的关系中就暴露出大国主义、大党主义的错误。随着经济的发展,尤其是军事实力、核实力的增强,与美国在世界范围内展开争夺,推行霸权主义的对外政策。苏联不仅加强了对其他社会主义国家的控制,而且在亚非拉广大地区实行扩张,增加了巨额军费开支。

第七章 苏联的演变与俄罗斯的重振

第五,苏共日益严重地脱离群众,变成一个官僚阶级的党,丧失了民心。苏共长期处于执政地位,使得一部分党员干部尤其是高级领导干部自觉不自觉地享有各种特权,加上领导干部的终身制,这必然使他们高居于群众之上,日益脱离群众。党内还有各种不良分子并存在各种消极腐败现象,败坏了党的声誉和形象,引起人民的不满乃至痛恨。更为严重的是党内思想保守、僵化,跟不上时代的步伐,使党不仅不能带领群众去创造新生活,反而成了群众前进的障碍。党不能真正关心和代表群众的利益,群众也就不会真正拥护党的领导、关心党的命运。

西方国家长期推行和平演变战略是苏联解体的外部因素。和平演变战略是战后西方国家始终坚持的针对社会主义国家的基本战略。20世纪80年代,西方国家乘苏联改革和发展中出现困难之机,抓住社会主义国家存在的问题,诋毁共产党人,败坏社会主义声誉,利用所谓的"人权"问题,支持和扶植社会主义国家内部的反动势力,从事破坏社会稳定的各种活动。在苏联演变的关键时刻,美国总统亲自出马,推动和平演变进程,加速了苏联的解体。

总之,无视时代进步和生产力发展的要求,无视广大人民群众的根本利益,长期坚持僵化的旧体制,致使众多社会矛盾长期积累,各民族人民失去了对共产党的信任和对社会主义的信心和向往,发展到一定阶段终于来了一个总爆发,这是苏联亡党亡国最深刻的原因。

2. 苏联解体的教训

苏联解体给我们提供了十分深刻的教训。

第一,要加强执政党的建设,使共产党能够始终代表最广大人民的根本利益。在思想上必须提倡从实际出发、实事求是的作风;在组织上必须贯彻民主集中制原则;在政治上必须不断扩大党的阶级基础和群众基础;在宗旨上必须要牢记全心全意为人民服务的宗旨;在行动上必须代表最广大人民的根本利益。尤其要防止在共产党内部形成特殊的利益集团,使党严重脱离群众而变成一个官僚阶级的党,失信于民而被人民所抛弃。

第二,要解放思想,实事求是,与时俱进,在理论创新中创造先进的文化。一个党、一个国家、一个民族,如果一切从本本出发,思想僵化,迷信盛行,那它就不能前进,它的生机就停止了,就要亡党亡国。坚持把马克思主义的普遍原理与本国的实际相结合,在理论创新中创造和发展面向现代化、面向世界、面向未来的民族的、科学的、大众的社会主义文化。牢牢把握先进文化的前进方向,努力探索适合本国情况的社会主义发展道路。

第三,坚持改革开放,创造先进的生产力,把经济建设当做压倒一切的中心任务。社会主义的本质是解放生产力,发展生产力,消灭剥削,消除两极分化,最终达到共同富裕。革命成功后建设社会主义最根本的任务就是要不断发展生产力。改革是解放和发展生产力的必由之路,尤其是建立社会主义市场经济,是社会主义制度的自我完善。对外开放,吸收和借鉴人类社会创造的一切文明成果是加速经济建设和发展生产力的迫切要求。

第四,要坚持社会主义道路、坚持人民民主专政、坚持共产党的领导、坚持马克思主义。这是建设社会主义的四项基本原则和根本前提,也是共产党执政的基本规律。如果动摇了这四项基本原则中的任何一项,那就动摇了整个社会主义事业。

第五,必须坚持国际关系基本原则,处理好国家之间的关系,警惕西方国家的和平演变战略。要坚持独立自主的和平外交政策,按照国际关系基本原则,正确处理与不同类型国家之间的关系,为国家的建设和发展创造一个和平、稳定、繁荣的国际环境。同时,还要看到资本主义国家同社会主义国家的和平共处是长期的,西方国家始终没有放弃对社会主义国家实施和平演变的图谋,和平演变与反和平演变之间的斗争也是长期的。

上述教训集中到一点,就是要加强执政党本身的建设,提高党的执政能力,并且要制定和执行一条正确的、保证社会主义建设取得成功并不断发展的路线。

3. 苏联解体的国际影响

苏联解体,使国际共产主义运动和世界社会主义事业遭受严重挫折。长期以来社会主义和资本主义两种制度之间进行着激烈的斗争。第一个社会主义国家苏联从诞生之日起就受到西方国家的敌视和围攻。第二次世界大战后社会主义由一国发展到多国,更引起西方的恐惧和痛恨。苏联东欧剧变后,社会主义丧失了一部分阵地。不仅如此,西方国家还利用苏联东欧的变化来宣传社会主义的失败,使当代国际共产主义运动面临严峻挑战。

苏联解体,标志着两极格局的终结。美苏对抗的两极格局的瓦解,其根本原因在于美苏地位的不断削弱和世界其他力量的日益壮大。东欧剧变,两德统一,美苏缓和,华约解散,这些事件逐步将两极格局推向崩溃的边缘。而这些事件的发生无不与苏联的政策演变息息相关。而苏联解体,则使两极格局彻底崩溃,旧的国际关系中的东西方概念和东西方关系不复存在,世界格局进入由两极向多极转变的过

第七章 苏联的演变与俄罗斯的重振

渡时期。这个时期仍面临局部的动荡和不稳定,但发生新的世界大战的危险大大降低了。

苏联解体,深刻影响着欧洲形势的发展。战后,欧洲一直是两极对峙的前沿。强大的苏联和由它控制的东欧始终是西方的心腹之患,苏联解体之后,结束了东西欧对峙的状况。但是,随之而来的是新的动荡、冲突以至局部的战争,这是人们始料不及的。围绕这些热点问题展开的大国争夺,以及在其他政治经济等诸多问题上的矛盾摩擦,深刻影响了欧洲的走向。

独联体填补了苏联解体后该地区的力量空白。《阿拉木图宣言》规定,独联体既不是国家,也不是超国家实体,而是一种非常松散的国家间联合形式。独联体没有中央政权机构,只有协调机制,对各成员国没有约束力,各国都是拥有完整主权的独立国家。这种松散的国家间组织形式,是各共和国在内外因素的驱使下经过斗争和妥协的结果。独联体各国70多年来同在一个高度集中统一、讲究经济分工的国家中生活,由于历史渊源、地理条件、产业结构、资源分布、经济往来以及政治文化等因素造成的联系十分复杂微妙,形成了极为紧密的相互依赖关系。正是这种相互依赖关系构成了独联体的基础,并作为最基本的向心力量在独联体的长远发展中发挥着重要作用。

苏联解体,影响了世界各国之间关系的发展。在发达资本主义国家内部关系中,由于苏联这一共同的外部威胁的消失,彼此之间的联合正在发生变化,尤其是在科技和经济领域里的矛盾不可避免,各国都为增强自身的综合国力而加强竞争。在发展中国家,一些原来受苏联支持和援助的国家经济困难,政治动荡,在西方施加的外部压力下,其政治经济体制发生变化。发展中国家之间的联合与分裂倾向都有发展。更重要的是,苏联解体之后,东西方矛盾缓和,南北矛盾进一步凸显出来,发展问题更为迫切。

第二节 俄罗斯联邦的政治与经济

一、俄罗斯联邦的政治

1. 政治制度的变更与政治体制的转轨

俄罗斯政治制度的变更和政治体制的转轨,在苏联解体之前就开始了。1991年

6月，叶利钦在俄罗斯联邦的普选中当选为总统。苏联解体后，俄罗斯迅速转变为以总统制、多党政治、议会民主、三权分立、自由选举等为特征的资本主义政治制度。

政治制度的变更引起了俄罗斯剧烈的社会动荡和危机。由于宪法有关国家管理形式的界定比较模糊，自1991年12月俄罗斯独立后，总统和议会之间围绕建立总统制国家还是议会制国家，以及实行私有化等问题展开了激烈的斗争。与此同时，分别支持总统和议会的政党、社会团体、群众之间在街头的冲突不断，流血事件时有发生。

在严峻的形势面前，叶利钦于1993年10月动用武力攻打议会所在地——白宫，死伤数百人，逮捕了以议长哈斯布拉托夫和副总统鲁茨科伊为首的反对派人士，将权力集中在自己的手里。这就是"十月事件"。

此后，叶利钦连续发布总统令，举行新的议会选举，就新宪法进行全民公决，并获得通过。俄罗斯的政治生活开始走上了宪法轨道，新的政治体制在叶利钦时期基本确立。

新宪法确立了国家政权的新体制是总统共和制，赋予总统至高无上的权力。总统是国家元首，决定内外政策；总统是国家武装力量的最高统帅；总统掌握人事任免大权，经国家杜马批准任命总理，撤换总理则不必经过议会，可根据总理提名任命副总理、联邦各部部长，有权组成联邦安全厅和总统办公厅；总统有立法权，有权提出法案和签署总统令；总统有否决权，国家杜马通过的法案需经联邦委员会通过再由总统签署才能颁布和生效；总统有权决定国家杜马选举和解散国家杜马，有权决定全民公决；总统具有荣典权和大赦权；等等。总统每届任期4年，连任不得超过2届。

根据俄罗斯新宪法和选举条例，联邦议会由联邦委员会（上院）和国家杜马（下院）组成。议会上、下院设主席，每届议会任期4年。联邦委员会（上院）主要是代表地方利益，每个联邦主体各选2名代表组成。其职能是：批准各联邦主体之间边界的变更；批准总统关于进入战时状态和紧急状态的命令；决定能否在俄境外动用武装力量；对总统任命的宪法法院、最高法院和最高仲裁法院的最高法官有确认权；确定总统选举，一旦杜马对总统提出弹劾，有权表决是否罢免总统等。国家杜马（下院）主要是立法机构，由450名议员组成，其中一半由政党选举产生，另一半按225个选区各选一名代表产生。其职能是：所有法案必须首先审理；有权提出弹劾总统的指控；对总统提名的总理有确认权；有权对政府提出不信任案；有权任免中央银行行长、审计院主席、宣布大赦等。

第七章　苏联的演变与俄罗斯的重振

新宪法确立了总统集权下的三权分立体制,形成了总统、政府和议会之间的新三角关系。以往行政和立法两大权力机构互不相容、时而兵戎相见的局面已被总统和议会之间互有摩擦但能共处的态势所取代。这种较为协调的国家权力结构是政局稳定的重要基础。

新宪法通过之后,多党的竞选体制开始启动,各政党可以独立或与其他政党结盟参加竞选,赢得选票,进入议会或政府参政。俄宪法、政党法、选举法等法律以及一系列政府法令对政党在国家政治生活中的地位、政党活动范围和方式进行了规定和限制,使党派斗争开始步入法制轨道,俄罗斯政局进入一个相对稳定时期。

这一时期,日益上升的民族分离主义成为俄罗斯最不稳定的因素。其中车臣问题最为典型。1991年,车臣—印古什公开抵制俄罗斯联邦就设立总统职位举行的全民公决。1992年1月,车臣与印古什分治后,以杜达耶夫为首的车臣分裂主义分子对俄联邦政府采取不合作的态度。1994年12月10日,叶利钦责成联邦政府采用一切手段解除车臣非法武装。次日,第一次车臣战争爆发。战争持续近两年,死伤数千人,耗资近万亿卢布,但未能解除车臣非法武装。1997年5月,联邦政府与车臣分裂主义分子签订了停火协议。1999年7月,第二次车臣战争爆发,大部分车臣非法武装被消灭。然而,车臣的极端分裂主义势力仍然频频进行恐怖活动,不断制造恐怖袭击事件,造成大量人员伤亡和财产损失,严重威胁俄罗斯的社会政治稳定。

> **车臣问题的由来**
>
> 车臣历史上几经沧桑。19世纪初,车臣被沙皇俄国征服,受到沙皇俄国的暴虐迫害。苏联成立后,车臣与印古什合并后成为苏联的一个自治共和国。1944年,斯大林以车臣人与德国侵略者合作为理由,强行把车臣人驱逐到中亚和西伯利亚;这给车臣人造成了巨大的心灵创伤,加深了车臣人对俄罗斯的仇恨。

2. 普京时期的俄罗斯政治变革

2000年3月,普京以绝对优势当选为俄罗斯联邦第三任总统。执政后,奉行顺乎民心的"强国富民"路线,赢得了军队、强力部门和广大选民的拥护,也赢得了许多党派的支持配合。因此,在2004年3月俄大选中,普京获得压倒性多数选票连任。普京执政期间进行了如下改革:

(1)改革和加强了联邦制。2000年5月13日,普京签署命令将俄联邦划分为7大联邦区:中央区、西北区、北高加索区、伏尔加河沿岸区、乌拉尔区、西伯利亚区、远东区。每个联邦区下辖若干联邦主体。联邦区总统全权代表由总统任命,直接对总统负责。

同时,推动改革联邦委员会(上院)。规定联邦主体的行政长官和议长不再兼任联邦委员会议员,在地方长官和地方议会违反联邦法律的情况下,总统有解除地方长官职务和解散议会的权力。这一改革削弱了地方领导人的地位和权力。在地方的强烈要求下,普京成立了由地方行政长官组成的俄罗斯联邦国务委员会,使地方势力得以安抚。在国家杜马(下院),普京通过中间派政党实际掌握议会多数,确保了这个最重要的立法机构与行政系统的合作。

2004年9月的"别斯兰人质事件"以后,普京抓住时机宣布了一系列旨在加强国家垂直权力结构、改变国家立法机构选举方法、取消联邦主体行政长官直选、重建联邦民族与地方事务发展部等重大战略性决策。俄罗斯权威主义式的总统制的政治体制进一步发展。

别斯兰人质事件

俄罗斯最严重的恐怖主义袭击事件。2004年9月1日,一伙武装分子闯入俄罗斯南部北奥塞梯共和国别斯兰市第一中学,将刚参加完新学期开学典礼的大部分学生、家长和教师赶进学校体育馆劫为人质,并在体育馆中及周围安放了爆炸物。俄罗斯军方包围了学校,并采取措施解救被围困的平民和学生。事件在9月3日结束,但导致了326名人质死亡。

(2)重点打击严重违法的金融、工业和媒体寡头势力。叶利钦时代,国家权力被金融、工业、媒体寡头们所占有,成为寡头们牟取私利的工具。这一现象被称为俄罗斯国家政权的"私有化"。普京上台之初,便严厉打击寡头非法行为,坚决阻止他们过度参政,使国家从寡头和利益集团的挟持下摆脱出来。

(3)加强了总统权力的政党基础。普京奉行广泛团结各派政治力量的方针,保持总统办公厅和政府机构的基本稳定,注意吸收各派政治力量和各个政党的代表参加出国访问团和政治经济改革纲领及文件的制订。他除了支持和扶助持中派立场的"团结党"的发展外,还频繁地与一些反对党接触,以促进各政党的协调发展。在普京政策的影响下,中派政党的力量呈上升趋势,左翼政党的实力有所下降,右

第七章 苏联的演变与俄罗斯的重振

翼政党不断分化瓦解。

(4)重拳打击车臣等民族分裂主义势力、宗教极端势力和恐怖主义。普京上任后对于车臣叛乱分子的独立要求和各种恐怖主义袭击坚决镇压,毫不妥协。对车臣共和国境内残余的武装叛乱分子,进行了全面的军事清剿行动,摧毁了车臣非法武装有组织的反抗,并在车臣加紧建立和加强各级权力机构,着手恢复经济建设,在总体上控制了车臣局势,维护了俄联邦领土的完整统一。在2002年的"莫斯科人质事件"和2004年的"别斯兰人质事件"中,普京都是采用强有力的措施予以解决。

(5)确立主权民主价值观。在普京第二任总统期间,以"主权民主"为核心的国家意识形态成为俄罗斯的主流政治价值观。"主权民主"的具体含义是:民主传统已经在俄罗斯确立起来;俄罗斯需要的是确保民主制度的发展潜力;民主与主权同等重要;民主应该适应俄罗斯的特定条件;民主主要原则的表现形式不应强求一致;不能容忍他国利用民主问题谋求利益;言论自由受适当控制是可行的。

这样,普京执政期间基本摆脱了政治多头分立的局面,建立起了以总统为首的单一政治中心的强大国家政权体系。

2008年5月初,梅德韦杰夫就任俄罗斯总统后,普京出任新一届政府总理,同时普京还是议会多数党的主席,手中实权不逊于现任总统。尽管普京多次强调他不会谋求修改宪法以改变总统和政府间权力分工,但是梅德韦杰夫表示,普京作为政府领导者将在促进俄罗斯发展上起到关键作用。以总统为首的单一政治中心的国家政权体系出现了重大变化,俄罗斯政权体系进入了以"梅普组合"为特征的新局面。

二、俄罗斯联邦的经济

俄罗斯独立后,推行"休克疗法"来实现经济体制的转轨。尽管在消除计划经济体制的弊端和建立市场经济新体制方面取得了一些积极成果,实现了由计划经济体制向市场经济体制的转变,但是,"休克疗法"的代价巨大,俄罗斯经济一度陷入深重的灾难之中,社会生产大幅度下降,财政赤字庞大,通货膨胀失控,货币信贷体系崩溃,进出口大幅度下降,外汇储备趋于枯竭,居民生活水平明显下降,贫富差距急剧扩大。实践证明,"休克疗法"在经济改革的指导思想上急于求成,导致了经济的进一步恶化,结果欲速不达。在一定程度上,"休克疗法"的实施主要是出于政治上的需要,它摧毁了社会主义赖以存在的经济基础,使俄罗经济改革的进程和建立市场经济体制的方向不可逆转。

何谓"休克疗法"？

所谓"休克疗法"(shock therapy)，原本是医学上的一种治疗方法。后来被用来指采取一步到位的激进方式实现从计划经济向市场经济的过渡，所以"休克疗法"又被称为"大爆炸"的改革理论，或"一揽子过渡"的政策主张。最早提出"休克疗法"的是美国经济学家杰弗里·萨克斯，他在20世纪80年代担任玻利维亚政府经济顾问期间，推行"休克疗法"大获成功，"休克疗法"因此而备受瞩目。

1994年1月，切尔诺梅尔金受命重组政府后，开始逐渐调整经济政策，基本确立起了市场经济制度。通过加强国家宏观调控，实行财政稳定政策，整顿经济和金融秩序。调整信贷税收政策，减轻企业负担，扶持农业、能源和有竞争力的企业，注重提高经济效益。重视社会承受能力和社会保障问题，保障居民的教育、医疗和文化等一系列社会需求。积极改革外贸体制，申请加入世界贸易组织。从1995年开始，俄罗斯经济中的积极因素有所增加，出现了局部好转的迹象。但是，1997年10月，受东南亚金融危机的冲击和世界石油价格下跌的影响，俄出现了四次金融动荡，再度陷入严重的危机。1998年9月，普里马科夫出任总理。通过调整，俄罗斯的政治、经济形势在一定程度上有所缓和，1999年3月，俄罗斯经济出现复苏。

普京执政后，为了恢复和振兴俄罗斯经济，提出了"强国富民"和"实现经济快速增长"的战略思想。在普京的指示下，俄罗斯政府于2000年6月颁布了《俄罗斯政府长期社会经济政策基本方针纲要》(以下简称"纲要")。"纲要"规定，在21世纪的第一个10年内，俄罗斯国内生产总值平均增长速度不低于5%。在2003年的国情咨文中，普京又提出了消灭贫困、10年内国内生产总值翻番的目标。2008年2月，普京在任期8年即将结束时又提出了《2020年前国家发展战略》构想。在经济领域主要目标为：摆脱能源型发展模式，到2020年跻身世界经济前五强国家；简化税收制度，发展中小企业；在社会领域，提高生活水平，减少死亡率，使居民平均寿命提高到75岁；到2015年，中产阶级人口比例将达到60%~70%。

从2000年至2007年，俄罗斯经济年平均增长率达到了7%，其中2007年，俄罗斯经济增速达到8.1%。民众月平均工资也从2000年的80美元上升到2007年的500美元，收入低于最低生活水平的俄罗斯人在全国的比例已降到18%。俄不

第七章 苏联的演变与俄罗斯的重振

仅解决了债务问题,年财政收入也达到了叶利钦时代的 9 倍。经济的明显好转势头除了与国际市场的石油价格坚挺、卢布贬值对生产产生拉动效应这两大临时因素有直接关系外,也与普京的一系列经济方略密不可分。

2008 年,以美国次贷危机为导火索席卷全球的金融危机,俄罗斯的经济也受到了冲击,经济增长长期依靠国际能源市场的弊端显现出来。为此,俄罗斯政府采取了一系列反危机措施,积极推动经济模式由资源型向创新型转变。

第三节 俄罗斯联邦的对外战略

一、俄罗斯对外政策的调整

苏联解体后,俄罗斯联邦继承了苏联的外交遗产。为了维护自己的国家利益和国际地位,俄罗斯在对外政策的制定和实施上也经历了一个不断争论和探索的过程。

1. 向西方"一边倒"阶段

独立初期,叶利钦政府对外战略的目标非常明确,那就是尽快融入西方社会,成为西方社会的一员。为了实现这一战略目标,俄罗斯采取了向西方"一边倒"的对外政策。具体内容是:谋求西方的经济援助和政治支持,以西方价值观为取向确定关系的亲疏,重点开展西方外交,力求与西方国家结成盟友关系,实行世界范围内的收缩政策,减少或撤销对原来盟友和第三世界国家的支援,把苏联的传统盟友和独联体国家当做包袱加以疏远。

但是,西方社会并没有真正把俄罗斯视为自己人和可靠的合作伙伴,与俄罗斯在诸多国际热点问题上的分歧日益扩大,战略利益的矛盾越来越明显,不但不给俄罗斯相应的政治伙伴地位,反而乘机向俄罗斯传统的势力范围大举推进,削弱和限制俄罗斯的国际影响和作用,为俄罗斯融入西方的努力设置重重障碍,对俄罗斯援助大多附有苛刻的条件,俄罗斯希望获取西方援助以实现经济转型的目标几乎落空。

2. "双头鹰"式的全方位外交阶段

1993 年初,俄罗斯开始全面调整对外战略和对外政策。1994 年 4 月,俄罗斯出台的《俄罗斯外交政策构想的基本原则》,为独立后俄罗斯外交战略的基本形成做了重要的理论和政策准备。1995年叶利钦发表总统国情咨文,进一步提出了俄罗斯全方位外交战略方针。为了表明俄罗斯外交的全面性,俄罗斯决定将国徽由原来的面向西方的单头鹰改为面向东西两方的双头鹰。因此,俄罗斯的全方位外交又被称为"双头鹰"外交。

"双头鹰"外交的总目标是:维护俄罗斯的国家利益和民族利益,重新确立俄罗斯的大国地位,为国内改革和发展创造有利的外部环境。实施外交政策的基本部署是:优先发展与独联体的关系,稳住东欧,在此基础上开展东西兼顾的全方位的外交政策。从总体上来说,全方位外交强调独立性,放弃意识形态西方化的方针,以现实国家利益及发挥大国作用作为出发点;强调全方位性,放弃"西方化"取向;强调大国等距离性,放弃亲美、亲西方大国的倾向。

3.强国外交阶段

普京上任后极力推行强国外交战略。在他的主持下,先后出台了《俄罗斯联邦外交政策总则》和《俄罗斯联邦外交政策构想》等一系列文件,并于2000年7月发表了题为《俄罗斯国家:强国之路》的国情咨文,确立了新世纪俄罗斯的对外战略。本质上,强国外交战略强调俄罗斯外交的基本任务是实现国家利益,对外战略的总体目标是建立多极世界,确保大国地位。

2008年5月,梅德韦杰夫就任总统后主张以本国利益为出发点,继续实行独立自主和务实的外交方针,把独联体国家作为俄罗斯外交的重点;支持世界各国和各国人民获得自由、安定和民主的发展;支持在现有国际法体系内,通过联合国等国际组织的有效机制解决争议问题;支持通过缔结条约、进行谈判等方式解决争议问题。

二、俄罗斯的对外关系

1.与独联体国家建立特殊关系

俄罗斯强调把同独联体各国的关系放在优先地位,建立同独联体各国的特殊关系,即"拥有开放的边界,紧密的经济联系,以及军事的政治的联盟关系"。

在独联体内部,俄罗斯重视推动一体化的机制建设,推动独联体在集体安全和军事合作、防御和保卫外部边界、防止冲突和争端以及经济社会合作等方面走向制度化。1995年,俄罗斯提出了多速度、多层次、多形式的独联体一体化方针,独联体各国开始了不同水平的双边和多边合作。

近年来,独联体内部矛盾日趋加剧,资源之争和领土之争都时有激化。2008

第七章 苏联的演变与俄罗斯的重振

年8月,围绕南奥塞梯和阿布哈兹独立问题,俄罗斯与格鲁吉亚之间爆发战争,格鲁吉亚退出独联体。同时,面对北约和欧盟东扩带来的压力,独联体内部的离心力有上升的趋势,俄罗斯的战略空间受到挤压,独联体的发展前景堪忧。但是,俄罗斯确保独联体这一传统势力范围的决心不会改变。

2. 积极发展与欧洲的伙伴关系

融入欧洲是俄罗斯国家发展优先考虑的问题之一,在俄罗斯看来,欧盟不会在安全领域对俄罗斯构成威胁。回归欧洲,融入欧洲,全面参与欧洲一体化进程,是符合俄罗斯国家利益的选择。

1993年12月,俄罗斯与欧盟签署了《关于建立伙伴和合作关系的联合政治声明》,建立了半年一次的首脑定期会晤机制。俄罗斯积极支持欧盟建立独立的防务,加强与欧洲国家之间军事信任和合作,在北约东扩、核裁军、军备控制、地区维和问题上加强沟通协调,增进相互谅解。目前,欧盟是俄罗斯最大的贸易伙伴和最主要的外资来源地。俄罗斯是欧盟第三大贸易伙伴和第一大能源供应国。欧盟积极支持俄罗斯加入WTO。

东欧国家是俄罗斯传统的势力范围,出于自身战略安全考虑,俄罗斯反对东欧国家加入北约。在无力阻止的情况下,俄罗斯积极恢复与东欧国家的关系,积极推动双边政治接触和经济关系的发展,力图重返东欧。

3. 争取与美国建立平等的战略伙伴关系

俄美关系是俄罗斯外交的重点。1994年俄美宣布进入了"成熟的战略伙伴关系的新阶段",但是,美国并没有真正把俄罗斯当做政治上的平等伙伴,经济上的援助也大多带有苛刻的条件而且迟迟不落实,在北约东扩、南斯拉夫地区动荡、军控和车臣等问题上,美国与俄罗斯的分歧日益扩大,战略利益上的矛盾也越来越突出。

普京执政后,在反对国际恐怖主义的斗争中,俄美结成联盟,在战略互信与合作方面取得一定进展。2004年5月28日,俄罗斯与北约成立了"北约—俄罗斯理事会",标志着双方建立起了新型的安全合作关系。然而,美国继续推进北约东扩,向俄罗斯传统利益区独联体渗透和扩张,试图从俄罗斯的战略边疆内部对其进行战略性肢解。俄美间"挤压与反挤压"、"遏制与反遏制"的斗争将长期存在。

4. 稳步发展与中国的战略协作伙伴关系

俄罗斯在"一边倒"外交受挫后,积极开展东方外交,把中国作为重点。1996年叶利钦总统访华,确定双方建立"战略协作伙伴关系"。

俄中关系发展是全球和平稳定的重要因素,进入21世纪后,两国领导人经常互访,双方对中俄关系特殊战略价值的认识达到新高度,把战略协作伙伴关系发展到了一个新的阶段。两国不仅很快解决了历史遗留的边界问题,增强了政治互信,开创了经贸等领域务实合作的新局面,而且建立了亲密无间的战略伙伴关系。在构建多极化的世界格局上,在解决诸如伊拉克、朝鲜、伊朗等国际和地区事务上,双方都抱有大致相同或相近的观点,相互倚重。同时,两国在各自的内部事务上也互相支持。在军事和安全领域,由两国主导建立的"上海合作组织"近年的影响力迅速加强,该组织有力打击了中亚地区的三股势力,成为大国安全合作的典范。

5.加强与亚太国家和发展中国家之间的关系

俄罗斯大部分领土在亚洲,为了追赶亚太经济发展步伐,积极开展亚太外交,参与亚太事务,首先,加强与日本的对话与协调。俄日关系虽然在北方四岛问题上没有实质性的进展,但是双方经济贸易往来正在逐渐发展起来。其次,俄罗斯同印度、朝鲜、韩国、越南、蒙古的关系也呈积极的发展态势,尤其是与印度建立了战略协作伙伴关系,而且发展势头良好。近年来,俄罗斯还参加了亚太经合组织的活动。

俄罗斯也在着手恢复和发展与其他发展中国家之间的关系。其中,特别注重发展与南亚和中东国家之间的关系,维护俄罗斯在这些地区的利益。俄罗斯还积极发展与拉美国家的关系,在能源和军事领域加强合作。

三、俄罗斯在当今世界上的地位和作用

苏联曾经是世界第二号强国,独立后的俄罗斯尽管在国际关系和国际法中继承了苏联的主体地位,但其国际地位和作用却大幅下滑。根据《世界发展报告(1999～2000年)》相关数据计算,1999年与1990年相比,俄罗斯的经济规模缩小了一半,人民生活水平下降了近40%。

普京上任后实行强国战略,俄罗斯发生了巨大的变化。当前,俄罗斯已进入世界十大经济体行列,经济规模位居世界第九。俄罗斯政府还确定了到2020年国内生产总值进入世界前五强、人均GDP达到3万美元的战略目标。面对北约东扩和美国在东欧部署反导系统的严峻形势,俄罗斯大力发展现代军事技术,尤其是开发"高、精、尖"的新式武器,军事实力与独立之初相比有很大提高。

随着综合国力的不断增强,俄罗斯作为世界主要力量的地位有所巩固。作为联合国安理会常任理事国,又是核大国,俄罗斯在国际事务的各个领域尚拥有相当

第七章 苏联的演变与俄罗斯的重振

丰富的运筹经验与能力,并同世界上的主要国家保持着紧密的联系,因此,俄罗斯注定在国际关系中占据一席之地。着眼于长期走势,尽管仍然有许多不确定因素,但俄罗斯地大物博,自然资源丰富,劳动力素质较高,拥有雄厚的工业基础和科技实力,无疑具备崛起成为世界强国的巨大潜力。而且,从历史文化的角度看,俄罗斯的大国意识极强,俄罗斯的民族精神也一向有崇尚强权的传统。

普京任职总统期间,一直强调俄罗斯仍是一个大国,一个不容忽视的核大国,强调俄罗斯应当拥有与其历史、文化、地理和实力相称的地位并受到应有的尊重。2009年5月,俄罗斯颁布了由梅德韦杰夫总统批准的《2020年前俄罗斯联邦国家安全战略》,确定了俄罗斯远期国家利益是发展民主和公民社会、提高国家经济竞争力,捍卫宪政体制、领土完整和主权,使俄罗斯成为世界强国。

虽然当今俄罗斯的国际地位和作用与"冷战"时期的苏联相比已不可同日而语,但是,俄罗斯仍然是具有多重影响力的世界大国。可以预见,在走向世界多极化的进程中,俄罗斯注定要成为国际舞台上引人注目的一极,发挥自身独特的巨大影响和作用。

第八章　奋进中的第三世界

第三世界是指在历史上受过殖民统治和剥削，第二次世界大战后才走上民族独立道路，在地域上大多数位于南半球的亚非拉国家。这些国家也被称为发展中国家、民族独立国家、南方国家。1952年，法国统计学家和经济学家阿尔弗来德·索维首次提出第三世界的概念。发展中国家的概念则由77国集团（G77）在1964年联合国第一届贸易发展会议上首次提出。这些概念同时被用于国际经济和政治之中，只是其侧重点不同。民族独立国家、第三世界偏重政治方面，发展中国家、南方国家则带有经济色彩。

第八章 奋进中的第三世界

第一节 第三世界的崛起及其国际地位和作用

一、第三世界概念的由来

20世纪50年代,第三世界这个概念出现后逐渐被世界各国普遍接受。在1955年的万隆会议上,一些与会者借用"第三等级"这一名词,称亚非拉为"第三世界"。第三世界这个本来属于经济和社会领域中的概念开始进入政治领域。20世纪60年代初不结盟运动问世后,西方媒体开始将参加这一组织的民族独立国家视为介于共产主义国家和发达资本主义国家之间的"第三类"国家。不结盟国家也宣称,它们既不属于东方,也不属于西方,是第三世界。在1973年9月举行的第四次不结盟国家政府首脑会议上,第三世界这一概念被正式写进会议的纲领性文件《政治宣言》中。

> **索维提出"第三世界"**
>
> 1952年,法国学者阿尔弗雷德·索维在一篇题为《三个世界,一个星球》的文章中指出,当时除了两个对抗的世界以外,还有一个第三世界。索维是从法国大革命之前社会存在三个等级,即僧侣为第一等级,贵族为第二等级,农民、城市贫民和资产阶级为第三等级中得到启示而使用第三世界这个概念的。当年法国的第三等级,在社会上没有地位,遭到歧视,负担国家的各种赋税和封建义务,被剥夺了一切权利,属于被统治阶级。后来,正是他们起来反抗,揭开了法国1789年大革命的序幕。索维认为,战后的国际社会也存在着类似的情况,存在着那么多被剥削、被奴役、在国际上处于无权地位的国家和民族,即存在着一个第三世界。

在中国,最早使用第三世界概念的是毛泽东。1974年2月,他在会见赞比亚总统卡翁达时,全面阐述了三个世界划分的战略思想。他所指的第三世界也是广大的亚洲、非洲和拉丁美洲的发展中国家,这和原来国际公认的第三世界内涵基本相同,只是他所指的第一世界和第二世界与原来所说的两个世界(资本主义世界和社会主义世界)完全不同,有了本质的变化。这是对当时国际形势变化的一种概括,也是中国的一种战略思想,据此来解决在国际关系中的敌我友问题。邓小平在1974年第六届特别联大上作了著名的关于三个世界的发言,专门就第三世界概念的含义和第三世界的特征作了解释。此后,第三世界这一概念更为国际社会所认同。

"冷战"结束后,人们对第三世界的概念提出了质疑。有人说,第三世界的概念已过时、不适用。有人说,用"发展中国家"取代"第三世界"更为合适。的确,第三世界与发展中国家这两个概念是可以相互替换的。第三世界国家数量众多,占据世界国家总数的2/3以上,它们拥有过共同的历史遭遇,面临着发展民族经济,巩固民族独立的共同任务。"冷战"结束后,尽管面临着许多新问题,第三世界国家也有许多新变化,但它们在国际舞台上的战略地位和基本特征并没有根本改变。第三世界这个概念在国际关系中仍然具有重要的价值。

二、第三世界的兴起和发展

第三世界的兴起是战后广大亚非拉地区殖民地半殖民地国家民族解放斗争的结果。从战后初期到20世纪90年代,是民族解放运动兴起、发展到完成的过程,也是第三世界形成并不断发展壮大的过程。

1. 战后初期到20世纪50年代中期,民族独立运动蓬勃兴起

战后,民族解放运动的高潮首先在亚洲东部大规模兴起,中国、朝鲜、印度支那革命的胜利,推动了亚非拉殖民地、半殖民地人民的民族解放运动。到20世纪50年代中期,民族解放运动向西扩展到北非。这一时期,新独立的亚非国家有13个,加上战前已独立的国家,亚非地区已有近30个独立国家。获得独立的亚非国家,为了维护独立,渴望加强彼此的团结与合作,结成一个整体在国际事务中发挥重要作用。

1955年4月18~24日,代表16亿人口的29个亚非国家在印度尼西亚万隆召开亚非会议(又称"万隆会议")。这是亚非国家历史上第一次在没有西方殖民国家参加的情况下自主讨论亚非事务的国际会议,是战后具有划时代意义的事件,是亚非国家新觉醒的重要标志。尽管西方国家多方干扰,企图挑起亚非国家间的矛盾,但与会国家力排干扰,团结协作,调解分歧,使会议得以顺利进行。中国代表团团长周恩来总理在大会发言中提出了著名的"求同存异"原则,得到各国代表的赞同,为会议的最后成功奠定了基础。亚非会议确定了指导各国和平共处、友好合作的十项原则。会议所倡导的团结合作、反帝反殖、维护独立、捍卫和平的万隆精神产

第八章 奋进中的第三世界

生了深远的影响。这一会议的召开,标志着帝国主义、殖民主义主宰亚非人民命运的时代已经过去,亚非国家作为一支新兴的政治力量开始走上国际舞台,是第三世界形成的第一个里程碑。

2.20世纪50年代中期到60年代中期,民族解放运动由分散到集中,由各自为政到联合斗争

亚非会议之后,民族解放运动在更为广泛的地域里得到发展,形成具有世界规模的反帝反殖浪潮。1956年,埃及在苏伊士运河战争中的胜利带动了阿拉伯国家的反殖斗争,结束了英法在中东的殖民统治。1960年,非洲17个国家获得独立,被称为"非洲年"。拉丁美洲也风暴迭起。1959年,古巴革命推翻了巴蒂斯塔统治;巴拿马人民收回运河主权的斗争取得重大胜利;多米尼加掀起反美浪潮;加勒比地区有13个国家相继宣布独立。

为了摆脱大国的控制,维护民族独立,绝大多数新兴国家倡导和平、中立、不结盟的政策。1961年6月,在南斯拉夫的贝尔格莱德举行了第一次不结盟国家和政府首脑会议,会议发表了《宣言》,宣告了以独立自主、不结盟、非集团为基本原则和宗旨的不结盟运动的诞生。不结盟运动的出现是第三世界形成的又一个里程碑。

3.20世纪60年代中期到90年代初,民族解放运动深入发展并最终完成

这一阶段民族独立运动继续向深入发展,不断扫除一些顽固的老殖民据点。20世纪70年代以来,葡属殖民地安哥拉、莫桑比克、几内亚比绍、圣多美和普林西比先后独立。80年代,津巴布韦摆脱殖民统治。1990年,纳米比亚宣告独立,结束了非洲大陆最后一块殖民地的历史。至此,非洲长达几个世纪之久的殖民统治宣告终结,二战后开始的长达几十年之久的民族解放运动也基本结束。第三世界国家的队伍不断发展壮大,从20世纪50年代的54个增加到132个。与此同时,亚非拉许多国家进入了以发展经济来巩固政治独立的历史新阶段。第三世界各国在经济方面加强联合斗争,为改变国际经济旧秩序而进行不懈努力。1964年,在日内瓦联合国第一届贸发会议上,第三世界77个国家和地区联合起来,发表了《77国联合宣言》,由此形成了77国集团(G77)。自70年代以来,77国集团以联合国为讲坛,为促进南南合作,推动南北对话,缓和与改善南北关系,维护发展中国家的经济权益,建立国际经济新秩序作出了重要贡献。

经过战后40多年民族解放运动的迅猛发展,自15世纪开始在几百年里建立起来的西方列强的殖民体系迅速崩溃。以20世纪50年代的亚非会议、60年代的不结盟运动以及随后建立的77国集团为标志,第三世界逐步形成并发展壮大。第

三世界作为一支新兴的力量登上历史舞台,对世界历史进程产生了不可估量的影响。

三、战后第三世界在国际舞台上的地位和作用

第三世界兴起和发展的历史进程表明,战后第三世界在国际舞台上的地位不断提高,作用不断增强,日益成为一支不可忽视的具有独特作用的重要力量。

1. 第三世界是世界历史进程的推动力量

第三世界的崛起,彻底摧毁了帝国主义的殖民体系,结束了长达数百年的殖民统治,大大推进了世界历史的进程,对世界政治经济产生了重大而深远的影响。长期以来,这些国家在国际上处于被剥削、被压迫的被动无权状态。如今,以积极、主动、坚定、自信的姿态作为一支独立的政治力量登上国际舞台,在历史上第一次打破了少数大国垄断国际事务、主宰世界的局面,使整个世界形势发生了有利于各国人民、有利于世界和平、有利于人类进步的深刻变化,第三世界的崛起,是伟大的历史事件。

2. 第三世界是促进世界格局演变的重要力量

第三世界的兴起和发展引起国际政治结构和力量对比的重大变化,不断冲击着两极格局。从20世纪50年代中期开始,为反对以美苏为首的两个军事集团的尖锐对峙,缓和国际紧张局势,第三世界国家进行了不懈的努力。第三世界国家起到了牵制美苏侵略行为、打破美苏战争计划、消耗美苏实力和动摇美苏霸权地位的作用,最终促使两极格局解体。第三世界在世界格局的发展演变中发挥着重要作用,占据着重要位置。

3. 第三世界是建立世界经济新秩序的基本力量

广大第三世界国家取得民族独立之后,面临的主要任务就是发展民族经济,用经济独立来巩固政治独立。然而,第三世界经济发展的国际环境是十分恶劣的。广大发展中国家由于经济落后、科技不发达、经济结构单一、缺乏科学的发展战略等多方面的原因,仍然处于受剥削、受压迫的不利地位。为了改变不公平、不合理的国际经济旧秩序,从20世纪60年代起,广大第三世界国家进行了持续不断的斗争。1974年,联大第六届特别会议经过激烈斗争,通过了77国集团提出的建立世界经济新秩序的《宣言》和《行动纲领》,主张新的世界经济秩序应建立在"公平互利、主权平等、相互依赖、共同利益与合作"的基础上。此后,西方一些发达国家开始重视改善南北关系,对南北对话采取了积极态度,并向南方国家提供了一些援

第八章 奋进中的第三世界

助。尽管任重道远,第三世界国家为建立国际经济新秩序仍然坚持不懈继续斗争。

4. 第三世界是反对霸权主义、强权政治的主要力量

维护世界和平是世界人民的共同愿望。第三世界国家渴望和平,需要和平的国际环境来进行经济建设。然而,霸权主义、强权政治的存在,始终是维护和实现世界和平的主要障碍。广大第三世界国家虽然摆脱了旧的殖民统治和殖民压迫,走上了民族独立道路,但仍然受各种形式的新老殖民主义和霸权主义、强权政治之害。要实现真正的政治独立,就必须坚决彻底地反对霸权主义和强权政治,建立国际政治新秩序。1973年9月,在阿尔及尔召开的第四次不结盟国家首脑会议,鲜明地提出了反霸的口号。从此,不结盟运动把反霸斗争公开地写在自己的旗帜上,为维护世界和平不懈努力。

5. 第三世界是改变联合国面貌的积极力量

在相当长的一段时间里,联合国一直为美国所把持,没有按照联合国宪章的规定办事。随着亚非拉民族解放运动的高涨,新兴的民族独立国家大量涌现,联合国成员国队伍也不断扩大。如今,联合国成员国已达193个,其中第三世界国家占78%以上,使联合国的面貌发生深刻变化。在联合国及其机构中,第三世界国家的代表名额得以增加,第三世界国家的主权地位得到保障,开始在联合国内享有公平的政治权利。同时,在一些重大的国际问题上,众多的第三世界国家主持公道,伸张正义,能够通过联合国大会多数表决,作出较为符合实际的、能够反映世界大多数国家和人民愿望的决议。在第三世界的支持下,联合国还在维护和平、推动裁军、促进发展,以及解决争端等各方面发挥着越来越大的作用。由此,第三世界在国际舞台上的地位日益巩固,作用不断增强。

第二节 第三世界的政治经济发展与对外关系

一、战后第三世界国家的道路选择与政治发展

总体上看,第三世界国家的道路选择与政治发展表现出多样性的特点,这主要是由第三世界各国的社会发展阶段、经济发展水平、阶级结构、历史传统、民族关系、宗教信仰、文化背景的多样性决定的,同时也深受外部环境的影响。

1. 战后第三世界国家的道路选择

随着战后民族解放运动的蓬勃发展,涌现了大批民族独立国家。在社会主义与资本主义相互对立斗争的时代背景下,这些民族独立国家面临着发展道路的选择。绝大多数国家选择了资本主义的发展道路,建立了资本主义的政治经济制度;少数国家选择了社会主义的发展道路,建立了社会主义的经济政治制度;还有少数国家保留着很多封建的或前资本主义的因素。之所以出现这种局面,是由当时的国际环境和各国内部条件决定的。

从国际环境来看,一方面,战争极大地削弱了英法等老牌殖民帝国,它们无法再继续维持直接的殖民统治,但又不愿意完全丧失长期享有的殖民利益,所以它们在政治上做出让步,和平交出殖民地的主权,允许这些国家独立,极力使这些国家在独立之后走上资本主义的发展道路,继续留在世界资本主义体系内。另一方面,战后社会主义的发展几度挫折,原有社会主义模式的弊端日益暴露,社会主义优越性没有充分显示出来,尤其是苏联推行霸权主义政策影响恶劣,这就使得众多的第三世界国家不得不重新做出选择。

从国内条件来看,主要有三个原因:

第一,大多数第三世界国家民族资产阶级占优势,无产阶级力量比较薄弱。在民族解放运动中,领导权大都掌握在民族资产阶级手中,独立后,他们处于执政地位,当然地走上发展资本主义的道路。

第二,大多数第三世界国家的资产阶级具有反对帝国主义、殖民主义、封建主义的要求,具有强烈的民族主义意识,在一定的历史时期内,作为一种新的、先进的生产力的代表,能够致力于发展本国经济、维护政治独立和反映本国人民的一些共同利益。

第三,大多数第三世界国家原有生产力水平极其低下,落后的小农经济甚至奴隶制经济十分普遍并占统治地位,这些国家走上资本主义发展道路,是一种社会进步,符合历史发展的规律。

2. 第三世界国家的政治制度

第三世界国家的政治制度比较复杂,呈现出多样性的特点,而且随着经济发展和阶级关系的变化,以及民主化进程的推进,处于不断变动之中。

第三世界国家政治体制的类型主要有以下几种:

(1)议会共和制。议会为国家政治中心,掌握国家最高权力,政府向议会负责,作为国家元首的总统由选举产生。实行这种制度的国家有印度、新加坡、土耳

第八章 奋进中的第三世界

其等。

(2)总统制。总统是国家元首,又是政府首脑,掌握行政权力。拉美的阿根廷、玻利维亚、巴西、哥伦比亚、墨西哥及委内瑞拉等,亚洲的菲律宾、孟加拉、斯里兰卡等,非洲的埃及、突尼斯、塞内加尔、科特迪瓦、喀麦隆、肯尼亚、赞比亚等都是这种政体。

(3)君主制。分为议会君主制、绝对君主制和二元君主制。在议会君主制中,议会是国家的最高立法机关,内阁由议会产生,向议会负责,作为国家元首的君主不掌握实权,国家的行政权掌握在内阁手中。实行这种政体的国家有泰国、马来西亚等。在绝对君主制中,君主拥有国家全部的最高权力。实行这种制度的国家有沙特阿拉伯、阿曼等。在二元君主制中,君主为国家元首,议会为立法机构,内阁向君主同时也向议会负责。君主的权力虽受宪法及议会限制,但国家实权掌握在君主手中,实行这种政体的国家有约旦、科威特、卡塔尔、阿拉伯联合酋长国、摩洛哥等。

(4)军人政权。即国家权力不是掌握在民选的代议机构和公职人员手里,而是控制在军人领袖手中。这种政权一般由军人发动政变推翻文官政府,建立军人执政委员会或最高军事委员会之类的机构,作为国家最高权力机构掌握立法、行政、司法等大权。多数军人政权禁止政党活动,停止实施以前的宪法。这是第三世界国家曾经有过的特殊政治现象,多数军人政权在民主化浪潮中垮台,国家权力转移到民选政府。

(5)政教合一制。伊朗实行这种政体。伊朗1979年宪法规定,作为国家元首的总统由公民投票直接选举产生,负责实施宪法,签署议会或经公民投票作出的决议,提出总理人选,但国家的最高领导人不是总统,而是宗教领袖,该领袖须由人民公认并能接受的一位宗教首领来担负。如无合适人选,则由专家会议推选3~5名宗教人士组成领袖委员会主持国家事务。领袖或领袖委员会统率全国武装力量,任免三军高级指挥官和革命卫队司令。

第三世界国家的政党制度包括一党制、两党制和多党制。此外,极少数国家实行无党制,即没有政党或在法律上禁止政党活动,取缔政党,如沙特阿拉伯、利比亚等。无党制是第三世界所独有的。

3. 第三世界国家的政治思潮

民族主义思潮。民族主义思潮派别多,影响广,是第三世界最重要的政治思潮。其中,亚洲的尼赫鲁主义、苏加诺民族主义、非洲的纳赛尔主义、拉丁美洲的庇隆"民众"或"正义"主义,是战后初期至20世纪70年代理论上具有代表性、实践上产生过重大影响的民族主义思潮。亚非拉民族主义思潮,顺应了历史发展的潮流,符合各国人民的愿望,在群众中产生了巨大的号召力,成为动员和组织人民为争取民族独立而斗争的强大思想武器,推动了战后民族解放运动的发展和亚非拉民族独立国家的建立,起到了推动历史前进的积极作用,在化解民族纷争、促进民族国家联合中有积极的影响,它的主流是健康进步的。

但是,第三世界民族主义也有消极的一面,诸如民族扩张主义、民族沙文主义、民族分离主义、极端民族主义等,常常导致国家关系的恶化,破坏了地区的和平与稳定。

社会主义思潮。社会主义在第三世界国家传播很广。战后初期,以苏联为首的社会主义国家拥有较高的国际威望,社会主义对亚非拉新独立的国家产生了很强的感召力。这些国家过去长期遭受殖民主义的压迫和剥削,对资本主义制度的种种弊端深恶痛绝,决心摒弃资本主义。一些国家的领导人往往认为社会主义的某些原则和思想,与他们的社会历史传统和宗教信仰有某些吻合之处,社会主义的政治体制在他们看来也比较适合他们的国家。这样,就出现了形形色色的社会主义,诸如阿拉伯社会主义、非洲社会主义、亚洲的佛教社会主义、拉美的基督教社会主义、合作社会主义等。这些思潮与马克思倡导的科学社会主义有着本质的区别。亚非拉的社会主义实质上是资产阶级民族主义在特定历史条件下的一种变形。

伊斯兰复兴主义思潮。战后,世界上穆斯林人数上升很快,以伊斯兰教为国教或穆斯林在本国居民中占半数以上的国家有50多个。一系列国际性或地区性的伊斯兰组织纷纷出现,如1954年纳赛尔发起召开的伊斯兰大会、1962年成立的穆斯林世界联盟、1970年建立的伊斯兰会议组织等,其宗旨是促进各成员国之间的团结,巩固成员国之间的合作,支持一切穆斯林人民保障其尊严、独立和民族权利的斗争。20世纪70年代以后,在西亚和非洲广大地区出现了一场前所未有的复兴伊斯兰教的运动。1979年的伊朗伊斯兰革命使这一运动达到了高潮。

伊斯兰国家历史上受西方侵略,独立后仍然受西方政治经济文化的侵略,饱受两个超级大国争夺之苦。为了维护本国的主权和本民族的尊严,他们便以伊斯兰教作为对抗还击的一种手段,在反对霸权主义和强权政治、维护民族独立和民族尊严,在实行经济合作和经济一体化、发展民族经济等方面,起着一定的积极作用。但也要看到它倡导复古倒退、掀起宗教狂热做法的消极性,尤其值得注意的是,伊斯兰原教旨主义中极端分子的恐怖活动,直接威胁着有关国家的政治稳定和人民

第八章 奋进中的第三世界

生命安全,不利于伊斯兰世界与世界其他国家的合作。

民主化浪潮。自20世纪70年代末以后,第三世界国家掀起一股以资产阶级取代封建专制统治和军人独裁政权,以多党制或两党制取代一党制或无党制的民主化浪潮。

> **伊斯兰原教旨主义**
>
> 原教旨主义是伊斯兰教中的保守派别。它主张回到早期伊斯兰教去,一切以古兰经的正文和圣训为依据,不允许对其进行任何解释,即所谓凭经立教,反对异端。在政治上主张建立伊斯兰政权,依靠国家政权来实现伊斯兰教的统治,在社会生活方面,主张全盘伊斯兰化,反对世俗化,反对西方。一些国家的伊斯兰原教旨主义力图通过合法的议会斗争掌握国家政权,少数极端分子则通过制造恐怖活动来表达诉求,不仅无助于伊斯兰各国政局的稳定与经济发展,而且威胁了世界的和平与发展。

民主化浪潮是从拉丁美洲开始的。20世纪70年代末以后,拉美各阶层群众反独裁、争民主的斗争日益发展,出现了军人还政于民的民主化进程。到80年代末,拉美军人专制政权全部垮台。民主化浪潮很快波及亚洲、非洲。1986年,菲律宾的马科斯政权被推翻。1988年,韩国的全斗焕被迫和平让权。在缅甸,持续的群众运动迫使统治26年之久的铁腕人物奈温于1989年下台。非洲民主化浪潮的特点则是大量国家由一党制演变为多党制。

第三世界的民主化,部分地实现了民主政治的目标,具有历史的进步作用。通过这一变革,专制制度受到打击,民主力量得到发展和锻炼,社会各阶层群众提高了参政议政的民主意识。但是,在大多数第三世界国家中,政治民主的发展不是一帆风顺的,民主化浪潮在更多的情况下带来的是社会危机和政治动荡。如何实现政治稳定与政治民主的良性发展,实现政治和经济的良性互动,在政治稳定的基础上稳步推进政治民主,在政治发展的前提下迅速发展民族经济,依然是第三世界国家面临的长期艰巨的历史任务。

二、战后第三世界国家的经济发展

1. 第三世界国家经济发展的成就

战后第三世界国家的经济,整体而言,前二三十年间发展较快,进入20世纪80

年代以后发展迟滞,发展过程大体上经历了发展准备阶段(1945~1955年)、起飞阶段(1956~1965年)、高速增长阶段(1966~1973年)、开展石油斗争和争取建立国际经济新秩序的斗争阶段(1973~1980年)、停滞阶段(1980~1990年)、经济调整与改革阶段(1990年至今)。就不同国家和地区来说,有些国家如东亚和东南亚、拉美国家和中东石油国家发展较快,成就较为突出,另一些国家和地区,特别是非洲前进缓慢,成效不是很大。

经过战后几十年的发展,第三世界国家的经济发展规模和水平出现了五个不同的层次:①新兴工业化国家和地区,如亚洲"四小龙"、墨西哥等。②以中东石油输出国为代表的能源、原材料出口国家。③中等收入且加快发展的中小国家,如泰国、马来西亚、摩洛哥、智利、秘鲁等国。④人均收入低,但发展快的地区性大国,如中国、印度、巴西等国。⑤最不发达国家,大约有50个。

战后第三世界国家的经济发展成就主要体现在:

第一,国民经济有了较快的发展。经济增长速度不仅大大高于独立以前,也高于发达国家。据世界银行的资料显示:1955~1970年,第三世界国家(包括中国,但不包括高收入石油出口国)国民生产总值年平均增长率为5.4%,而西方工业国家为4.7%。20世纪70年代,第三世界国家为5.3%,西方国家为3.2%。同期,发展中国家人均国民生产总值年均增长率达到3.1%,而西方国家为2.4%。

第二,畸形的经济结构逐步改善。独立前的亚非拉国家经济结构单一,以手工劳动为主的农业比重大,工业水平低。经过战后几十年的发展,第三世界国家的工业化程度有了较大提高。现代工业的增长速度大大快于农业,经济结构发生了很大变化。在工业增长中,制造业的增长速度较快,高于西方工业国家。

第三,经济自主性有所增强。第三世界国家的经济在独立前完全被宗主国所控制。独立后,这些国家和地区废除了对宗主国的贡赋和某些特权,或把外国企业收归国有,或增加在外资企业中的股份,或限制外国垄断资本的非法活动等。经过几十年的发展,许多第三世界国家已经能够按自己的民族意愿制定本国经济的发展战略和政策,发展国家资本主义经济和私人经济,并对外国垄断公司进行监督和管理。

第四,出现了一批新兴的工业化国家和地区。从20世纪60年代开始,亚洲的新加坡、韩国、马来西亚、泰国、以色列、中国的台湾地区和香港特区,拉丁美洲的巴西、墨西哥、阿根廷,非洲的南非等国家和地区,经济发展迅速。这些国家和地区首先发展劳动密集型为主的轻纺工业,后来又发展钢铁、化工和船舶制造等重工业,

第八章 奋进中的第三世界

建立了比较完整的工业体系,工业占国民生产总值的比例大大提高,工业制成品已成为出口的主要部分。特别是亚洲"四小龙"经济规模迅速扩大,发展模式表现出蓬勃生机。这些新兴工业化国家和地区已形成世界上一支新兴的经济力量。

2. 第三世界国家的经济发展战略

第三世界国家发展经济的共同战略目标是迅速提高生产力,发展社会经济,使本国成为富裕的先进国家。多数国家独立后逐步探索和实施了某种经济发展战略。以第三世界国家所实施的贸易政策为标志,它们的经济发展战略分为进口替代战略和出口导向战略两大类:

所谓进口替代战略,就是通过建立和发展本国的制造业和其他工业,替代过去的制成品进口,以带动经济增长,实现国家的工业化。主要内容有:贸易保护政策,对制成品特别是消费品进口,通过关税手段和非关税手段进行限制,直至完全禁止外国某些工业品的进口;限制外汇的持有,实行外汇配给,对资金流出国外实行管制;为促进替代工业的投资,在财政、税收、价格和信用等方面给予进口替代工业特殊优惠;等等。

但是,第三世界国家实施进口替代战略大都收效甚微,经济难以进一步发展,迫切需要转变发展战略,在战后科技革命的推动下,西方发达国家经济运转较好,战前严格的贸易限制大大放松,这给一些国家增加出口创造了条件;同时,各国跨国公司日益重视利用第三世界国家的丰富资源和廉价劳动力。实行新的工业战略有了可能,许多国家开始由进口替代转为面向出口。

面向出口战略也称出口导向战略,是指使本国的工业生产面向世界市场,着眼于发展出口产品,并以制成品出口逐步替代过去的初级产品出口。实行这一战略的第三世界国家大力鼓励出口,对出口制品减免关税,给予出口补贴;对产品出口提供信贷和保险;对出口部门所需的原材料、零配件和机器设备进口,减免关税或减少进口限制,给出口商品提供一定比例的进口限额和许可证等。在外汇和汇率政策上,拟定合理的汇率,改变因汇率高而不利于本国产品出口的情况,实行货币贬值,给出口企业和出口商优先提供外汇或实行外汇留成、出口奖励等制度。

第三世界国家为实现国家工业化所实施的两种经济发展战略,各有所长,对国民经济发展都起过一定的积极作用。进口替代有利于建立独立自主的民族经济,免受资本主义世界市场的冲击。一些国家从轻工业的进口替代逐步发展到重工业的进口替代,逐步改变本国的单一经济结构。面向出口的战略,有利于实现规模经济,扩大市场范围,推动企业经营效率提高,从而加快经济增长步伐。但是,两种战略也都对经济发展有一定的负面影响。进口替代战略限制国内市场的扩大,导致市场需求不足,生产力闲置,工业产品出口因成本高、质量低而缺乏竞争力;由于过于着眼进口替代工业,忽视了农业和电力、能源工业发展和基础设施建设,从而制约经济的整体效益。面向出口战略由于主要是为了出口,容易使这些国家和地区经济严重依赖世界市场,同时也容易加剧通货膨胀和物价上涨,人民生活难以改善。

农业在第三世界国家具有重要战略地位。在多数国家里,农业状况的好坏直接关系经济增长和工业化进程的全局。但第三世界各国在现代化进程中,多把力量集中于发展工业,不同程度地忽视了农业,带来严重的粮食问题。从20世纪60年代中期特别是70年代以来,许多国家逐步把农业放在经济发展的首位,并制定了相应的农业发展战略。经过几十年的发展,农业取得了一定成就,有的国家粮食自给程度有了较大提高。但仍有一些国家特别是非洲国家没有解决好农业的发展问题。

3. 第三世界国家经济发展的困难和政策调整

战后,第三世界国家经济在取得了成绩的同时,还存在着许多问题。20世纪70年代末以后,这些问题日益突出,对于许多第三世界国家而言,80年代是倒退的10年。

20世纪80年代第三世界国家经济年均增长率为3.1%,远远低于前15年接近6%的年均增长水平。1989年,第三世界国家人均国民生产总值相当于1980年的98%,其中非洲相当于80%,西亚只相当于64%。从投资水平看,1965～1980年,中低收入的第三世界国家国内总投资水平平均增长8.2%,而1980～1989年则只达到2%,其中拉美和撒哈拉以南非洲国家有的出现负增长。为了弥补资金的短缺,一些第三世界国家借了大量的外债。1980年,第三世界国家的外债不过6300多亿美元,到1990年则达到12000亿美元,1991年,达13200亿美元。这就使第三世界国家资金不足的问题更加突出,形成资金债务的恶性循环。沉重的债务成为第三世界国家经济发展道路上的严重障碍。与此同时,发达国家的工业制成品价格却不断上升,第三世界国家的贸易条件随之大大恶化。由于贸易状况不佳及还本付息的增多,第三世界国家正常项目的国际收支赤字不断扩大,1990年达210亿美元,致使一些第三世界国家纷纷压缩国内需求,大幅度削减进口。此外,粮食匮乏、失业严重、贫富差距加大和两极分化加剧等问题,不仅严重影响经济的进一步发展,而且造成一些国家的政局动荡、社会矛盾激化。

第八章 奋进中的第三世界

出现上述困难的原因是多方面的。外因是旧的世界经济秩序的束缚,世界市场油价暴跌和其他初级产品价格下降,贸易保护主义的影响。内因是经济基础薄弱,资金不足,技术落后,政局动荡,特别是一些国家决策上的失误。

为克服困难,促进经济发展,从 20 世纪 80 年代中期以后,第三世界国家一直在调整政策。各国调整的内容各不相同。

根据本国国情制定与调整经济发展的战略。一些过去实行以进口替代为主的发展战略的国家,如印度、印度尼西亚、乌拉圭、智利等,都加强了鼓励出口的工作,积极发展对外贸易和劳务出口;一些以出口为主的国家和地区,如泰国、菲律宾、科特迪瓦和韩国等,则重视加强国内的进口替代,以减少进口,节省外汇。越来越多的发展中国家更加重视把这两种战略更好地结合起来,发挥它们各自的优点。

改革经济管理体制,对经济管理体制,特别是对国有企业进行改革。其中包括:减少政府对经济的过度干预,放松价格管理,更多地发挥市场供求关系的作用;将一些严重亏损的企业实行关停并转,并将一些工商企业转为公私合营或私营;积极发展私营企业。

实行开放政策,改变过去闭关自守的状况,提出国际化的口号,在政治、经济独立自主的基础上,实行对外开放,大量吸收外国资本和先进技术,注重对外开放的多方位和对外经济联系的多元性,制定鼓励外资的优惠政策,保障外资利益,改善投资环境。

调整经济结构,努力实现工业、农业、能源、交通、金融、服务等各部门的均衡发展。调整工业内部结构,促进产业结构升级和多样化。例如,石油输出国积极发展石油开采、提炼、化工、运输和销售等行业,力争建立一个比较完整的工业体系。东盟国家计划大力发展适合本地区资源条件的金属、化工等基础工业,提高农矿产品加工程度,以减少对初级产品出口的依赖。亚洲"四小龙"则逐步淘汰效率不高的劳动密集型产业,纠正重工轻农的倾向,发展农业生产,改变粮食完全依赖进口的局面。

三、战后第三世界国家对外关系的特征

第三世界各国的国情千差万别,它们在处理对外关系时,存在着各自的特点。但是,作为一个整体,第三世界对外政策的基本原则却有一致之处,即在对外关系中奉行"不结盟"的政策。

第三世界曾经是美苏两个大国争夺的中间地带。超级大国力图控制第三世界

国家,在一些国家和地区建立军事基地,把它们纳入自己的全球战略之中。为此目的,美苏不断插手第三世界国家内部事务和地区争端。在美苏两个超级大国激烈争夺下,第三世界国家成为它们争斗角逐的牺牲品。第三世界国家为谋求独立、生存和发展,同霸权主义展开了长期的斗争。第三世界与超级大国的关系,实际是控制、干涉与反控制、反干涉的关系。正是在反对两个超级大国的控制、干涉的斗争中,第三世界逐渐成长壮大。同时,它们也利用两个超级大国之间的矛盾斗争,从美苏得到一定的支持和援助,取得独立与发展的机会。

最早将"不结盟"作为一种外交政策实施的是印度,而后,印度尼西亚、埃及、柬埔寨、斯里兰卡等亚非新独立国家也纷纷推行这一政策。1961年6月,在贝尔格莱德召开的不结盟国家第一次首脑会议,明确把"不结盟"政策作为不结盟运动的最主要政策。会议确定了加入不结盟运动的五个条件,即推行和平共处和不结盟基础上的独立政策,支持民族解放运动,不卷入大国冲突和不参加大国军事联盟,不与大国签订双边联盟条约,不允许在其国土上建立外国军事基地。

随着不结盟运动逐渐发展成为大多数第三世界国家共同的运动,"不结盟"政策的内容也逐渐丰富和发展,成为一个集中代表第三世界国家对外政策的综合范畴。归纳起来,主要内容包括:反帝、反殖、反霸,争取和维护民族独立,并在斗争中相互支持;发展民族经济,巩固政治斗争成果;反对各种形式的种族歧视和种族隔离,承认一切种族平等,承认大小国家一律平等;加强第三世界各国的团结,实行南南合作,扩大对话与合作渠道,促进共同发展;呼吁南北对话,消除和缩小日益扩大的南北经济差距,采取有利于世界各国的方式解决全球的经济、社会、人口和环境问题;等等。

"不结盟"政策的根本目的,在于维护各国的根本利益。从这个根本目的出发,第三世界国家在对外关系中,积极加强彼此间的团结与合作,不断拓展与发达国家的关系。

南南合作是第三世界国家巩固民族独立、提高集体自力更生能力的重要内容。第三世界国家有过共同的遭遇,独立后面临着共同的任务,它们之间没有根本的利害冲突,南南合作存在着广泛的可能性。从经济上讲,第三世界国家有丰富的自然资源和广阔的市场;各国经济发展的不平衡性反过来也有助于提供发展的互补性;第三世界国家之间的经济合作,也有助于联合自强,形成合力,共同冲破不合理的国际经济旧秩序。从政治上讲,第三世界国家团结起来用一个声音说话,可以更有力地维护第三世界的整体利益与各国的切身利益。正是在这一基础上,南南合作在20世纪50年代中期以后迅速发展起来。1961年不结盟运动的成立和1964年77国集团的成立,标志着第三世界国家开始采取集体行动促进共同利益和共同发展。与此同时,第三世界国家建立了各种地区性组织、经济合作组织、原料生产和输出国组织以及区域性金融组织。1982年和1983年先后在新德里和北京召开的南南合作会议,是第三世界国家合作的重要里程碑。通过加强合作,提高了第三世界国家在国际舞台上的地位。

南北关系在矛盾与合作中发展。在第三世界国家独立前,它们与发达国家的关系是剥削与被剥削、压迫与被压迫、掠夺与被掠夺、控制与被控制的极端不平等的关系。"二战"后,第三世界国家仍然是发达国家争夺的对象。发达国家需要第三世界的能源和原料供应,第三世界国家要巩固政治独立,发展民族经济,也必须重视同发达国家在各个领域里的合作。总体来说,南北关系是在曲折进程中不断得到巩固和发展的,双方虽然存在很多矛盾和问题,存在着不平等的一面,但彼此间也有平等合作的一面。第三世界国家对发达国家维护旧的国际政治经济秩序,侵犯第三世界国家权益的行为开展了有理、有力、有节的斗争。

第三节 "冷战"结束后发展中国家的新变化

一、"冷战"后发展中国家政治的新变化

1. 政治民主化浪潮汹涌

苏东剧变对发展中国家,特别是过去仿效苏联建立一党制的国家的政局和政治体制产生了巨大的冲击,政治民主化再起波澜。

在非洲,从西非的贝宁到东非的莫桑比克,从北非的阿尔及利亚到南部非洲的赞比亚,在非洲大陆掀起了以多党民主为核心的政治风暴。仅1990年非洲就有21个国家宣布放弃一党制,改行多党制,朝着仿效西方式的多党议会制方向发展。目前,大多数非洲国家都实行了多党制。

在拉美,萨尔瓦多、巴拿马、哥伦比亚、墨西哥、巴西、哥斯达黎加、洪都拉斯、乌拉圭和委内瑞拉等国都是通过大选进行国家最高领导人更迭的。军人政权在拉美地区已经没有市场,政权都回到了民选政府手里。

在亚洲,东亚地区各国的民主化虽然带来了一定的社会动荡,但民主政治体制

已经进入正常轨道。南亚和西亚地区的情况有些复杂,虽然个别国家曾发生军事政变或者实行军人统治,但是也都设法披上民主的外衣。2008年,尼泊尔国王贾南德拉退位,废除帝制,实行共和制。在中亚,阿富汗经过"9·11"反恐战争后,建立起了民主政治体制,2004年举行的总统大选中,卡尔扎伊以55.4%的得票率获得阿富汗历史上首次总统直选的胜利。

"冷战"结束后,第三世界国家政治民主化出现新的特点:政治寡头被迫和平交权,体面下台,部分国家出现了政治动荡;军人政权复辟的现象虽然时有发生,但受到内外极大的压力,往往难以持久;新的政治斗争多表现为和平的政党之争、议会之争;新政权一般实行温和的政治路线,团结国内各派政治力量,组成民族团结政府,变零和竞争为非零和竞争,打下了政治长治久安的基础;民选政府大都采取扩大政治参与和政治民主的改革措施,同时争取国际社会的援助,客观上有利于国内政局的稳定。

总体上看,发展中国家的政治民主化浪潮是在全球化趋势下,国际政治"西化"的反映,是以美国为首的西方发达国家强力推广西方意识形态和民主价值观的结果。但是,21世纪以来,民主化所带来的政治动荡仍然激烈,亚非拉的一些国家仍然徘徊在各种政治危机,甚至政变之中。

2. 伊斯兰复兴运动有了新的发展

"冷战"结束后,伊斯兰国家从各方面强化联合与合作。政治上,加强协调行动,力求在涉及穆斯林国家利益的新老热点地区发挥作用;经济上,创建和扩大经济合作组织,向伊斯兰经济一体化方向发展。1991年12月,伊斯兰会议组织明确提出,要建立一体化和伊斯兰共同市场,加强伊斯兰统一大家庭文化上的联系。苏联解体后,中亚5国加入了伊斯兰世界的行列,进一步促进了伊斯兰复兴运动的发展。

伊斯兰原教旨主义在国际舞台上显得更加活跃。在一些伊斯兰国家中,原教旨主义组织和政党有了较大的发展。如在阿尔及利亚有"伊斯兰社会主义运动"和"伊斯兰拯救阵线",在埃及有"穆斯林兄弟会"、"伊斯兰集团"、"赎罪与迁徙组织",在苏丹有"民族阵线",在土耳其有"繁荣党",在黎巴嫩有"真主党",在科威特有"民众伊斯兰联盟",在阿富汗有"伊斯兰协会"、"伊斯兰党"和"统一伊斯兰",在中亚地区有"伊斯兰复兴党"等。某些国家的伊斯兰原教旨主义通过合法的议会斗争掌握国家政权,使这些国家的政治发展受到了严峻考验。原教旨主义组织还出现了国际性联合。1991年4月,55个穆斯林组织的代表在苏丹首都喀土穆聚会,宣布成

第八章　奋进中的第三世界

立阿拉伯和伊斯兰人民会议。这次会议被西方称为"国际伊斯兰原教旨主义的大聚会"。1993年2月,在伊朗首都举行了穆斯林原教旨主义的"统一行动"会议。

伊斯兰原教旨主义运动的斗争手段分为和平与暴力两种。前者在法律允许的范围内进行合法斗争,以取得政权;后者则属于激进的伊斯兰原教旨主义,也称为伊斯兰宗教极端主义,常以暗杀、恐怖活动为主。伊斯兰宗教极端主义的恐怖活动,恶化了国家的社会政治环境,给国家的经济建设和发展造成了难以估量的损失。

3.民族主义发生嬗变

"冷战"结束后,民族冲突和民族分离主义严重危害着部分发展中国家的政治稳定和民族统一。

在非洲,民族冲突和互相残杀,是影响非洲国家政治稳定统一的巨大隐患。1991~1992年索马里部族冲突升级为全面内战,1994~1995年在卢旺达爆发的胡图族和图西族之间的大规模的种族大屠杀,在肯尼亚、多哥、刚果、扎伊尔、塞内加尔等国都曾发生和正在发生部族之间的对抗和冲突。

在亚欧地区,主要是民族分离主义猖獗。由于苏东剧变的影响和冲击,在中南欧、高加索、中东、西亚、中亚,形成了一个民族主义异常活跃的地带,主要存在着两种民族主义势力。一种是以土耳其为中心的种族民族主义,表现为土耳其主义或泛突厥主义,它以突厥文化或血统关系为基础,极力向外扩展影响,成为影响这一地带政治的一股强大力量。另一种是以伊朗和沙特阿拉伯等伊斯兰教国家为代表的宗教民族主义,特别是伊斯兰原教旨主义,在中东的发展势头日盛。

此外,民族分离主义者的恐怖活动和分离活动,也严重困扰着印度、印度尼西亚、菲律宾、斯里兰卡等亚洲国家的政治稳定和统一。

二、"冷战"结束后发展中国家经济的新变化

1.经济实力增强

"冷战"结束后,发展中国家推行经济调整和改革政策,实行对外开放,介入地区经济一体化。虽然经济发展有起有落,地区之间很不平衡,但总体而言,多数发展中国家仍保持了较高的经济增长,成为推动世界经济增长的新生力量。突出表现在:经济增速加快、外国直接投资猛增、对外贸易迅速扩大,在全球经济中的比重大大提升。

发展中国家在世界经济中的地位今非昔比。传统上,国际资本由发达国家流

入发展中国家,弥补发展中国家资本、技术要素的不足,当前国际资本从发展中国家向发达国家转移资本的趋势愈益明显。尤其是石油输出国的"石油美元"和新兴经济体的"贸易盈余"大量流入美国。传统上,专业人才从发展中国家流向美国等发达国家,当前,随着发展中国家经济状况、生活条件和工作环境不断改善,高端人才的流动也发生了逆转,发展中国家的经济前景具有越来越强的吸引力。根据世界银行发布的《2011年全球经济展望》,发展中国家经济的稳固增长,使得其对全球经济的增长贡献已经将近一半。

21世纪头十年,发展中国家中那些快速发展的大国,通过积极参与经济全球化,获得了经济持续增长的内在动力,被冠之以"新兴经济体"。以此为背景,"金砖四国"、"新钻11国"、"远望5国"等名称,尽管涵盖的具体国家不同,但都反映了新兴经济体迅速崛起的事实。

金砖四国

2001年,美国高盛集团研究员吉姆·奥尼尔首次抛出金砖四国的概念,囊括了全球最大的四个新兴市场国家。由于巴西、俄罗斯、印度和中国的英文首字母组合的BRIC,与英文中的砖(Brick)类似,因此被称为"金砖四国"。

新钻11国

继"金砖四国"后,2006年高盛集团又推出"新钻11国"(Next—11,简称N—11)的概念。这些国家都是具有丰富劳动力资源和能源的国家,被高盛认为成长潜力仅次于金砖四国,包括巴基斯坦、埃及、印度尼西亚、伊朗、韩国、菲律宾、墨西哥、孟加拉、尼日利亚、土耳其、越南。

在新兴经济体的强劲增长中,金砖国家无疑是居于核心地位。2009年6月,"金砖四国"领导人举行了首次峰会。2010年,南非提出加入"金砖四国"的申请。2011年4月,在中国举行的第三次峰会上,南非正式成为金砖国家的一员,作为新兴经济体的合作平台,金砖国家(BRICS)机制形成了。21世纪头十年,金砖国家整体平均增长率超过8%,远高于发达国家的2.6%和世界平均增长率的4.1%。2008年金融危机爆发后,以金砖国家为代表的新兴经济体经济总体保持稳定,有效弥补了发达经济体需求萎缩留下的缺口,对危机起到极大的缓冲作用,成为改变

第八章 奋进中的第三世界

世界经济格局和秩序的重要动力。

远望 5 国

这一概念由日本学者提出,是指越南、印度尼西亚、南非、土耳其及阿根廷。五国的英文名称首字母合并成"VISTA"一词。这五国被认为将继金砖四国后,成为下一代有潜力的新兴国家。

2. 南北经济关系有所改善

"冷战"结束后,在世界经济全球化和世界格局多极化两大趋势的推动下,北方国家争相发展与南方国家的关系,南北区域性对话与合作关系有了较快的发展。

在亚洲,美国提出"新太平洋共同体"的构想。日本以亚洲作为战略依托,加紧了对亚洲市场的开发。西欧大国竞相与亚洲发展经贸和政治关系,构筑起亚欧会议机制探讨亚欧新型伙伴关系问题。

在拉美,美国仍然没有放弃美洲自由贸易区的蓝图。欧盟与拉美国家在1999年6月举行首届欧盟—拉美首脑会议,谋求双边更加紧密的合作。日本也借助亚太经合组织加强与拉美国家的关系。

在中东,1994年,美国在卡萨布兰卡召开了首届中东、北非经济会议,随后又多次召开了会议。欧盟和地中海沿岸的阿拉伯国家也举行了欧洲—地中海会议,力图通过发展贸易,提供援助,建立环地中海自由贸易区。日本也加强了参与中东事务的力度。

在非洲,1997年,美国就宣布要建立"跨世纪的美非贸易伙伴关系"。2000年4月,首届欧非首脑会议在开罗举行,提出了建立面向21世纪的平等参与的欧非战略伙伴关系。2002年6月底,"八国集团"通过了援助非洲和减免非洲债务的计划。

发达国家对最不发达国家的援助也有了新的进展。1997年10月,由世界贸易组织主持召开了"促进最不发达国家贸易发展的高级会议",包括美国和欧盟在内的一些世界贸易组织成员宣布将采取一些允许最不发达国家产品进入本国市场的优惠措施。2000年6月,欧盟与非加太地区的77个国家签署了新的贸易和援助协定——《科托努协定》,结束了实施25年之久的《洛美协定》,新协定有效期为20年,有利于推动南北长期合作。

随着南北关系的进一步发展,已经形成了北美自由贸易区、欧盟—地中海自由贸易区、亚太自由贸易区和环印度洋自由贸易区等经济板块,每一个板块中既有北方国家,也有南方国家,标志着南北关系的发展进入了一个新阶段。

当前,发展中国家整体上呈现出较好的发展势头,但内在机制还有待健全完善,同时面临着诸多因素的挑战、不合理的国际经济秩序的束缚等问题,困难和矛盾依然严峻。从总的趋势看,即使出现了危机、中断或曲折,发展中国家的发展势头是阻挡不了的。

亚洲地区主要面临着经济结构进一步调整的问题。1997年的金融危机,对亚洲经济发展的影响既深入而且巨大。危机不仅使这些国家和地区经济增长速度放慢,而且还在一些国家引发政治动荡,使经济发展环境有所恶化。危机的表面原因是这些国家和地区的货币金融体系不健全、不合理,深层次原因则是经济结构和经济增长方式的问题。所以,深层次的经济结构调整是长期的任务。非洲面临的主要问题是经济发展基础仍然薄弱。非洲基础设施落后,生产水平低下,经济发展起点低,抗风险能力和持续发展能力低下,受国际经济环境影响大,债务危机困扰大多数国家的局面没有改观。另外,非洲地区政治稳定仍然缺少可靠保障,经济发展环境充满不确定因素。这些因素共同作用,非洲经济发展困难很多,经济振兴任重道远。拉美国家的重大问题是如何在美洲一体化进程中趋利避害,更好地维护自身利益。

三、"冷战"结束后发展中国家国际地位得到提升

1. 地区性发展中大国的兴起

"冷战"结束后,地区性大国的兴起是发展中国家政治生活中的大事。亚洲的印度和印度尼西亚、拉美的墨西哥和巴西、非洲的埃及和南非以及尼日利亚等国的综合国力在"冷战"结束后都有了大幅度提高,成为影响所在地区局势的地区性大国。它们积极参与地区和国际事务,印度、巴西还积极争取成为联合国安理会常任理事国,争取成为世界性大国。

印度是南亚大国。1947年印度独立后,沿袭了英国殖民统治时期建立的政治制度。经过半个多世纪的实践,民主政治已经在印度政治生活中扎下了根,得到了社会各个阶层和国际社会的广泛认同。"冷战"结束后,印度因为核试验一度遭到国际社会的制裁。进入21世纪后,印度经济以高于6%的年增长率迅速发展,经济总量逐年上升,其信息产业令世界瞩目,软件出口的规模、质量和成本等综合指数名列世界第一。在对外关系中抓住机遇开展大国外交、反恐外交、联合国外交,为争取实现世界大国的目标奠定了基础。

巴西是发展中国家当中最早独立和实施现代化的国家之一,在拉美地区和全

第八章　奋进中的第三世界

球都具有重要地位。"冷战"结束后,巴西谋求大国地位,力求在国际事务中发挥大国作用。早在1967~1974年,巴西的国民生产总值连续八年平均以10.1%的速度递增,创造了"巴西奇迹"。21世纪以来,卢拉政府放弃了新自由主义经济政策,建立了以推动社会发展为核心的发展模式,通过降低利率、改革税制、增加出口、加大基础设施投资等措施,巴西经济获得强劲增长。在对外关系中,把发展与拉美国家的关系作为其外交的重点,以此为依托,力求在国际事务中发挥大国作用。

南非是非洲最发达的国家。1994年,南非举行了首次多种族大选,结束了种族隔离制度和白人统治,走上了民族和解、经济发展的道路。在国际事务中维护非洲利益,积极参与大湖地区、津巴布韦、苏丹、利比亚等非洲热点问题的斡旋,努力促进非洲一体化和非洲联盟的建设,其发展潜力世界瞩目。

上述国家为代表的发展中大国的兴起是当前国际关系中不争的事实。随着经济实力的增强,国际关系的力量对比状况发生了相应的变化,就长远影响而言,国际关系的"话语权"和运行规则也将产生相应的变化。

2. 发展中国家之间的团结与合作加强

"冷战"结束后,作为一个整体,发展中国家积极探索团结合作的新途径、新形式和新领域,表现出新的特点。

在发展中国家之间,"冷战"时期受美苏对抗影响而敌对的国家间关系趋向缓和,走向对话与合作。例如,在东南亚,越南不但与东盟国家改善了关系,还于1995年正式加入了东盟组织。热点地区国家降低了对峙程度,共同致力于政治解决问题的努力。这大大增强了发展中国家内部团结的广度与深度。

政治上,发展中国家联合起来维护自身利益的行动更加坚强有力,成为反对霸权主义和强权政治,维护世界和平与稳定的主力,在国际政治中发挥着日益重要的作用。在亚洲,各国坚决抵制美国等西方国家强制推行其意识形态和价值观念的做法,坚持走自己的路。在非洲,非洲联盟在地区和国际事务中发挥着越来越大的作用,坚持自主解决非洲地区的政治争端和军事冲突。在拉美,各国坚持反对美国干涉拉美国家内政、推行霸权主义的做法和行径。不仅如此,广大发展中国家还加强了在国际舞台上的政治合作,反对各种形式的霸权主义和强权政治。

经济社会领域中,发展中国家团结合作的领域大大拓展,加快地区一体化进程、环境保护、反对走私贩毒等正在成为发展中国家协调合作的新领域。东盟在"冷战"结束后将合作重点转向经济领域,启动了亚洲货币合作机制和东盟与中日韩"10+3"机制。非盟早在20世纪90年代就制定出实现非洲一体化的蓝图。拉美的地区一体化也由松散联盟向实质性联盟发展。南方共同市场力量不断壮大,已成为拉美地区经济一体化的核心。

总之,进入21世纪后,发展中国家在政治经济等各个领域内存在着广泛的共同利益,有着广泛的合作空间,它们在多形式、多层次、多领域的协调合作中,不但增强了各自的政治经济实力,提高了自身的国际地位,而且也增强了发展中国家作为一个整体的凝聚力和巨大潜力。

3."冷战"结束后发展中国家面临的挑战

"冷战"结束后,发展中国家地区原来带有"冷战"色彩的热点已基本获得解决,和平发展成为大势所趋。但是,从许多方面来看,发展中国家的局势也更加复杂,局部动荡和暴力冲突仍然是经常现象,各种不确定性因素仍然突出,和平与稳定远没有真正、充分地实现。同时,发展中国家曾经是美苏两霸争夺的对象,能够利用超级大国的相互争夺,左右周旋,谋求更多的军事和经济援助,借以求得生存和发展机会。东欧剧变、苏联解体之后,发展中国家失去了中间地带作用,美国及其他西方国家在政治上对发展中国家的需要程度下降,发展中国家在大国间的回旋余地缩小了。

失去苏联这个对手之后,西方逐渐把矛头对准南方国家,以压促变,推行西方的民主模式。美国提出的世界新秩序,其内容之一就是要把西方的价值观念和政治经济模式推广到全世界,尤其是发展中国家。"9·11"事件后,美国把一些不听它话的国家确定为"邪恶轴心国",以反恐为名发动了阿富汗战争和伊拉克战争,发展中国家面临着强权政治干预的严峻现实。

在国际经济领域,西方国家继续垄断和控制着国际市场价格,贸易保护主义更趋严重,各种关税和非关税壁垒名目繁多。国际市场竞争日趋激烈,发展中国家的出口更加困难。苏东剧变后,发展中国家不仅失去了来自苏东集团的援助,来自西方国家的援助也面临了更多国家的竞争,在获得资金援助方面更加困难。西方的发展援助条件更加苛刻,日趋政治化,迫使发展中国家在人权、民主问题上作出让步。此外,区域经济集团化以发达国家为中心展开,发展中国家处于相对不利的位置,面临在国际经济关系中"边缘化"的困境。

正因如此,"冷战"结束后,发展中国家在一定程度上出现了分化和离心倾向。发展中国家相互间的利益差异日益显露出来,政治倾向也趋于多样化,增加了彼此协调的复杂性。着眼于长期发展,发展中国家应该继续加强团结与合作,化解内部矛盾,在国际事务中发挥整体优势的力量,维护发展中国家的共同利益。

第九章　中国的外交政策与对外关系演变

中华人民共和国的成立，开辟了中华民族历史的新纪元，揭开了中华民族外交崭新的篇章。60多年来，中国坚持独立自主的外交政策，积极开展外交活动，在国际舞台上的影响不断扩大，国际地位不断提高。

第一节 毛泽东时期的外交政策与对外关系

新中国成立之后,中国结束了自 1840 年以来任人宰割的屈辱外交,在毛泽东国际战略思想指导下,坚定不移地奉行独立自主的外交政策,并根据国际国内形势的变化不断加以调整,中国的对外关系逐步得到发展和扩大,确立起了中国对外关系的基本原则,奠定了中国外交的坚实基础。

一、建国初期的"一边倒"外交政策与对外关系的初步发展

新中国成立前后,两极格局已经大体形成,"冷战"的对峙决定了中国的国际活动空间非常有限。"一边倒"外交政策就是在这样的背景下出台的。

1949 年 3 月,在中国共产党七届二中全会上,毛泽东在讲到新中国的外交政策时指出:"我们可以采取并应当采取有步骤地、彻底地摧毁帝国主义在中国的控制权的方针。""不承认国民党时代一切卖国条约的继续存在。""我们是愿意按照平等的原则同一切国家建立外交关系的。""我们也必须尽可能地首先同社会主义国家和人民民主国家做生意,同时也要同资本主义国家做生意。"

1949 年 9 月,中国人民政治协商会议第一次全体会议召开,在这次会议上制定了具有临时宪法性质的《共同纲领》,对新中国在国际事务中应遵循的基本原则和立场做了明确规定:中华人民共和国联合世界上一切爱好和平、自由的国家和人民,首先是联合苏联、各人民民主国家和被压迫民族,站在国际和平民主阵营方面,共同反对帝国主义侵略,以保持世界的持久和平。

在"一边倒"政策的指导下,新中国迅速同苏联、东欧及亚洲的人民民主国家,以及友好的亚非拉民族独立国家建立了外交关系,清除了帝国主义和其他敌对势力在华的残余影响,巩固了人民政权。1950 年 2 月,中国与苏联签订了《中苏友好同盟互助条约》,从法律上确定了中苏的结盟关系。1955 年,中国参加了在万隆举行的亚非会议,在会议期间进行了大量卓有成效的工作,不仅对亚非会议的成功作出了巨大的贡献,而且也对进一步发展同亚非民族国家的关系并以崭新的形象走上国际舞台起到了良好的推动作用。

第九章 中国的外交政策与对外关系演变

这一时期,美国对新中国实行遏制和孤立政策,不仅自己拒绝承认新中国,而且还阻挠其他一些国家承认新中国,并且一直顽固地阻挠恢复新中国在联合国的合法席位。在经济上,美国对新中国实行全方位的封锁与禁运。在军事上,则对中国实行军事包围与武装威胁。朝鲜战争爆发后,美国打着联合国部队的旗号把战火烧到了我国东北边界,同时武装侵犯中国领土,派第七舰队控制台湾地区海峡。美国还片面签订对日和约,对中国形成月牙形的包围圈。中国政府同美国的这种侵略政策和侵略行径进行了针锋相对的斗争,在朝鲜战场上给美国以沉重打击,迫使美国在停战协定上签字。在日内瓦会议上,中国利用美、英、法之间的矛盾开展工作,解决了印度支那地区的发展前途问题。

与此同时,新中国也同欧洲的一些发达资本主义国家在平等互利、互相尊重主权和领土完整的基础上建立了外交关系。1951年,与瑞典、丹麦、瑞士和芬兰相继建交。1954年,与英国、荷兰建立起代办级外交关系。

实践证明,"一边倒"外交政策符合当时中国的国内国际情况,既是当时国际形势,包括美苏对华政策决定的,也是新中国为了维护自己的主权与利益所做出的正确选择。

二、20世纪60年代"两个拳头打人"外交政策与对外关系

20世纪60年代,国际形势剧烈动荡,各种国际力量经历了分化改组的过程。苏联自赫鲁晓夫上台后,大国主义和霸权主义野心膨胀,导致社会主义阵营逐步走向解体。西欧、日本的经济迅速发展,独立自主倾向增加。同时,亚非拉民族独立国家日益联合起来,作为一支新兴力量登上国际舞台。在这一时期,中国外交经历了严峻的考验,在同时承受美、苏两个超级大国的压力下,开拓前进。

中苏关系在这一时期全面破裂。苏共二十大后,苏联试图迫使中国将自己的外交政策纳入苏联全球战略的轨道,不断对中国施加政治、经济、军事等各方面压力。1958年,赫鲁晓夫向中国提出了建立长波电台和联合舰队的有损于中国主权的无理要求;1959年9月,苏联在中印边界冲突中公开偏袒印度;1960年6月,苏联撕毁了中苏之间的250多项合同和协议,并撤走了全部在华的13900名专家,双方关系破裂。苏联还在中苏、中蒙边境地区集结重兵,1969年3月发生的"珍宝岛事件"及随后接连发生的武装侵犯中国新疆和黑龙江边境事件,使得中苏边境形势十分紧张,对中国的安全形成直接威胁。

珍宝岛事件

珍宝岛位于黑龙江省乌苏里江主航道中心线中国一侧,面积 0.74 平方公里,历来为中国领土。1969 年 3 月,苏联军队几次对珍宝岛实施武装入侵,并向中国岸上纵深地区炮击。中国边防部队被迫进行自卫反击。此后,中苏两个社会主义大国之间关系处于长期的敌对备战状态。2005 年,俄罗斯、中国先后批准《中俄国界东段的补充协定》。根据该协议,珍宝岛是中国的领土。

美国在此期间继续推行反华政策,主要表现为:在中国台湾地区公开进行战争挑衅,唆使蒋介石集团对大陆进行武力骚扰,叫嚣反攻大陆;在中印边界冲突中,支持印度与中国作战;使越南战争逐步升级,并公开把中国当做美国对外政策的主要对手。中国对此进行了坚决的斗争和反击,1970 年 4 月末,毛泽东主席发表了《五·二〇声明》,发出了"全世界人民团结起来,打败美帝国主义及其走狗"的号召。

在反对苏联霸权主义和美帝国主义的同时,中国还大力支持被压迫民族的解放斗争。中国除全力支持印度支那三国人民的抗美救国斗争外,还坚决支持古巴人民抗击美国雇佣军的斗争。对于 1961 年一些国家发起的不结盟运动,中国也给予了积极的支援。中国还同蒙古、阿富汗、巴基斯坦、尼泊尔和缅甸签订了边界条约或协定,解决了若干历史遗留问题。在这一时期,中国和亚非民族独立国家普遍建立了外交关系。1963 年,周恩来总理访问亚非 14 国,提出了中国同非洲和阿拉伯国家相互关系的五项原则和中国对外经济技术援助的八项原则,受到了亚非国家的普遍欢迎,有力地推动了亚非拉民族解放运动的发展。

这段时期内,中国同西欧国家和日本的关系有了一定程度的发展。1964 年 1 月,中国与法国建立了正式外交关系,这是同我国建立大使级外交关系的第一个西方大国。对日本,中国通过大力推行民间外交增进了两国人民间的友谊,为实现国家间关系正常化奠定了必要的基础。

这一时期中国外交的特点被概括为"两个拳头打人",即既反美,又反苏。这一政策的实施,是由当时的国际形势所决定的,由于美苏两个超级大国都与中国为敌而被迫采取的。但是,60 年代恰逢中国国内"左"倾思想愈演愈烈,受其干扰,对外关系中一度出现"左"倾的混乱,使中国处于四面受敌的不利境地,留下了深刻的教训。

三、20 世纪 70 年代"一条线,一大片"外交政策和对外关系的突破

进入20世纪70年代之后,中国所处的国际环境发生了重大的变化。经过20世纪60年代的动荡、分化和改组,国际舞台上出现了美苏两个超级大国激烈争夺和其他多种力量日益增长的局面。由于美苏力量对比发生了有利于苏联的变化,苏联利用欧洲缓和的时机,加快了对第三世界的争夺,同时在中苏边界布置重兵,加强对中国的威胁。而美国深陷在越南战争的泥潭之中,被迫实行战略收缩。为了应付与苏联的争夺,美国不得不调整其对外政策,谋求改善美中关系,以联合中国遏制苏联。

针对形势的变化,中国政府及时调整了对外政策。其指导思想是:针对苏联对中国的严重威胁,联合国际上一切可以联合的力量,在世界范围内建立反对苏联霸权主义的国际统一战线。正是在这样的背景下,毛泽东同志在20世纪70年代初提出了"三个世界"划分的战略思想。在这一思想指导下,加强了同广大第三世界国家的团结与合作,改善了与西方国家的关系,促进了中国对外关系的大发展。

> **何谓"一条线,一大片"?**
>
> 1973年,毛泽东在会见基辛格时,提出了"一条线,一大片"的思想。"一条线"是指从中国出发,经过日本到澳大利亚、新西兰,经过中东到欧洲,最后到美国;"一大片"是指在"一条线"周围的国家和地区。这一思想的实质,是结成广泛的联美抗苏国际统一战线,改变中国腹背受敌的不利局面。

首先,调整中美关系,实现中美建交。1969年1月,尼克松入主白宫后,一再表示要同中国友好。1971年4月,中国邀请美国乒乓球队访华。同年7月,基辛格秘密来华,为尼克松访华做准备。1972年2月,尼克松总统访问中国,中美发表了上海《联合公报》,标志着两国关系正常化的开始。1979年1月1日,中美两国正式建交,美国承认中华人民共和国政府是中国唯一合法政府。

其次,中国同发达国家的关系得到普遍发展。中日关系自1972年7月田中角荣担任日本首相后发展迅速,两国于1972年9月正式建交,并于1978年8月签署了《中日友好和平条约》;中国同西欧国家的关系也有了很大的发展,除几个袖珍国家之外,中国在这一时期同所有国家都建立了外交关系。1975年,中国同欧洲共同体建立了正式外交关系。此外,中国还同加拿大、澳大利亚、新西兰等国建立了外交关系。

最后,中国恢复了在联合国的合法席位。中国是联合国创始会员国之一。新中国成立后,联合国的合法席位却一直被台湾非法占据,加之美国政府的阻挠,中国在联合国的合法权利迟迟得不到恢复。随着60年代民族解放运动的蓬勃发展,诸多新独立的民族国家加入联合国,联合国内的力量对比发生了变化。1971年10月25日的第26届联大举行会议时,以压倒多数票通过由阿尔及利亚、阿尔巴尼亚等23个国家提出的要求恢复中国在联合国一切合法权利,并立即把蒋介石集团的代表从联合国及其所属一切机构中驱逐出去的提案,这是中国外交史上的重大胜利,也是这一时期我国外交的突出成就。

20世纪70年代,同中国建交的国家达75个,比此前20年的建交国家的总数还多1/2。经过调整,中国的对外关系克服了国内"文化大革命"的不利影响,取得了很大的发展。从此,中国开始全面参与国际事务,成为国际舞台上一支不容忽视的力量,为70年代末中国的改革开放创造了条件。

四、毛泽东的国际战略思想

毛泽东是伟大的革命家、军事家、思想家和诗人,也是伟大的战略家。他在长期的内外交织、尖锐复杂的斗争实践中,面对不同时期中国革命和建设面临的形势和任务,形成和提出了极为丰富和十分深刻的战略思想。

毛泽东国际战略思想的核心是国家利益,尤其是国家的安全利益。作为一个半封建半殖民地国家的革命者,中国共产党的缔造者和领袖,毛泽东长期为中国的独立、主权而斗争。新中国成立后,面对强大的外敌入侵危险,他始终把如何维护和巩固政权、如何保卫主权和领土完整,如何免遭以致打败外敌入侵放在首要的位置。由于历史条件和认识方法的局限,他更多地突出了安全利益和政治利益,对经济利益考虑相对较少,甚至为了安全利益和政治利益,不惜付出巨大的经济代价。

在新中国成立以后的前30年中,对外政策经历了两次重大的调整,但贯穿其间有着不变的基本原则,在实践中经受检验、不断完善。

第一,独立自主、自力更生。毛泽东始终如一地坚持这一原则,绝不含糊。这既是新中国外交政策的根本特点,也是中国外交的基本原则立场。中国一直把维护本国的独立、领土与主权完整、反对任何形式的外来侵略和干涉作为一项根本原则。为了更好地实现独立自主,必须强调自力更生。无论遇到什么问题和困难,都立足于自力更生,自己解决,当然,也重视外援,争取外援,但绝不依赖外援,更不乞

第九章 中国的外交政策与对外关系演变

求外援。

第二，维护世界和平，坚决反对侵略。防止战争，争取持久和平，是新中国在国际事务中坚持的原则，中国也一直为维护世界和平作贡献。毛泽东时期曾经决策卷入过一些战争，如抗美援朝、抗美援越，都是为反对侵略、保卫和平而战，也是为履行我们应尽的国际义务而战。再如：中印边境、中苏边境战争，是为维护国家神圣主权和领土完整，对对方挑衅的自卫还击。无论是前者还是后者，中国都是被迫的，是为了保卫主权、保卫和平而战。毛泽东认为，世界和平的取得有赖于各国人民的团结斗争，只有维护和平力量的发展超过了帝国主义战争的力量，世界大战才可以避免或制止。他主张用革命战争去反对反革命战争，他渴望和热爱和平，但绝不乞求和平，而是用斗争去实现和平！

第三，实行和平共处五项原则，正确处理各种国家关系。1953年12月31日，周恩来总理在同印度代表团的谈话中，首次提出和平共处五项原则。这些原则先后得到了印度和缅甸的赞同，成为指导双方关系的基本原则。毛泽东对和平共处五项原则给予了全面的肯定和高度的评价，强调和平共处五项原则应推广到所有国家中去。经过1955年万隆会议十项原则的引申和发展，和平共处五项原则不仅是中国与邻国建立睦邻友好关系的基础，而且成为中国一直坚持的处理国际关系的基本准则。

第四，加强与第三世界国家的团结合作。毛泽东对在历史上都受过西方帝国主义欺侮的东方国家有着深厚的感情，他关于三个世界划分的战略思想中，把中国的命运同第三世界国家的命运紧紧地联系在一起。在毛泽东时期，中国始终不渝地支持第三世界国家的正义斗争，十分重视同第三世界国家开展经济合作与技术合作，在本国经济还很困难的条件下积极开展对外援助。

毛泽东的国际战略思想的形成有着坚实的基础：既有中国近百年沦为一个半封建半殖民地的历史和社会根源，又有中国共产党领导中国革命和老一辈革命家的革命经历和经验；既有毛泽东强调实事求是、调查研究的理论思考和理想主义的个人气质和风格，又有中国决策机制处于不完善状况带来的某些失误。实践证明，毛泽东国际战略思想是毛泽东思想的重要组成部分，它指导中国外交在美苏两极格局的大背景下顶住压力，走出一条独立的外交道路。

第二节 邓小平时期的对外政策与对外关系

以十一届三中全会的召开为标志,中国进入了一个崭新的时期,开始以经济建设为中心,使得中国迅速地重现勃勃生机和改革开放的新局面。20世纪70年代末80年代初,国际形势也发生了深刻的变化。据此,为了适应国际国内形势的需要,中国外交于20世纪80年代初进行了重大的调整。

一、对外政策的调整

1. 确立了战争与和平的新观念

战争与和平问题一直是中国极为关注的问题。在相当长的时间内,世界大战难以避免的观念占上风。这种估计不仅给中国的建设造成了很大的损失,也给中国的外交带来了不利的影响。20世纪70年代初中美关系改善后的一系列变化,促使中国对战争与和平问题作出了新的判断。邓小平认为:从世界总的形势来看,世界和平是可以维持的。虽然战争的因素还存在,还在增长,但和平力量的增长大于战争因素的增长,世界大战是可以推迟、制止甚至是可能避免的。因此,中国应该在继续团结和支持一切和平力量,反对霸权主义和战争的同时,抓住时机,集中力量进行经济建设,增强自身维护和平的物质力量,中国的发展就是和平力量的发展。这样一个观念的变化,是一个关系中国以及世界全局形势的新判断,有非常现实的指导意义,其影响十分深远。

2. 制定了全面对外开放的基本国策

新中国成立后就决定在平等互利的基础上发展对外贸易和经济合作,但受客观条件的限制和主观认识的影响,中国的对外联系受到严重限制。十一届三中全会后,对外开放被确定为一项长期不变的基本国策。

中国的对外开放面向全世界,既对发达国家开放,也对发展中国家开放;既对社会主义国家开放,也对非社会主义国家开放;既对周边国家开放,也对地域相距遥远的国家开放;既对友好邻邦开放,也对以前有过矛盾冲突的国家开放。对外交往的内容更加丰富,不局限于狭义的外交领域,政治的、经济的、文化的、军事的、全球的、区域的、多边的、双边的内容……可谓无所不包。外交形式多样化,呈现出多

第九章　中国的外交政策与对外关系演变

方面、多层次、多渠道的格局。

3. 赋予了独立自主原则以全新的内容

从新中国成立之日起,对外关系中一直坚持独立自主的原则。进入20世纪80年代,独立自主原则被赋予了全新的内容,即不结盟。中国不同任何一个大国结盟,不参加任何对立的国家集团或军事集团,在大国关系中不支持任何一方反对另一方,对一切国际事情、国际争端和国际问题,都从世界人民和中国人民的根本利益出发,根据事情本身的是非曲直,独立自主地决定自己的态度和政策,不受任何超级大国和外部势力的影响和支配。

在国际事务中,中国坚决反对霸权主义和强权政治,坚定地站在维护和平的力量一边,中国还主持公道、伸张正义,在反对霸权主义的同时,自己绝不称霸,即使发展强大起来了也不称霸。在处理国家关系时,中国明确宣布,主张从国家战略利益出发,超越社会制度和意识形态的差异,按照和平共处五项原则,愿同所有国家发展友好合作关系,不分大小、强弱、富贫、远近都同样对待,共同为维护世界和平、促进共同发展而努力。

4. 提出了"一国两制"的新构想

"一国两制"的构想是邓小平为解决中国台湾地区问题而提出来的,是由邓小平于1982年提出,并于1984年由六届人大二次会议认可的具有法律效力的科学构想,也是中国的一项长期基本国策。它的基本内容是:在一个中国的前提下,国家的主体坚持社会主义制度;台湾、香港、澳门是中国不可分割的组成部分,它们保持原有的资本主义制度长期不变,在国际上代表中国的只能是中华人民共和国政府。"一国两制"表现出中国尊重历史和现实,照顾有关各方的正当权益,通过和平方式解决国际争端、为发展与不同制度国家和地区的关系提供了一种新的经验。它提出后,相继被用于解决香港、澳门问题。1997年和1999年已经成功地实现了香港和澳门回归祖国。

二、中国对外关系的崭新局面

随着80年代对外政策的调整,中国外交开创了新局面,对外关系出现了新格局,为中国的经济建设创造了最有利的国际环境。

1. 同发达国家关系得到稳定发展

20世纪70年代末中美正式建交、邓小平访美开始了中美关系发展的新阶段。因美国国会通过《与台湾关系法》,中美关系一度出现波折,但建交以来,双方在经济、贸易、科技和文化等各个领域的交流与合作都得到了大大的加强,双方领导人多次互访,经常保持着高层接触和对话。1982年8月17日,中美双方发表《八一七公报》,美国承诺:它向中国台湾地区出售的武器,在性能和数量上将不超过中美建交后近几年的供应水平,并准备逐步减少它对中国台湾地区的武器出售数量,以经过一段时间导致这一问题的最终解决。此后,两国关系得到了稳定、顺利的发展。

中英关系在此期间曾围绕香港主权回归中国的问题进行了复杂的谈判和斗争,中国坚持"主权问题是不容谈判的"的原则立场。1984年9月,中英达成香港回归中国的协议。中葡双方也于1987年4月达成中国恢复对澳门行使主权的协议。中德、中法、中意及中国与其他欧洲、大洋洲国家的经济、政治合作关系也取得了重大发展。随着中国的发展和欧共体一体化的进展,中国与欧共体的关系也得到了稳定的、健康的发展。

中日关系在1978年10月邓小平应邀访日之后,也推进到一个新阶段。20世纪80年代初,中国提出"和平友好,平等互利,长期稳定"三原则,得到日本政府的积极响应。后来,日方提出增加"互相信赖"的内容,中日友好合作关系进一步发展。

2.同周边国家的友好合作关系取得显著进展

中国同朝鲜、马来西亚、菲律宾、缅甸、泰国、孟加拉、尼泊尔、巴基斯坦等邻国的传统友谊,经历了时间的考验,在新的国际形势下,中国和这些国家友好合作关系进入了一个新的阶段。与此同时,中国同印度尼西亚复交,同新加坡、文莱、韩国建交;中国同印度结束了相互冷漠的状态,合作前景广阔;中越关系实现了正常化,边境贸易有了很大发展,中国同老挝签订了边境条约,解决了长期悬而未决的边界问题。中苏关系在80年代经过谈判实现了关系的正常化。1989年5月,戈尔巴乔夫访华,邓小平会见他时发表了"结束过去,开辟未来"的重要讲话,共同发表了《中苏联合公报》,标志中苏两国结束了长达近30年的敌对关系,实现了关系正常化,为以后的中俄关系发展创造了条件。纵观东南西北,中国友好和平的周边环境已经初步形成。

3.同第三世界国家的团结与合作不断加强

中国一贯十分重视同第三世界的团结与合作,进入20世纪80年代,在国际形势深刻变化的新的历史条件下,中国同第三世界国家间的友好合作关系得到了新的加强。双方高层互访增加,合作领域拓宽,合作方式多样,合作成效显著,同时在国际事务中,双方加深了协调、配合和相互支持,扩大了中国在新的形势下的外交

第九章　中国的外交政策与对外关系演变

活动余地,提高了中国的国际地位。

4. 全面参与国际事务

从20世纪80年代开始,中国全面参与全球和地区的重大问题。中国参与多边外交活动的领域,从政治与安全逐步扩大到了经济、裁军与军控、人权、环境、社会发展等各个方面。中国领导人越来越频繁地参与国内外多边外交活动,中国的态度和立场在多边领域具有越来越重要的分量。在联合国,中国积极参加维护世界和平的工作,包括维和行动和裁军行动,也认真对待联合国组织的促进共同发展的工作,包括援助不发达国家和承担应尽的义务。中国也积极地参加了联合国的多种机构,与之合作,做好工作。

总之,通过对外政策的调整,中国全面奉行独立自主的和平外交政策,使得中国开始大步走向世界。并在国际事务中发挥着独特的作用。中国的外交政策得到了世界舆论的广泛好评,国际威望迅速提高。

三、邓小平的国际战略思想

邓小平国际战略思想是改革开放以来中国外交实践的指导思想,它继承、丰富了马克思主义,创造性地发展了毛泽东、周恩来创建的独立自主的和平外交政策,取得了巨大的成就。

邓小平国际战略的核心就是要维护和实现国家的根本利益,把中国建设成一个富强、民主、文明的社会主义强国。1989年10月,当中美关系非常紧张,美国对我国实行制裁、施加压力时,邓小平明确地指出:"我们都是以自己的国家利益为最高准则来谈问题和处理问题的。"①他还强调:"考虑国与国之间的关系,主要应该从国家自身战略利益出发。着眼于自身长远的战略利益,同时也尊重对方的利益,而不去计较历史的恩怨,不去计较社会制度和意识形态的差别,并且国家不分大小强弱都应互相尊重,平等相待。"②

邓小平对国际形势进行了冷静的观察,深入的思考,提出了许多重要的、科学的、具有创造性的见解,包括:通过对战争与和平问题的长期观察与思考,提出了"和平与发展"的世界主题;针对苏东剧变,提出了世界格局多极化发展趋势的判断;根据历史的经验和现实的需要,提出了在和平共处五项原则基础上建立国际政治经济新秩序的目标;面对新科技革命的兴起和经济全球化的加速发展,提出了

---

①②《邓小平文选》,第3卷,人民出版社,1993年版,第330页。

"科学技术是第一生产力"、"发展是硬道理"等具有普遍意义的判断;等等。

邓小平客观地估量了中国的综合国力,把中国定位于迅速崛起的发展中大国,将来是世界多极格局中独立的一极。他明确提出了独立自主的和平外交政策和策略,首先强调的是把国家主权和安全放在第一位。不允许别国把他们的社会制度和意识形态强加于我们,也不会把自己的社会制度和意识形态强加于别国。为了更好地实行独立自主,邓小平还提出要实行不结盟政策。坚持独立自主的原则,最重要的是实现自身的发展,增强自己的综合国力。这是维护和实现自己的国家利益、解决有关对外关系问题,发挥国际影响力的基础和物质保证。

为了更有效地贯彻独立自主的和平外交政策,邓小平面对国际风云的急剧变化,还制定了"冷静观察、韬光养晦、绝不当头、有所作为"的策略方针。正是这一指导方针,指导中国外交度过了20世纪80年代末、90年代初的艰难岁月,经受了严峻的考验。

邓小平国际战略思想是一个有内在联系、不可或缺、自成一体、独具特色的科学体系。其精髓在于解放思想,实事求是。它符合"冷战"结束后世界发展的潮流和特点,符合中国的根本利益,在它的指导下,中国外交为中国的经济发展开创了更为有利的国际环境。

第三节 "冷战"结束后的外交政策与对外关系

"冷战"结束后,中国及时调整了外交政策,以更加活跃、务实的姿态出现在国际舞台上,迎接新世纪的到来。

一、"冷战"结束后中国所处的国际环境

"冷战"结束后,国际形势总体趋于缓和,地区热点层出不穷,天下仍不太平。两极对抗结束了,世界大战在相当长的时期内不会爆发。各国都从长远利益出发,以对话作为解决国家间矛盾的主要方式,各国间既竞争又合作,既摩擦又妥协,相互间的制衡作用进一步增强。但天下并不因此而太平无事。一方面,霸权主义和强权政治依然存在,南北差距不断加大,发展问题变得更为严峻,成为威胁世界和平的主要隐患;另一方面,原先为"冷战"所掩盖的各种民族矛盾、种族冲突、宗教矛盾和领土纠纷等问题陆续暴露出来,地区热点问题层出不穷,其复杂性不断加深,

第九章 中国的外交政策与对外关系演变

涉及的范围越来越广,世界并不安宁。

"冷战"结束后,多极化的趋势十分明显,"一超多强"成为世界格局的过渡状态,各大国之间的关系处于复杂而深刻的调整之中,各种利益间的纷争与协调构成了大国关系的主线。短时间内,其他各国均不具备与美国单独抗衡的实力。"一超多强"的局面将会持续相当长的时间。虽然西西矛盾在上升,但由于国际间相互依存、相互制约的趋势不断加强,西方各国在国际事务的许多领域中仍然存在着许多共同利益,因此,它们之间仍将以协调为主旋律,通过协商与对话来缓和矛盾。

"冷战"结束后,经济全球化、区域集团化趋势也迅速发展。以经济、科技为主的综合国力竞争日益成为国际竞争的主要内容。以国际货币基金组织、世界银行为代表的国际金融组织和以世界贸易组织为代表的国际贸易组织在国际经济生活中起着越来越大的作用,以跨国银行和跨国公司为代表的国际经济实体规模越来越大,活动领域越来越广。与此同时,以欧洲联盟和北美自由贸易组织为代表的区域性经济组织也日益呈现出蓬勃发展的势头,对世界经济的发展产生极大的影响。

"冷战"结束后,国际形势的发展要求联合国等国际组织进一步发挥任何单个国家所不能发挥的作用。全球性问题的发展已超出一国能力所能够解决的范围,所有国家必须团结合作,解决全人类面临的共同问题。而且,"冷战"的结束也改变了联合国为大国操纵和控制的状况,使它能够更有效地发挥作用。随着多极化趋势不断加强,联合国等国际组织作为国际性协调中心将会发挥更大的作用。

国际形势的发展变化既为中国提供了机遇,也给中国带来了挑战。苏东剧变后,中国顶住了西方的压力,政治局势稳定,经济持续、高速、健康发展,人民生活水平明显提高,不能不引起世人的瞩目,国际地位有所提升。从国际环境来看,"冷战"的结束客观上为中国在国际舞台上提供了更大的活动空间。但是,西强东弱、北强南弱的国际政治格局特点给中国带来了很大的政治压力。在世界经济竞争中,中国的人口多、底子薄、经济发展不均衡,与西方发达国家相比处于明显的不利地位。如何顶住压力,克服自身的劣势,抓住时机发展,是中国面临的挑战。

二、对外政策的调整

"冷战"的终结,使国际关系摆脱了两极格局的束缚。以世界格局的转换为背景,中国提出了促进世界多极化和国际关系民主化的一系列具有创新意义的对外战略思想。

第一,推动世界走向多极化。多极化是不可阻挡的历史潮流,是维护世界和平、促进世界发展的重要基础。中国主张的多极化格局是在国际关系民主化原则的规范和引导之下发展起来的。国际事务由世界各国共同参与,在平等基础上协商解决。任何国家都没有凌驾于他国和国际社会之上的特权,这是实现世界多极化的前提,也是国际关系民主化必不可少的内容。国际舞台上行为主体日益多元化,多种力量之间相互制约,有利于削弱霸权主义和强权政治,反过来又进一步加速了国际关系民主化的进程。

第二,尊重世界多样性发展。当今的世界是多样性的世界,各国在长期历史发展过程中,创造了各种各样、多姿多彩的文明。不同国家和民族之间巨大的差异性,决定了每个国家在国家发展战略上有着各自的选择,各国人民拥有自主选择社会制度和发展道路的权利,不可能强求一致。尊重多样性是实现国际关系民主化的基本前提,差异的存在不应该成为各国之间发展正常关系的障碍,只有尊重多样性,各个国家和民族才能取长补短、相得益彰。

第三,反对霸权主义和强权政治。促进世界多极化、国际关系民主化与霸权主义、强权政治是针锋相对的。反对霸权主义和强权政治,是中国对外关系的一贯立场。"冷战"结束后霸权主义和强权政治有了新的表现,唯一的超级大国凭借其超强实力,大肆推行单边主义和新干涉主义,力图建立自己主导下的世界秩序,严重阻碍了世界多极化和国际关系民主化的进程。包括中国在内的世界上绝大多数国家尽管社会制度、意识形态不同,但在抵制、反对霸权主义和强权政治这一问题上却有着共同利益,为促进世界多极化和国际关系民主化开辟了更加广阔的道路。

第四,建立公正合理的国际新秩序。随着世界多极化趋势的发展,国际秩序也得以重构,同时,实现国际关系民主化必须要有相应的国际新秩序作为保障。国际旧秩序是强权政治盛行、南北矛盾加剧的重要根源,也是国际关系民主化进程步履维艰的原因。改变不公正、不合理的国际政治经济旧秩序,建立适应各国发展水平和要求的国际政治经济新秩序,是推动国际关系民主化的重要途径。

三、中国对外关系的新局面

在新的外交政策指引下,中国的对外关系开创了"冷战"结束后的新局面,取得了丰硕的成果。

通过倡导新安全观,营造稳定、安全的国际和平环境。1999年3月,江泽民在日内瓦裁军谈判会议上发表了题为《推动裁军进程,维护国际安全》的讲话,第一次全面阐述了中国的新安全观,提出必须建立适应时代需要的新安全观,积极探索维

第九章 中国的外交政策与对外关系演变

护和平与安全的新途径。

> ### 中国的新安全观
>
> 中国新安全观的核心是互信、互利、平等、协作,是一种超越单方面安全范畴的综合安全观,其内容由军事和政治扩展到经济、科技、环境、文化等诸多领域。寻求安全的手段也趋向多元化。新安全观主张,安全应当依靠相互之间的信任和共同利益的联系,通过对话增进信任,通过合作谋求安全,相互尊重主权,和平解决争端。这是一种彻底摆脱"冷战"思维和集团政治模式的新型关系,是国家间关系的进步。在解决与周边国家的边界问题、地区经济合作、地区安全对话机制建设等方面,中国通过自身的实践与经验证明了新安全观的可行性和生命力。

通过推行"伙伴关系"战略,构筑起中国新型的对外战略框架。在"冷战"后世界多极化进程中,各大国之间利益关系的组合变化深刻影响着世界政治经济的发展状况。因此,如何处理与各大国之间的关系是中国外交面临的重要课题。在这种情况下,中国改变了以往发展同发达国家关系的单一模式,在维护国家利益的基本前提下,根据与各大国关系发展的具体状况制定并实施灵活的交流与合作方针。这些方针既尊重了中国与这些国家关系发展的历史与现实,同时也对相互间关系在新世纪的发展方向与发展道路进行了战略性规划,建立了多种"伙伴关系"。1996年,中国与俄罗斯建立了"战略协作伙伴关系",1997年,中国与法国建立了"全面伙伴关系",与美国建立了"建设性战略伙伴关系",与日本确认双方努力构筑"面向21世纪的中日睦邻友好合作关系",与东盟确立了"面向21世纪的睦邻互信伙伴关系",与非洲国家建立"面向21世纪的长期友好、全面合作关系"。这是一种新的国家关系模式,它体现了"冷战"结束后中国以平等互利、互相尊重、不搞对抗、不结盟和不针对第三国为指导原则的新外交风格。

通过加大经济外交的力度,使对外关系更好地服务于经济建设。"冷战"结束后,经济关系成为发展国家间关系时不容忽视的重要因素。中国改革开放的不断深入使中国与世界经济的联系日益密切,深刻地融入世界经济一体化的浪潮之中。为保障这一进程的顺利发展,中国一方面深化国内经济体制改革,另一方面则不断地加大经济外交的力度,同世界各国和地区广泛开展贸易往来、经济技术合作和科学文化交流,促进共同发展。在保障对外经济关系健康、顺利发展的同时,防止一些别有用心的国家利用双边经济交往活动中出现的问题对我国施加政治压力,干涉我国内政,努力为经济建设创造良好的外部环境,使外交工作更好地为经济建设服务。

第四节 21世纪的外交政策与对外关系

21世纪以来,面对复杂多变的国际形势和中国国内建设事业的新任务,中国政府在对外政策和国际战略的阐述方面有了新的发展。2004年,中国政府明确提出将致力于走"和平发展道路",其核心是充分利用世界和平的大好时机,努力发展和壮大自己,同时又以自己的发展,维护世界和平,反映了中国在国家实力不断增长过程中的自我定位。2005年,中国政府进一步提出了"和谐世界"的新理念,并将其界定为"持久和平、共同繁荣的世界",表明了中国对于国际秩序的美好愿望和追求。

一、"和谐世界"理念的提出

2005年4月,胡锦涛在雅加达召开的亚非峰会上首次提出了"构建和谐世界"的主张,指出:"推动不同文明友好相处、平等对话、发展繁荣,共同构建一个和谐世界。"①7月,胡锦涛在莫斯科访问期间,与俄方一起将"发展与和谐的世界"写进了《关于21世纪国际秩序的联合声明》。9月,胡锦涛在联合国成立60周年的首脑会议上,全面阐述了和谐世界的内涵,并指出:"应该尊重各国自主选择社会制度和发展道路的权利,相互借鉴而不是刻意排斥,取长补短而不是定于一尊,推动各国根据本国国情实现振兴和发展;应该加强不同文明的对话和交流,在竞争比较中取长补短,在求同存异中共同发展,努力消除相互的疑虑和隔阂,使人类更加和睦,让世界更加丰富多彩;应该以平等开放的精神,维护文明的多样性,促进国际关系民主化,协力构建各种文明兼容并蓄的和谐世界。"②2006年8月的中央外事工作会议,将建设"和谐世界"确立为中国处理对外事务的重要目标和原则。中共十七大报告也指出:"我们主张,各国人民携手努力,推动建设持久和平、共同繁荣的和谐世界。"③至此,中国"和谐世界"理念已经发展成熟,并成为中国对外战略的重要指导

---

① 胡锦涛:"与时俱进,继往开来,构筑亚非新型战略伙伴关系",载《人民日报》,2005年4月23日,第1版。
② 胡锦涛:"努力建设持久和平、共同繁荣的和谐世界",载《人民日报》,2005年9月16日,第1版。
③ 胡锦涛:"高举中国特色社会主义伟大旗帜 为夺取全面建设小康社会新胜利而奋斗——在中国共产党第十七次全国代表大会上的报告",载《人民日报》,2007年10月25日,第1版。

第九章 中国的外交政策与对外关系演变

思想,体现出中国对外战略思想的价值取向。

"和谐世界"理念是21世纪中国进一步迈向世界性大国进程中的必然产物。进入新世纪,和平与发展的时代主题更加鲜明。全球化的加速发展,使得更多的国际事务超越了主权国家间关系的范畴,各种全球性问题,包括:气候变化、能源安全、恐怖主义、公共卫生等,只有通过多层次、多主体的国际合作以及国际组织的协调加以处理,才能获得应对之策。这一时期,中国所处的安全环境得到较大改善,与主要大国的关系维持良好势头,与周边国家的睦邻友好关系进一步发展,所承担的地区和国际责任不断增多。但是,和平与发展的主流之下仍然存在诸多暗流,尤其是所谓的"中国威胁论"一直困扰着中国的发展进程。"和谐世界"理念的提出,既是中国消除世界范围内各种不和谐因素愿望的体现,也是中国对外战略中坚持和平意愿的一种宣示。

就国内背景而言,中国自改革开放后取得了巨大的成就,社会经济文化的急剧变化也导致各种各样社会经济矛盾的激化。2002年,中共十六大把"社会更加和谐"作为全面建设小康社会的目标之一提出来。2004年9月,第十六届四中全会上正式提出了"构建社会主义和谐社会"的概念,致力于建设民主法制、公平正义、诚信友爱、充满活力、安定有序、人与自然和谐相处的社会。作为国内"和谐社会"理论的延伸,"和谐世界"理论的提出,表明中国将国内与国际、内政与外交统筹兼顾,更加注重从国际国内形势的相互联系中把握发展方向,更加注重从国际国内条件的相互转化中用好发展机遇,更加注重从国际国内资源的优势互补中创造发展条件,更加注重从国际国内因素的综合作用中掌握发展全局。

二、"和谐世界"理念的内涵

"和谐世界"理念有着深厚的理论和实践基础,创新性地整合了实现世界和平、促进世界发展的指导原则和方法,全面反映了中国的世界秩序观。它的提出,表明中国不仅关注物质力量的发展和强大,而且将努力推动国际社会普遍认同的公平、民主、秩序等价值观念的传播和实现。

从内容上看,第一,"和谐世界"理念强调世界是一个相互依存、矛盾统一的整体,强调国际社会通过合作化解争端,实现合理、稳定的世界秩序,不是要用革命性的手段挑战或推翻现行秩序,而是要在积极参与的基础上逐步对现有世界秩序中不合理的成分加以改造。

第二,"和谐世界"理念主张世界各国应当以公认的国际法原则和国际关系准则为基础,严格遵循国家主权平等、互不侵犯、互不干涉内政、平等互利、和平共处等原则,通过对话、交流与合作,建立新型的民主的国际关系。

第三,"和谐世界"理念坚持主权国家无论大小、强弱、贫富,都是国际社会的平等成员。各国有权根据本国国情,独立自主地选择本国的发展道路,任何国家不应把自己的价值观念、意识形态和发展模式强加于别国。

第四,"和谐世界"理念认为国际事务需要各国共同努力加以解决,从各国人民的共同利益出发,努力扩大利益的交会点,通过求同存异、平等参与,在协商中增强了解,在了解中加强合作,在合作中实现共赢。加强以联合国为中心的多边合作的作用,有效应对日益增多的全球性威胁和挑战。

第五,"和谐世界"理念倡导充分尊重不同文明、不同民族、不同宗教的多样性。建立和谐世界,必须致力于实现不同文明和谐进步。以平等开放的精神维护世界的多样性,倡导开放和兼收并蓄的文明观,加强不同文明的对话和交流,尊重差别,相互借鉴。

上述"和谐世界"理念与中国国内正在进行的和谐社会建设理念在基本精神上是完全一致的,不仅包含中国传统文化中的思想精髓,而且涵盖了主权平等、共同利益、合作共赢等现代国际关系的基本理念,显示出中国传统价值观念对于国际政治理论发展的创新和贡献。

三、构建和谐世界的外交实践

进入 21 世纪,中国积极主动地开展了全方位外交、经济外交、文化外交、军事外交、环境外交、首脑外交、议会外交、党际外交、公众外交等,开创了外交的崭新局面,取得了很好的效果,为构建"和谐世界"作出了初步的贡献。

第一,"和谐世界"与大国外交。"和谐"的大国关系是构建和谐世界的关键。尽管"冷战"结束以后,我国与世界主要大国的关系有了不同程度的改善,然而,中国近年来的迅速崛起还是招致了种种疑虑,以至于针对我国的战略遏制因素一再增加。对此,中国外交不断通过战略对话机制提升战略互信,推动与主要大国的关系能够超越社会制度异同,摒弃"冷战"思维,互不猜疑,互不敌视。中美、中日、中

第九章 中国的外交政策与对外关系演变

欧、中俄之间都已经建立起战略对话机制,从而确保双边关系长期平稳发展。

第二,"和谐世界"与周边外交。中国努力建设和谐周边,坚持"与邻为善,以邻为伴"和"睦邻、安邻、富邻"的周边外交方针以及"和平、安全、合作、繁荣"的亚洲政策目标。以此为指导,中国同俄罗斯、蒙古、中亚各国、越南妥善解决了领土边界问题,为进一步发展周边合作关系创造了条件。为促进周边地区的和平与繁荣,中国与俄罗斯、中亚各国共同发起成立了上海合作组织;加强了同东盟的合作,使中国—东盟领导人会议制度化,启动了中国—东盟自由贸易区;倡导并主持朝核问题六方会议;积极参与亚太经合组织活动。

第三,"和谐世界"与发展中国家外交。发展中国家始终是中国外交的立足点,也是"和谐外交"的基点。21世纪以来,中国仍然坚持作为发展中国家一员的立场,遵循真诚友好、团结合作、相互支持、共同发展的精神,同广大发展中国家的传统友谊与合作得到进一步加强。在新形势下,中国不断探索与发展中国家合作的新领域和新途径,建立了中非合作论坛、中阿合作论坛、中国—太平洋岛国经济发展合作论坛等机制,发表对拉美政策文件,深化与加勒比国家及组织关系,对加强与发展中国家友好关系都起了积极的作用。中国坚持不干涉内政的立场,对发展中国家提供力所能及的援助,获得了发展中国家的认可。

第四,"和谐世界"与多边外交。积极开展多边外交与多边安全合作是中国开展"和谐外交"的重要前提,21世纪以来,中国的多边外交活动进入空前活跃的发展阶段。作为联合国安理会常任理事国和最大的发展中国家,中国积极参与各项重大国际事务。在促进国际热点问题解决、推动实现千年发展目标、消除贫困、国际反恐、应对金融危机、控制气候变化、防治传染病、打击海盗活动等领域,中国都发挥着重要作用。当前,中国已加入130多个政府间国际组织,签署了300多个国际多边条约,在联合国、国际货币基金组织、世界贸易组织、20国集团等国际组织和多边机制中占据着重要地位。通过成功举办北京奥运会和上海世博会,中国赢得了世界的赞誉,展示了良好的国际形象。

党的十七大报告,在强调始终不渝地走和平发展道路的同时,呼吁各国人民携手努力,推动建设持久和平、共同繁荣的和谐世界。"和谐世界"理念突出了中国承担国际责任的决心和信心,有助于树立中国建设性、负责任大国的形象。国际社会中的责任是以实力为基础的。随着近年中国国家实力的稳定增长,中国将信守诺言、遵循义务作为自己参与国际事务的行为准则,展现合作、有所作为的姿态。与此同时,中国着手加强"软实力"的国际影响,争取对国际问题有更大的话语权和影响力。由此将中国自身的繁荣强盛与构建一个和平、和谐的国际社会联系起来,全面提升了中国国际战略思想的目标定位。

第五节　当前中国的国际地位

新中国成立60多年来,无论国际形势还是中国自身都发生了巨大而深刻的变化,尤其是中国改革开放30年来的巨变举世瞩目。"中国的崛起"已经成为世界性的课题,对中国国际地位和作用的评价成为国际关系领域的焦点问题。对于中国来说,正确认识自身的国际地位是21世纪制定和实施有效对外战略的重要前提。对世界其他国家来说,正确认识中国的国际地位是考察国际关系总体发展趋势的基础。

但是,近年来围绕中国的国际地位,国际上先后盛行过一些错误、片面的观点。曾经一度受苏东剧变、西方国家制裁等因素的影响,中国的国际地位受到冲击,所谓"中国战略地位下降论"、"中国崩溃论"等集中体现了国际舆论对中国的怀疑和贬低。1992年以后,由于中国并未出现一些西方人士所预料的动荡和瓦解,反而随着国力的增强而扩大了在国际社会的影响,形形色色的"中国威胁论"逐渐成为主流,过分渲染中国的实力,认为中国的强大必然对西方国家的利益造成挑战,必然对亚太乃至世界的和平与安全构成威胁。到90年代末,英国学者格莱尔·西格尔提出"中国无足轻重论",有关中国发展将陷于困境的悲观论调再度粉墨登场,并产生了广泛影响。进入21世纪,随着中国经济的持续、健康、快速发展,"中国责任论"的观点固然反映出国际社会对中国崛起的认可,但过分抬高中国的能力和国际地位,要中国承担不应承担的责任和力所不能及的责任无疑是对中国的"捧杀"。产生上述种种错误认识的原因是多种多样的,这也从另一个角度表明:全面、正确认识当前中国的国际地位和作用具有非常重要的现实和理论意义。

一、对国家实力的客观评估

对中国国家实力的客观评估是正确认识中国国际地位的基础。

第九章　中国的外交政策与对外关系演变

什么是国家实力？

国家实力是一个综合性概念，它是指一个国家所拥有的生存和发展的内部力量以及对外部世界发挥影响的能力的总和。它既包括一国的物质力量，又包括一国的精神力量，既包括一国已有的现实力量，也包括一国潜在的以及转化为现实力量的机制。从古到今，几乎所有的国际战略家和政治家都把国家实力看做是一国在国际社会中地位高低和作用强弱的主要标志，是制定和推行一国对外战略的基础。

早在 1984 年，邓小平就曾经说过："中国是个大国，又是个小国。"深刻理解这一论断，可以从人口数量、地理、经济实力、军事实力、科技实力、政府效能、外交能力等各项要素来进行分析和考察。中国是世界上人口最多的国家，拥有近 14 亿人，劳动力资源非常丰富；中国是世界上面积最大的国家之一，陆地面积 960 万平方公里，居世界第三位，海岸线总长居世界第二位，地域广大，山川纵横，地理条件优越，自然资源丰富。但是，由于人口数量大，资源的人均占有量上很小，例如，中国的人均国土面积只相当于世界人均水平的 33%，人均耕地面积只相当于世界人均水平的 12%，人均水资源只相当于世界人均水平的 1/4，人均森林面积只相当于世界人均水平的 11%。

从经济实力方面看，改革开放以来，中国经济持续较快增长。2010 年，中国的国内生产总值超越日本，居世界第二位。产业结构调整成效明显，以信息产业为代表的高新技术产业迅速崛起，传统农业、工业改造步伐加快，现代服务业快速发展。经济增长质量和效益不断提高，国家税收连年大幅度增长。社会生产力跃上新台阶，国家的经济实力、抗风险能力和国际竞争力明显增强。基础设施建设成就显著，大大增强了我国经济发展的后劲。环境污染加剧的趋势总体上得到控制，可持续发展能力增强。经济实力是综合国力的核心和基础，一个国家的国际地位与其拥有的经济实力是成正比的，国家的兴盛首先是经济实力的增强。由于经济的持续高速发展，中国综合国力的其他主要可变要素也有所增强。

从科技实力方面看，中国的航天技术、原子能技术、生物技术等在世界占有一席之地。改革开放以来，中国大力实施科教兴国战略，一方面加大对教育的投资和重视程度，提高全民的素质；另一方面增加研究与开发投入，组织重点攻关，在高新技术产业方面迎头赶上，重视运用最新的技术成果，实现技术发展的跨越。

从军事实力方面看,中国已经建成了一支具有一定现代化水平、多兵种的防御型军队,在高技术条件下的作战能力不断增强,掌握了原子弹、氢弹、洲际导弹,人造卫星和核潜艇技术,实现了有效的威慑。

从政府效能、外交能力等综合国力的无形因素方面看,中国国内政局稳定,社会安定繁荣,政治体制改革稳步推进,大国风范空前显著,体现出前所未有的自信心和凝聚力。中国是安理会的常任理事国,在国际事务中按照事情本身的是非曲直来决定自己的立场和政策,赢得了广大第三世界国家的信任。有中国特色社会主义的发展模式和经验,得到世界上越来越多不同类型国家和人民的理解和肯定,成为发展中国家借鉴的典范。以儒学思想为核心的东方文化开始获得国际社会的广泛承认,推动了西方国家了解中国文化的热潮,同时唤起了海内外中国人振兴中华民族的自信和热情,为中国在世界上发挥更大的作用奠定了牢固的文化基础。

由此可见,中国具有总量可观的实力,但发展起步晚,底子薄,尚未根本改变贫穷落后面貌。同西方大国比较,中国的国力仍有很大的差距,要成为真正意义上的世界大国还有很长的路要走。

二、对国际环境的准确判断

对中国所处国际环境的分析是正确认识中国国际地位的前提条件。国际环境是一个国家在一定时期内所面临的外部世界的结构和状况,作为一种外部条件,它对一个国家的生存和发展十分重要。新中国成立后的大部分时间里,国际环境受制于美苏两个超级大国的威胁,"冷战"的结束,使中国的国际环境发生了根本性的好转。然而旧的威胁消除之后,新的问题又不断涌现。当前的国际形势呈现出对抗与对话,冲突与合作,动乱与稳定,争霸与反霸,坚持"冷战"思维与摒弃"冷战"思维,维护旧秩序与建立新秩序等两种对立趋势的并存和较量。在这样的背景下,中国面临的国际战略环境机遇和挑战并存,可以从政治、安全、经济、文化等不同方面加以把握。

国际政治环境直接或间接关系到一个国家政权的稳定。"冷战"结束后,中国的国际政治环境保持了大局上的稳定,诸多机遇表现在:多极化趋势进一步明显,中国作为新格局构筑中的一支重要力量,独立自主的分量更为突出,不结盟、不依附任何大国的对外政策,使中国在国际力量的重新组合中具有较大的相对独立性;大国之间对抗性矛盾减弱,相互合作的要求比较高,交织成一种相互联系相互制约

 第九章　中国的外交政策与对外关系演变

的机制,使大国间的争端更多地处于可控状态;世界各种矛盾更加错综复杂,西方国家尤其是美国穷于应付,各大国对中国的需求在不同领域有所增加,中国作为联合国安理会常任理事国的作用相应加强;中国与广大发展中国家的合作关系取得长足发展,通过积极的外交政策进一步树立了和平、公正、负责任的大国形象。但是,"冷战"的结束并不意味着国家间政治斗争的结束,只是斗争内容发生了变化,表现在围绕主权和人权、维护国家稳定和推行西方民主、民族统一和民族分裂等方面的斗争还很激烈。尽管目前西方国家在世界范围面临的主要问题是发展经济和解决地区性冲突,但在它们的国际战略中已经明确提出要以推行西方资本主义的价值观念和社会政治制度为核心,必然引起中国与西方国家在政治领域的长期斗争。

中国的国际安全环境在"冷战"结束后处于历史上最好的时期。这种观点主要是着眼于中国面临的直接军事威胁解除,中国的安全系数大为提高。另外,国际安全环境中也存在许多不稳定和不确定因素,一些国家和地区间的领土争端、民族矛盾、宗教纠纷突出起来,引发了新的武装冲突和局部战争,主要大国在淘汰陈旧装备的同时,集中力量发展高技术武器装备,并向热点地区推销先进武器,对这些地区的力量平衡产生不利影响,并有可能使冲突扩大化。总体上,中国的国际安全环境是趋向于缓和的,但从长远来看还不可能高枕无忧,在周边地区潜存的不稳定因素有引发局部战争的可能性。台湾问题、朝鲜半岛走向问题、所谓的"中国威胁论"问题、周边国家的"逆裁军"倾向和领土纠纷问题等都构成对中国国际环境稳定性的挑战,对中国的国防现代化提出了新的要求,中国必须拥有足够的军事力量,确保威慑敌方不敢发动军事进攻或能够将战火阻挡在国门之外。并且在提高自身国防力量的同时,支持建立地区安全合作机制,以增加亚太国家之间的相互信任。

国际经济环境主要是指国际经济秩序。现行的国际经济秩序仍然是第二次世界大战之后由西方发达国家构筑和主导的国际经济旧秩序,主要由国际货币基金组织、世界银行和世界贸易组织的运转来体现。中国改革开放以来,同外国的经济交往越来越多,国际经济环境对中国经济发展的影响也就日益增大。当前,经济全球化浪潮迅猛发展,对于中国而言,经济全球化将完善中国的市场经济体制,推动产业结构的调整向高技术、高增值的方向转移,从而提高中国的国际竞争力。然而,任何事物都有两面性,经济全球化也是这样。伴随着机遇,经济全球化也会给中国带来种种震荡和风险,必然加剧中国参与国际竞争的难度。面对国际经济剧

烈波动的冲击和其他国家经济危机的影响,中国自身实力有限,经验不足,体制又不健全,极有可能为此付出代价。从能源和环境的角度来看,中国的国际经济环境还面临自然资源短缺和生态环境恶化的压力。

文化是一种"软"实力,在国际关系中起着社会整合和社会导向的作用。中国的国际文化环境在"冷战"后有了较大改善,国际社会广泛承认东亚文化的优势,逐步改变对中国文化和中国的偏见,在许多国家出现了"中国热"、"汉语热",推动其他国家人民对中国的深入了解,在一定程度上化解某些国际舆论的不利影响,有利于中国营造一个宽松的国际环境,增强中国人自己的民族自信心和凝聚力。但由于西方文化是世界上多种文化中唯一的强势文化,对其他文化产生的影响最大,中国文化在面对西方文化时,不可避免地会有相互冲突的一面,给中国的国际环境增添了新的不稳定因素。特别是部分西方战略学家在"冷战"结束后着眼于为西方寻找下一个对手,他们过分强调文化间的冲突,将文化的差异视为未来国际冲突的主要根源,中国的国际文化环境仍将是充满挑战的。

三、对和平发展道路的坚持

对中国坚持走和平发展道路的理解是正确认识中国国际地位的依据。在国际关系中,一个国家的实力必须通过与外部世界的相互交往体现出来。正确的外交政策能发挥积极的、建设性的作用;反之,错误的外交政策会产生消极的、破坏性的作用。

和平发展道路,是中国经过近30年的改革开放,经过近30年与国际社会的全方位互动之后提出来的。2003年,为了向国际社会明确阐述中国快速发展的方式、前景和影响,中国提出了关于"和平崛起"的观点。胡锦涛、温家宝等领导人先后在不同场合对"和平崛起"的含义进行了阐释,表明中国将要走出一条与世界共赢的和平的强国之路。然而,由于"崛起"一词的敏感性以及由此产生的不必要误解,"和平发展道路"作为一种更加务实而低调的替代,成为全新的战略选择。2004年8月,胡锦涛明确指出:"高举和平、发展、合作的旗帜,坚持独立自主的和平外交政策,坚持走和平发展的道路……为维护世界和平、促进共同发展贡献力量。"[①] 2005年12月,《中国的和平发展道路》白皮书问世,表明"和平发展道路"战略思想

---

① "第十次驻外使节会议在京举行",人民网:http://www.people.com.cn/GB/paper 39/12815/1152133.html,2004年8月30日。

第九章 中国的外交政策与对外关系演变

已经全面形成。从这一出台过程来看,和平发展道路是中国为实现经济建设这个核心目标而采取的一种现实主义的战略选择,它符合当前世界发展的总体趋势,也符合中国的根本利益。

和平发展道路的内涵

根据《中国的和平发展道路》白皮书,中国和平发展道路的基本内涵包含四个方面:

(1)中国的和平发展就是"争取和平的国际环境发展自己,又以自身的发展促进世界和平";

(2)中国的和平发展就是"依靠自身力量和改革创新实现发展,同时坚持实行对外开放";

(3)中国的和平发展就是"顺应经济全球化发展趋势,努力实现与各国的互利共赢和共同发展";

(4)中国的和平发展就是"坚持和平、发展、合作,与各国共同致力于建设持久和平与共同繁荣的和谐世界"。

和平发展道路突出强调了中国实现发展的和平与合作方式,即中国不会以侵略、战争或其他牺牲他国利益的方式实现自身发展,相反会在合作互利的基础上以和平手段实现发展。同时,和平发展必须依靠合作才能顺利进行。唯有与世界各国进行国际分工合作、贸易合作和国际经济技术合作,中国的经济才能保持持续健康的快速增长;唯有与世界各国进行地区和国际安全合作,中国发展的和平环境才能保证;而唯有与世界各国在对抗全球性问题上进行合作,中国才能实现和谐的发展,各国的共同利益才能保证,和谐世界的建设才能推进。

综合上述三个方面的分析,"冷战"后中国的综合国力不断提高,总体国际环境相对稳定,走上了一条具有中国特色的、适应国内外形势的和平发展道路,国际地位迅速提升,在国际事务中发挥着不可替代的独特作用。

第十章 当代世界中的国际组织

国际组织是一种跨越国界的机构。20世纪是国际组织的世纪。各种类型的国际组织大量涌现，活动空间不断膨胀，管辖范围日益扩张，渗透国际关系的一切领域，涉及人类生活的各个侧面，形成了以联合国为核心覆盖全球的国际组织网络，体现出越来越强的独立参与国际事务的能力，活跃在国际关系的不同领域和层次。进入21世纪，国际组织正在经历新的变革和调整，面临新的发展机遇。

 第十章 当代世界中的国际组织

第一节 国际组织的形成发展与运行机制

一、国际组织的概念和特征

按照一般的看法,凡是两个以上的政府、民间团体或个人基于特定的非营利性目的,以一定的协议形式建立起来的跨国机构都可以称为国际组织。这一定义表明,国际组织有广义和狭义之分。广义上的国际组织既包括政府间国际组织,也包括由民间团体和个人组成的非政府间国际组织。狭义上的国际组织仅指若干国家或其政府通过签署国际协议而设立的政府间机构,它们在国际关系中的地位和作用高于非政府间国际组织。

> **政府间国际组织的法律地位**
>
> 政府间国际组织在国际关系中具备国际法的主体地位,能够以自己的名义在国际范围内和其成员国领域内开展各种有效的活动,包括:缔结双边或多边协定;召集与参加国际会议;派遣与接受外交使团;调解国际争端;承担国际责任与请求国际赔偿;参加另一个国际组织的活动甚至加入另一个国际组织;等等。但是,政府间国际组织的国际法主体地位不能与主权国家相提并论,它的国际法行为能力是成员国通过制定该组织的章程而赋予的,是一种派生的主体地位。

国际组织通常具有以下基本特征:

第一,成员资格。国际组织的成员至少来自两个以上的不同国家,根据自愿的原则通过一定的协议结成一个共同体,参加者可以是代表国家的政府和官员,也可以是民间团体或个人。

第二,宗旨目标。国际组织的"际"和英文 International Organization 中的拉丁字头"inter"都有"中间"的意思,表明国际组织是介于成员之间的组织,其宗旨目标都是跨国性的。国际组织的权力来源于成员的授予,是国家主权在国际范围内作用的结果。它不应该成为单独一个国家控制的工具,也不能凌驾于国家之上违

背国家主权原则。

第三，组织结构。国际组织必须具备常设的正式机构和经常性的工作地点，处理连续性的日常事务，其章程必须明确规定该组织的宗旨原则、主要机构、职权、活动程序和范围以及成员国的权利与义务。这是国际组织区别于国际会议的重要标志。

第四，拥有一定自主权。国际组织建立在各成员对共同利益的认同基础之上，不代表某个特定成员的利益，拥有一套独立的组织结构和机制来保证其宗旨目标的实现，拥有不同于其成员的、自己的行为能力，能够独立运作。

第五，非营利原则。国际组织依成员间协议而创立，服务于成员间政治、经济、安全和其他社会生活领域合作和协调的共同利益，但不是以直接获取经济利益为目标，这是国际组织与跨国公司这种经济实体的区别。

国际组织数量众多、宗旨有别、形式各异。依据不同的分类标准，可以对它们进行多种分类。根据主体构成情况，国际组织可以分为政府间国际组织和非政府间国际组织；根据成员的来源是否受地域限制来看，国际组织可分为全球性国际组织和区域性国际组织；根据国际组织活动的目的、任务和职能不同，国际组织可以分为一般政治性国际组织和专门性国际组织。无论不同类型的国际组织在具体的作用大小上有多大区别，它们在国际关系中发挥作用的基本特征是一致的。一方面，国际组织的形成是建立在各成员对相互间共同利益的认同的基础之上的，其成员构成、活动方式和范围具有明显的跨国性，所反映的利益一般也超越个别成员的意志，能够代表不同成员的某种共同利益，甚至得到非成员的响应。这就使国际组织往往能起到单个国家或成员难以发挥的独特的职能作用，能够在协调国际冲突、促进国际关系有序发展、加强国际交流与合作等方面担当重任。另一方面，国际组织的权力来源于成员的授予，离开了成员的授予，国际组织的行动能力就不存在。国际组织不拥有保障其决策得以执行的直接物质手段，缺乏行之有效的强制机关，只能依靠成员间协商一致，通过召开会议、作出决议、制定规则、动员舆论等间接手段施加影响，存在"议而不决，决而不行"的弊端。这使国际组织在参与国际关系进程时有一定的局限性。

二、国际组织的演变历史

国际组织是19世纪世界政治经济发展到一定阶段的产物，但其基础却可以追

第十章 当代世界中的国际组织

溯到古代社会开始的国家间交往。在古代社会,国家产生后,由于生产力低下和自然经济的限制,各个国家之间的关系长期处于一种相对隔离的状态。国家间交往的最常见的形态是战争。随着生产力的发展,文化技术特别是交通运输方面的进步,国家之间出现了民间往来并日益频繁。为了避免战争、保障和平,中外许多政治家、思想家曾提出过各种各样的和平主张。

国际组织的产生和发展与国际关系的演变密切相关,经历了从民间交往到正式的政府间往来、从国际会议到国际组织、从专门性国际组织到普遍性国际组织的过程。具体来看,可分为三个阶段:

第一阶段:国际组织的萌芽和初步发展(第一次世界大战之前)。

国际组织产生于近代欧洲。民族国家最先诞生在欧洲,在此基础上开始形成现代意义上的国际关系体系。工业革命所带来的交通、通信技术和设施的革命性变革和资本主义世界市场的形成,使国家间在政治、经济、文化等领域的相互关系日益密切,国际关系的内容不断丰富,国家之间的利益冲突和矛盾也更加复杂。为了共同讨论和解决某些与各国相关的问题,协商国家间的多边关系,由两个以上国家召开的国际会议出现了。最初是民间团体间的,接着产生了政府间国际会议,在国际关系当中发挥更为重要的影响。1644~1648年欧洲30年战争结束后召开的威斯特伐利亚和会,开创了国家间通过大规模国际会议解决重大国际问题的先例,是一次历史性的飞跃。

从19世纪初起,国际会议日益频繁,范围不断扩大,成为解决国际问题的一种经常而重要的方式。19世纪因此被称作"国际会议的世纪"。其中,"欧洲协调"的出现产生了极大影响。所谓"欧洲协调",是指拿破仑战争结束后欧洲列强以会议方式协商处理欧洲重大问题的多边外交机制。它发展了会议外交,使定期或不定期的会议成为一种制度,其具体运作形式也对国际组织的出现提供了可资借鉴的经验。1899年和1907年两次海牙国际会议是欧洲协调的延伸与扩展,参加者不限于欧洲国家,表明这时的国际会议正在具有世界性。在海牙会议上编纂了若干重要的国际法,制定了和平解决国际争端的正常程序,形成了最早的国际关系准则。在两次海牙会议上采用的"一国一票"制度,成为以后国际会议和国际组织的基本准则,其分组讨论、表决等方法也为后来国际组织的体制提供了一个模式。

19世纪70年代,开始了第二次工业革命,自由资本主义逐步向垄断资本主义过渡。国家间联系的增多使得临时性的双边和多边协调已不能满足国际关系发展的需要，国际组织便应运而生。这一时期的国际组织主要是一些以专门性的、技术性的国际协作为职能的机构，所涉及的也都是除重大政治问题外的行政技术事务，如国际电报联盟、邮政总联盟等，这批组织被统称为"国际行政联盟"。

除了各种国际行政联盟以外，国际组织的其他形式在19世纪中后期也开始出现。1847年成立的共产主义者同盟，1864年成立的"第一国际"和1889年成立的"第二国际"，是最早的一批国际政党组织，它们为加强无产阶级的团结合作、推动各国工人运动起到了积极作用。1889～1890年在第一次美洲国家会议上成立的美洲国家共和国联盟（美洲国家组织的前身），是世界上最早的区域性政府间国际组织。

第二阶段：国际联盟的建立与国际组织的进一步发展（两次世界大战之间）。

解决战争与和平问题是国际组织发展中的一个重要因素。第一次世界大战结束以后，人类历史上第一次诞生了一个全球性的政府间国际组织——国际联盟。

国际联盟以"促进国际合作，保证国际的和平与安全"为宗旨，基本职能包括限制军备、保障成员国的领土完整与政治独立、防止战争、实行制裁、开展国际公益事业、实施委任统治等。美国是倡议成立国联的国家，但由于在巴黎和会上没有达到预期的目的，美国国会拒绝批准凡尔赛和约，一直未正式加入。苏联于1934年应邀参加国联，到1939年又被开除。因此，国际联盟的领导权一直把持在英法手中。第二次世界大战爆发后，国际关系急剧变化，国际联盟实际上名存实亡，陷入瘫痪。1946年4月召开最后一届大会，正式宣告解散。但是，从国际关系发展的角度来看，国际联盟是一个重要的里程碑，它表明国际组织的发展已经达到一个新的水平。国际联盟所依据的法律原则、议事规则以及表决制度等程序方式，是19世纪以来国际组织发展经验的总结，对国际联盟之后的国际组织发展产生了积极的影响。

国际联盟在其活动期间暴露出来的种种弊端和教训，从另一个侧面成为此后国际组织的前车之鉴，尤其为联合国的创立积累了宝贵的经验。

1929年席卷资本主义世界的经济大危机，结束了20年代的经济繁荣和虚幻的和平，极大破坏了世界经济，进而引发了政治危机。各种矛盾迅速激化，战云密布，世界从和平走向又一次世界大战。这期间，各种类型的国际组织都有不同程度的发展，政治性组织明显增多。

第三阶段：联合国的成立与国际组织成熟发展的新阶段（第二次世界大战结束至今）。

第二次世界大战的结束和联合国的建立标志着国际组织进入一个成熟的发展时期。联合国作为当今世界上代表性最广泛、规模最大、影响力最深远的国际组织,既是对过去国际关系发展经验教训的总结,也对战后五十多年国际关系的演变产生了重大的影响。经过60多年的曲折历程,联合国的面貌发生了深刻的改变,从原来的51个创始国扩大到现在的193个成员。其活动领域也日益扩大,除维护国际和平与安全及促进一般经济、社会、文教的发展与协作外,其工作还延伸到开发援助、人口、环境保护、贸易发展、资源利用,以至粮农、水利、卫生、气象、外交以及妇女、儿童、青年、难民等广泛的领域。除了联合国引人注目的变化,国际组织在60多年发展过程中,还呈现出以下特点:

一是国际组织的数量猛增,类型多样,活动遍及人类生活的各个领域。

二是区域性和次区域性的国际组织在各大洲获得很大的发展。

三是国际经济组织迅速增加。

四是国际组织与主权国家之间的关系日益密切。

五是国际组织的作用和影响也极大增强,成为国际舞台上的重要角色。

20世纪90年代以来,经济全球化的加速发展成为国际关系不可逆转的事实,以此为背景,国际组织经历了新的变革和调整。面对经济全球化带来的机遇和挑战,国际组织获得了新的发展动力。

三、国际组织的运行机制

正如主权国家都有一定的政权组织形式,国际组织也设立了相应的机制来保证其宗旨目标的实现。

就组织结构而言,国际组织一般设立三级机构:一是由全体成员代表组成的大会;二是负责执行大会决议,提出建议并付诸实施的理事会、委员会或执行局;三是负责处理行政和日常事务,提供各种服务的秘书处。大会是最高权力机构,理事会是执行机构,秘书处是管理机构,它们构成了国际组织运转的轴心。有的国际组织还设有专门的司法监督机构,或是设有直属的形式多样的辅助机构来实现本组织的目标。

拥有了完备的组织结构,国际组织最重要的日常活动就是通过召开会议进行决策,以实现组织宗旨。一般国际组织的决策方法是投票表决,表决涉及两个问题:一是表决权的分配,是一国一票还是一国数票;二是表决权的集中,是全体一致

通过,还是多数通过。常见的表决制度有以下几种:

(1)全体一致通过表决法。也叫单否决权制,是指一项集体行动方案,只有在所有成员都同意或至少没有任何成员反对的情况下才能通过。这种表决制度的基础是国际法上主权国家一律平等的原则。其优点在于最大限度地实现主权平等,保证个体利益不受损害,而致命的缺陷则在于它造成了国际组织的软弱无力。

(2)多数表决制。是指国际组织中一项决议必须得到超过一定比例的成员的认同才能实施,是目前采用的最广泛的表决方式。多数表决制的基础是民主政治当中"为最大多数谋最大利益"的原则,避免了全体一致通过表决法中极少数成员阻止大多数成员主张的情况,具有内在强制性,但也可能因忽视少数派利益引发矛盾。

(3)加权表决制。在政府间国际组织的表决制度中,"一国一票"是依据主权国家一律平等的原则。但在国际关系的不同领域,拥有不同人口、领土、资源的国家所处的地位不同,寻求的利益也不同,它们所担负的国际责任和义务也不相同,加权表决制正是为了适应差别而提出来的。它根据成员国所具有的利益的不同程度分配给它们相应数目的投票权。这种利益的差别通常表现为经济因素,即按照成员国交纳会费的情况,按出资的比例分配票数。

(4)协商一致同意。是一种不经过投票,通过非正式协商而取得对决议的一致意见的表决方式。各成员在充分协商讨论的基础上,虽允许保留,但努力消除差异,形成意见一致,最后在全体大会上发表达成一致意见的决议或一个有关已达一致意见的声明,则决议就产生了。这种方式的好处是可以避免因投票表决而造成不同意见之间的对立或根本达不成一致,缺陷是通过协商一致所产生的决议的有效性比较差。这种方式因其灵活性而被许多国际组织和国际会议采用,联合国发起的一些国际会议都在很多情况下采用这一方式。

国际组织为了实现其宗旨并开展活动,需要有独立的经费和行之有效的财政手段。但国际组织不像国家那样拥有固定的居民和领土,其经费主要来源于成员缴纳的会费,主要财政手段有以下几种:一是各成员按一定标准分担,这种具一定强制性的会费摊派一般取决于成员的经济实力,大多数政府间国际组织都是依照成员国国民生产总值的比较水平来认缴会费的;二是由成员主动认缴,将会费同成员在国际组织内的权利大小结合起来,不带强制性,国际金融组织多采取这种方式；三是接受捐助，捐助者可能是富裕的国家，也可能是富裕的个人；四是通过国际组织自身的一些营利活动筹措经费，采取这种方式的一般是非政府间国际组织，如国际奥委会、国际足联等可以从体育比赛中取得大量活动经费，一些国际金融组织也能在活动中取得一定的经济收益。

国际组织中因成员拖欠会费而出现财政危机的情况屡见不鲜，严重的甚至会导致国际组织停止活动，经费因此被称作是推动国际组织正常运转的"血液"。国际组织的经费问题，表面上是一个缺少自有"钱袋"的经济问题，实际上往往是一个反映国际组织与成员，以及成员之间关系的政治问题，直接影响到国际组织的正常运转。

第二节 联合国

联合国是主权国家建立的政府间国际组织，不是世界政府。《联合国宪章》赋予了它一定的强制权力，使它具备了一定的超越成员国的行动能力。60多年来的实践证明，联合国是一个肩负全球使命的组织，是当今世界各国宣传其对外政策的国际讲坛和开展多边外交的重要场所，是一支维护和平、促进发展、管理全球公共事务的重要力量。

一、联合国的建立与发展

联合国是在世界反法西斯联盟的基础上建立的。1944年秋在华盛顿郊区召开敦巴顿橡树园会议，会议起草了一个新的国际组织章程草案——《关于建立普遍性国际组织的建议案》，基本上规划出新国际组织的蓝图，并确立其名称为"联合国"。1945年2月在雅尔塔举行的英美苏三国首脑会议，又进一步解决了联合国安理会的表决程序这一重要问题。1945年4月25日，旧金山联合国制宪会议隆重开幕，这是国际关系史上的一次盛会。在整整两个月的时间里，50个国家的代表们经过研究、讨论、争论以及多种形式的协商，终于完成了宪章的起草工作。1945年6月26日，举行了《联合国宪章》签字仪式，这一天后来被联合国定为"宪章日"。《联合国宪章》于1945年10月24日获得足够批准书而开始生效，联合国正式宣告成立,10月24日因此被命名为"联合国日"。

联合国的宗旨和原则

《联合国宪章》规定了联合国的组织机构、职权范围和活动程序,是联合国一切活动的准绳和指针。第一章规定了联合国的4项宗旨和7项原则。

4项宗旨是:①维护国际和平与安全;②发展各国间的友好关系;③促进国际间有关经济、社会及文化方面的合作;④构成协调各国行动的中心。

7项原则是:①会员国主权平等;②切实履行《联合国宪章》义务;③和平解决国际争端;④禁止以武力相威胁或使用武力;⑤集体协助;⑥确保使非会员国遵守《联合国宪章》原则;⑦不干涉内政。

这些宗旨和原则是《宪章》贯穿始终的精髓,反映了第二次世界大战后世界各国人民渴望建立一种新型国际关系的企盼,并且在战后许多重要的国际法文件中得到进一步重申,成为普遍的国际关系行为规范。

根据《联合国宪章》规定,联合国下设6个主要机构:大会、安全理事会、经济及社会理事会、国际法院、托管理事会以及秘书处。

大会由联合国的全体会员国组成,每年9月的第三个星期二开始举行常会,12月25日闭幕,可以讨论宪章范围内的任何问题。大会无权对任何成员国政府采取行动,但它提出的建议作为世界舆论的表达,具有道义上的影响力。

安理会由5个常任理事国(中、美、英、法、俄)和10个非常任理事国组成,是联合国体系中唯一有权采取行动来维护国际和平与安全的机构,在联合国机构中享有特别重要的政治地位,它的决议对会员国具有约束力。非常任理事国由大会选出,任期两年。

经济及社会理事会由54个理事国组成,负责协调经济及社会事务。

托管理事会是联合国负责监督托管领土行政管理的机构,托管制度的目的是促进托管领土居民的进步以及托管领土向自治或独立方向的逐渐发展。

国际法院是联合国主要的司法机关,设在海牙,由15名国籍不同的独立法官组成,管辖权包括各当事国提交的一切案件,以及宪章或现行条约或公约中特别规定的一切事项。

秘书处的任务是为联合国其他机关服务,并执行这些机关制定的计划与政策,由秘书长一人,副秘书长、助理秘书长若干人以及所需要的其他行政工作人员组

第十章 当代世界中的国际组织

成。秘书长是联合国的最高行政首脑。

联合国成立之初,亚洲和非洲大陆的许多国家仍处于殖民主义的枷锁下,51个创始国中亚非国家只有 13 个,还有 20 个拉美国家,而且这些亚非拉国家许多也只是形式上的独立,实际上则在政治、军事、经济上受到英、美等西方国家的操纵控制。在这种力量对比下,联合国一度成为少数西方大国的表决机器。联合国历史上最不光彩的一页就是美国操纵联合国充当了侵略朝鲜的工具。

随着美苏两国争夺世界霸权斗争的加剧,美苏两个超级大国都把联合国当作争霸的一个战场,在表决中常常玩弄"你赞成,我必反对"的对抗游戏,在安理会轮番使用否决权,致使联合国在重大问题上往往议而不决,难以发挥应有的作用。与此同时,战后民族解放运动的蓬勃发展,使亚非拉民族独立国家日益成为联合国内举足轻重的力量,在联合国内发挥着重要的抗衡和制约作用,改变了联合国的成员结构和力量对比状况。

20 世纪 80 年代后期,东西方关系出现了缓和,联合国内出现了以常任理事国为核心的安理会集体发挥作用的新的运行机制,即在审议和处理重大问题时,5 个常任理事国事先进行磋商,然后由安理会讨论并形成决议。苏联解体后,俄罗斯取代苏联,成为常任理事国,联合国逐渐成为平衡世界各种力量和利益的中心。与此同时,各种全球性问题日渐突出,联合国被寄予了更多的期望,担负了更多的职责。进入 21 世纪,联合国在全球化浪潮中进一步确定了自己的地位。2005 年联合国成立 60 周年,世界首脑会议通过的"成果文件"规划了联合国在 21 世纪的奋斗目标和行动纲领,把安全、发展和人权作为联合国活动的三大支柱,为创建一个更和平、更繁荣、更民主的世界发挥积极作用。

二、联合国改革

联合国是第二次世界大战的产物,是与雅尔塔体制紧密相连的。"冷战"期间,联合国很难有所作为。"冷战"的结束使联合国获得难得的机遇,出现了能真正实现"宪章"的宗旨和原则的机会。但是,在新的形势下,联合国的能力和获得的资金与它所肩负的任务很不相称,面临着巨大的挑战,必须抓住机遇,进行改革。

尽管所有成员国都认为联合国有必要进行改革,但不同国家在改革的方向和具体问题上立场和态度也有很大区别。发展中国家希望通过改革摆脱强权政治,使联合国能真正实现"宪章"的宗旨和原则。它们主张联合国应在维护国际和平与安全、消除贫困和促进发展方面发挥更加积极和平衡的作用,重维和轻发展、重政治轻经济等倾向应加以纠正。而美国等发达国家强调当前国际社会面临的主要威胁是大规模杀伤性武器、恐怖主义和违反人权,主张将它们列入《宪章》第7章,摆脱现行关于使用武力的限制,寻求新的准则,重新塑造联合国,使之成为国际秩序的一个更有效的保护者。总之,联合国改革涉及安理会改革、维持和平行动改革、经济及社会理事会改革、财政改革、人事机构改革等重大问题,推进难度很大。

1. 安理会改革

安理会改革是争论最激烈、分歧最大的问题。作为联合国权力最大的机构,安理会如何组成,名额如何分配,涉及各国切身利益,是一个敏感的政治问题。有关安理会的改革,主要包括两个方面的内容:一是关于扩大安理会的组成,安理会应扩至多大、是否增加常任理事国、新增的常任理事国是否应享有否决权等;二是关于改进安理会的工作方法,是否要限制甚至取消常任理事国的否决权、增加安理会工作的透明度等问题。

广大中小发展中国家认为目前安理会在地域分配上不合理,缺乏广泛的代表性,发展中国家在安理会中的席位太少,发言权弱小,要求增加发展中国家的理事国数目,提高安理会工作的透明度和民主性。部分国家还要求重新审议否决权制度,为体现大小国家一律平等的原则,取消或限制常任理事国所拥有的否决权。日本和德国认为它们在联合国内承担的经济义务与它们享有的权利不相称,谋求加入常任理事国的行列。印度和巴西等地区性大国也竭力谋取常任理事国席位,以增强在地区事务中的影响。2005年,在联合国成立60周年之际,日本、德国、巴西、印度结成"四国集团",提出扩大安理会的方案。意大利、巴基斯坦、韩国等结成"团结谋共识集团",反对"四国集团"的方案。安理会改革进入一个微妙的阶段。

安理会的扩大势在必行,是顺应历史和时代发展的需要。如果能在广泛一致的基础上实现安理会的扩大,将会有利于加强联合国框架内的国际合作。但安理会改革是国际关系领域的权利和义务的再分配,各国都想从中取得最大的利益而不会轻易做出让步,这就决定了安理会改革的艰巨性和复杂性。

2. 维持和平行动

联合国维持和平行动,是"为帮助维持或恢复冲突地区的和平,由联合国组织的有军事人员参与的,但无强制执行权力的行动。这类行动是自愿的,并且以协商一致与合作为前提。尽管它们包括军事人员的使用,但并非靠武力达到目的,这与宪章第42条中的强制军事行动形成对照"。维和行动大致分为两大类:部署观察团和派驻维和部队,这两类都是建立在自愿和非强制基础上的行动,实施需要得到

第十章 当代世界中的国际组织

冲突各方的同意与配合,对地区性冲突起隔离和缓冲的作用,是一种控制争端并使之逐步降级的十分有益的手段。

1992年在任的联合国秘书长加利向联大和安理会提交了题为《和平纲领》的报告,提出了扩大的维和行动新战略,突破了"冷战"时期传统维和行动的概念和模式,将维和行为从过去的临时性辅助措施提升到全球战略的新高度。传统的维和行动大多由军事人员组成,主要任务是实施军事性行动,设法使冲突方通过谈判或调解解决、维持争端地区的安宁。扩大的维和行动新战略由预防性外交、建立和平、维持和平、冲突后缔造和平四个相互关联的部分有机组成,已不再是单纯的军事范围的活动,而是担负起了多元化的使命,具体职责大大拓展,无论是数量还是规模,都达到了历史最高水平,在实践中引发许多争议。

> **维和行动概况**
>
> 从1948年联合国实施第一项维和行动以来,到2010年底,联合国一共实施了66项维和行动,遍布欧洲、亚洲、非洲和拉美的广大地区,在阻止地区性冲突和一些国家的内部冲突方面作出了杰出贡献,被视为联合国集体安全保障的一种辅助手段和特殊方式而频繁使用。当前,有约120000人在联合国维持和平行动部领导的16个和平行动中工作,对数亿人的生活产生了直接影响。

3. 加强经济和社会发展领域的作用

经济及社会理事会是联合国讨论世界经济问题和制定政策建议的中心论坛,但它的权力却相对有限,基本只能通过磋商和建议来协调世界经济。"冷战"结束后,维和行动占据了联合国很大部分的精力,发展问题相形之下没有得到足够重视。与此同时,在经济全球化趋势日益加强的现实面前,中小国家迫切要求联合国更多地关注发展问题。为了加强联合国系统在经济和社会发展领域的一致性和协调性,2006年2月,安南秘书长设立了由15位知名人士组成的高级别小组,负责就"发展、人道主义援助和环境领域的一致性问题"撰写报告,该小组于11月提交题为《一体行动,履行使命》的报告。报告认为,联合国在发展和环境等领域的工作零碎分散、软弱无力,治理效率和实效不彰,经费没有预见性,造成整个系统的政策缺乏一致性,业务实效不高。因此,联合国系统必须进行大刀阔斧的改革,步调一致地履行经济和社会发展领域的职责。

4. 财政危机

多年来联合国一直受财政危机的困扰。联合国的经费分为两大部分。一部分是经常费用,包括两项:一是正常预算,用以支付主要机构和辅助机构的行政开支和活动费用;二是维持和平行动经费。这两项都由各会员国按特定比例分担。另一部分是预算外资金,即成员国为各种特别计划和活动提供的捐款,由捐款国决定这笔款项的用途,直接交秘书长代管。但是,出于政治或经济的考虑,成员国拖欠会费的现象非常普遍。

2010年联合国会员国经常费用分摊情况一览表

国　家	比例(%)	金额(百万美元)
美　国	22.00	517
日　本	12.53	295
德　国	8.02	188
英　国	6.60	155
法　国	6.12	144
意大利	5.00	118
加拿大	3.20	75.4
中　国	3.19	75
西班牙	3.18	74.7
墨西哥	2.36	55

5. 机构改革问题

精简机构,提高工作效率,解决机构臃肿重叠,克服文牍主义和严重浪费,是联合国全体会员国多年的共同要求。财政危机的加剧,进一步促使联合国加强了改革力度。历任秘书长都曾在不同程度上就改组秘书处,加强工作效率等方面采取了部分措施。2007年1月上任的潘基文秘书长同样在就任之初就大刀阔斧地着手机构调整。联合国管理机构方面的改革涉及人力资源、透明度、问责制、监督审计制度等问题,还涉及采取什么样的管理模式,倡导何种管理文化的问题,在改革的背后,起支配作用的仍然是不同利益集团的较量。

归根结底,联合国的改革是一场成员国意愿和实力的全面较量。要适应21世纪国际关系的新形势,联合国必须推进改革,才能充分发挥其优势,保持并增强它在国际事务中的地位和作用。

第十章　当代世界中的国际组织

三、联合国的地位和作用

联合国自成立以来为实现其目标和宗旨,采取了许多行动,对当代国际关系进程产生了重大影响。尽管联合国走过曲折的道路,现在还有弱点,但是它所肩负的历史使命和对国际事务所起的作用,却是任何其他国家和国际组织无法替代的。

第一,联合国在推动非殖民化进程中的作用。战后蓬勃兴起的民族解放运动打碎了帝国主义殖民体系,促使一大批新兴国家获得独立并登上国际舞台,联合国为加速这一进程起了重要作用。"宪章"确认了"人民平等权利及自决原则"。1952年第七届联大通过了《关于人民与民族的自决权》的决议,1960年第十五届联大通过了《给予殖民地国家和人民独立的宣言》,也被称作"非殖民化宣言",宣布必须立即和无条件地结束一切形式和表现的殖民主义。1961年大会决定成立非殖民化委员会,作为联合国处理一切附属领土人民走向自治与独立的中心机构。在这些决议和措施影响下,民族解放运动风起云涌,老的殖民体系迅速瓦解。从1945年到1960年,大约有30块托管领土和非自治领土获得独立或自治;从1960年通过"非殖民化宣言"到1984年,大约有1亿5千万人摆脱了依附地位,59块前殖民地获得了独立,并作为主权国家加入了联合国。非殖民化在战后三十余年里是联合国的重要工作,也是联合国光辉的成就。

第二,联合国在制定国际规则方面的作用。联合国作为最具普遍性和权威性的国际组织,通过其活动,制定了一系列国际规则,对推动战后国际社会朝着有序的、有组织的、可控制的方向演化取得了举世公认的成就。《宪章》具有前所未有的普遍性和约束力,其本身就是国际法的重要组成部分,彻底革新了国际关系准则,使得主权平等、互不侵犯、不干涉他国内政、民族自决、和平解决国际争端等基本原则成为当代国际关系的基础,国际社会的中小国家平等参与国际事务的权利逐步实现。60多年来,联合国在维护世界和平与安全、经济、社会、文化、教育、卫生等方面通过了大量的公约、条约和决议,不仅进一步明确了国际关系的一些原有的基本原则并使之系统化,而且提出了一些新的原则,比如:人权的国际保护、反对霸权主义等都在实践中确立起来。

第三,联合国在维持国际和平与安全方面的作用。联合国最主要的作用和领域就是维持国际和平与安全。尽管由于种种原因,联合国受到各方面的限制和阻挠,但还是做了大量重要而积极的工作。总的来说,联合国的集体安全机制对于维护战后世界的和平与安全起了不可低估的作用。

就具体手段而言，联合国主要通过和平解决争端、强制行动、维持和平行动三种方式解决国际争端。和平手段包括谈判、调查、斡旋、司法解决等途径。联合国大会和安理会通过的针对冲突的决议，具备较强的道义和舆论威慑力，是和平解决争端方法的具体表现。联合国历史上，有过不少和平解决争端的成功范例。1988年两伊战争的最终结束与联合国的不懈调解努力分不开，苏联入侵阿富汗问题获得政治解决是联合国长期斡旋调停的结果，柬埔寨和平协定的签订是在联合国的积极推动下完成的。其局限性在于缺乏足够的权威。

如果和平的努力无法奏效，而国际争端已经发展到破坏和平甚至发生侵略行为时，根据"宪章"第42条规定，安理会有权对冲突各方采取强制行动，包括：非武力行动，武力行动和司法强制措施，迫使冲突当事方减弱或停止其军事行动，为寻求和平解决争端做准备。迄今为止，武力强制行动比较成功的范例是90年代初安理会授权以美国为首的多国部队对伊拉克的军事行动，普遍的观点是将这次行动视为联合国在集体安全框架内的最广泛的强制措施。

在联合国为实现国际和平与安全的努力中，单纯的和平手段常常难以有效发挥作用，强制性措施又往往无法在大国间达成一致。作为一种折中方法，联合国维持和平行动成为联合国安全机制不可缺少的重要环节。它对地区性冲突起隔离和缓冲的作用，是一种控制争端并使之逐步降级的十分有益的手段。

此外，联合国还是反对军备竞赛，推动世界裁军的重要阵地。成立以来，联合国一直将裁军列为历次联大的主要议程，通过了一系列的裁军决议，并设立了一系列有关的组织机构。"冷战"后，联合国的裁军工作取得重大进展，1993年1月，《禁止化学武器公约》在巴黎签署。1995年5月，《不扩散核武器条约》获无限期延长。1996年9月，联大通过了《全面禁止核武器试验条约》，这是历史上第一次以法律形式在世界范围内全面禁止一切核试验，有助于推动全面核裁军的进程。

第四，联合国在促进经济和社会发展方面的作用。60多年来，为贯彻促进"较高的生活程度，全民就业及经济与社会发展"的宗旨，联合国在经济和社会领域做了大量工作，对推动世界各国，尤其是发展中国家的经济和社会发展，加强国际间的合作发挥了不可替代的作用。

联合国在经济和社会领域通过了一系列具有深远意义的宣言和决议，召开了一系列重要的国际会议。如1974年第六届特别联大通过了77国集团起草的《关于建立国际经济新秩序宣言》和《行动纲领》；20世纪90年代，联合国组织召开了引人注目的里约热内卢世界环境与发展大会、世界人权大会、人口与发展问题大

第十章 当代世界中的国际组织

会、第四次世界妇女大会、世界粮食首脑会议等。进入21世纪,联合国还召开了新千年首脑会议、约翰内斯堡可持续发展世界首脑会议等重要会议。

联合国是第三世界争取建立国际经济新秩序的主要阵地。自1960年起,在发展中国家的要求下,联合国连续制定了四个"发展十年",体现了联合国加强国际经济合作所做的努力。2000年9月,联合国千年首脑会议通过了千年发展目标,提出了8项目标,旨在将全球贫困水平在2015年之前降低一半。

联合国在援助发展中国家、促进最不发达国家的发展方面作出了重要贡献。根据联合国的资料,长期以来它的正常预算的70%～80%用于发展援助。除了通过世界银行、开发计划署等向发展中国家提供援助,联合国还推动发达国家官方或私人向发展中国家投资,保证发展中国家所需的外来资金。

在主权国家林立的当今国际社会,联合国作为协调国际关系的中心不可或缺。不可否认的是,在联合国发挥积极作用的同时,也有很多缺陷和问题。强权政治、霸权主义的影响仍未消除,南北差距仍然悬殊,议而不决、决而不行的现象仍然存在,"宪章"的宗旨远远未能实现。但是,它仍然是维护和平、促进发展、加强国际合作的重要力量。

第三节 其他重要的国际组织

除了联合国,当今国际关系中还活跃着一些在经济、政治、安全、社会、文化等领域具有重要影响、作用突出的国际组织。其中,数量最大、活动最频繁、影响最广泛、运作最有成效的是国际经济组织,它们在国际经济生活中充当"看得见的手",对促进世界经济运行规范化,推动国际经济合作,解决国际经济争端起着十分重要的作用。以欧盟为代表的地区性国际组织,在欧洲、亚洲、非洲、美洲各地区的国际关系中扮演着重要角色。此外,以国家间论坛的方式来对共同关心的问题进行讨论和交流日益频繁,由此形成国家集团,也被称为G型组织,尽管其制度化程度比较低,但却拥有独特的协调能力和处理危机的效率,在国际事务中发挥着不可替代的作用。

一、世界银行、国际货币基金组织和世界贸易组织

在全球性的经济组织当中,世界银行、国际货币基金组织和世界贸易组织的地

位最为显著。

世界银行(又称国际复兴开发银行)和国际货币基金组织于1945年12月正式成立。它们是联合国的专门机构,从事国际货币和金融业务,每年的年度报告都要送交联合国经济及社会理事会审议,与经济及社会理事会及其他联合国机构保持密切协调关系。虽然"布雷顿森林体系"在70年代初解体了,这两大组织的作用并没有削弱,反而日益增强,它们所确立的一系列规则、制度在国际金融和投资领域中仍然占据主导地位。

世界银行与其他4个机构:国际开发协会、国际金融公司、多边投资担保机构和国际投资争端解决中心共同组成世界银行集团。该集团的共同目标是促进成员国经济发展和社会进步,减轻贫困,改善和提高人民生活。世界银行的主要机构有理事会和执行理事会。理事会是最高权力机构,由会员国指派理事及候补理事各1人组成。执行理事会是世界银行的管理机构,行长是执行理事会的首脑,负责领导银行和办事机构的日常工作。世界银行的资金主要来源于成员国交纳的股金、通过发行债券在国际货币金融市场筹措的资金、通过转让债权收回的资金以及发放贷款所收取的利息和手续费等。

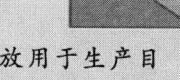

(1)向成员国政府、政府机构或政府所担保的私人企业发放用于生产目的的长期贷款。
(2)提供技术援助、人员培训、研究服务。
(3)对消除贫困、防治艾滋病、保护生物多样性等全球性问题的资金支持。

国际货币基金组织是当今世界国际货币体系的核心金融机构。理事会是基金组织的最高权力机构,由各成员国指派1名理事和1名副理事组成,每年举行1次会议,理事通常由财政部长或中央银行行长担任。执行理事会是基金组织处理日常业务的机构,负责处理各种行政和政策事务,向理事会提交年度报告,与成员国进行磋商,对成员国经济的重大问题,特别是有关金融方面的问题进行全面研究。基金组织的最高行政领导是总裁,由执行理事会选举产生,任期5年,可连选连任。基金组织的资金主要来源于成员国缴纳的份额和借款。份额的大小按成员国的国民收入、黄金外汇储备、平均进口额、出口变化率和出口额占国民收入的比例等变

第十章 当代世界中的国际组织

量所构成的公式计算得出,每5年审定1次。借款包括向成员国的财政部和中央银行以及私人商业银行的借款。此外,基金组织对所有贷款收取的手续费以及捐赠款项等,也构成了一项资金来源。基金组织的主要活动是确定和实施国际货币体系中的规章制度和行为准则,在成员国发生国际收支暂时失调时,向成员国提供3~5年的短期信贷。这种贷款对象仅限于成员国政府,形式采用由成员国用本国货币向国际货币基金组织换购外汇的方式,称为"购买"或"提取",成员国还款时,以黄金或外汇买回本国货币,称为"购回"。

国际货币基金组织

(1)监督:对成员国的汇率、财政、金融政策,收支平衡和外债的情况进行监管,并提供政策建议。

(2)贷款:给财政有问题的成员国提供信贷以便支持其调整和改革。

(3)技术援助和培训。

世界银行和国际货币基金组织的活动表明了国际社会对保持有序的国际货币金融、投资体系的努力。尽管至今两大组织受美国及其他西方国家的影响和控制还是很深,但它们对世界经济和国际关系的发展总体上起到了积极的作用。中国于1980年恢复了在两大组织中的原有席位。

世界贸易组织是世界多边贸易体系中权威的"经济联合国",它的前身是1948年生效的关税及贸易总协定。关贸总协定是一项有关关税和贸易政策的多边条约,在战后各国的贸易往来中,它事实上发挥了国际贸易组织的作用,一直致力于减让关税及消除各种形式的贸易壁垒及解决国际贸易争端等方面的工作,进行了八轮多边贸易谈判,有力促进了全球贸易的增长。

1995年1月1日世界贸易组织正式成立,标志着世界多边贸易体系向前迈进了一步。世贸组织的最高权力机关是部长会议,每两年最少召开1次常会,有权对各多边贸易协定所涉及的一切问题作出决定。各成员的常驻代表组成总理事会,在部长会议休会期间代行部长会议的职权,下设三个专门理事会。日常工作则由总干事领导的秘书处负责。世贸组织目前拥有153个成员,在贸易领域的影响和关贸总协定不能同日而语,也远大于联合国的经济职能。中国早在1986年就提出恢复在关贸总协定的席位,一直到2001年11月才正式成为世界贸易组织成员。

二、重要的区域性国际组织

区域性国际组织是指同一地域内的国家,或者虽不在同一地域内但以维护区域性利益为目的的国家组成的国际组织与集团。第二次世界大战后,区域性组织有了迅速发展。它们的区域范围有大有小,成员国有多有少,体制有的严密有的松散,但都具备一些基本的特征:区域性组织的成员一般都是疆域相邻的若干主权国家,它们在历史、文化、语言或精神上具有一定的联系,在现实生活中具有共同关心的利益和进行广泛合作并结成永久性组织的要求。区域性组织不一定包括该地区的所有国家,个别地区之外的国家也可能为区域利益而加入该地区的组织,但这种情况往往是极个别的。

欧洲的区域性组织众多,有欧盟、北约、欧安组织、西欧联盟、独联体等重要的组织。欧盟是一体化程度最高的区域组织,目前拥有 27 个成员国。北约是欧洲安全的核心,目前拥有 28 个成员国。

欧安组织是现存最大的地区性安全组织,其前身是起始于 20 世纪 70 年代的欧安会,拥有 55 个成员国,分布在从温哥华到符拉迪沃斯托克的区域范围内,以维护欧洲地区安全与稳定、尊重和保障人权、加强交流与合作作为宗旨,把推动欧洲常规裁军谈判、在全欧范围内干预危机与维持和平等作为活动重点。欧安组织的优势在于它不仅囊括了所有的欧洲国家,而且包括北美、中亚部分国家,将欧洲——大西洋地区同欧亚大陆地区联结在一起,是欧洲唯一的一个全方位的安全机构,具有广泛的代表性,客观上为其发挥更大的作用提供了可能。但由于成员国众多,利益分歧较大,"一致同意"的原则极大限制了行动能力。

西欧联盟是西欧国家独立的防务组织,成立于 1955 年 5 月,是由 1948 年建立的布鲁塞尔条约组织改组而来的,现有正式成员国 10 个,包括英国、法国、荷兰、比利时、卢森堡、德国、意大利、葡萄牙、西班牙、希腊。其宗旨是促进欧洲的团结和推动欧洲统一进程;协调成员国在防务、武装力量和军工生产方面的政策,以增强成员国的集体防御能力;加强成员国在经济、社会和文化等方面的合作。

独联体是包括前苏联地区国家的松散的国家间组织,成立于 1991 年苏联解体之际。根据《阿拉木图宣言》,独联体既不是国家,也不是超国家实体,而是一种非常松散的国家间联合形式。独联体不设中央政权机构,只有协调机制,负责协调和解决相互关系中的重大矛盾和问题。2005 年,土库曼斯坦宣布放弃独联体正式成员资格,以联系国身份参与活动。2008 年,格鲁吉亚与俄罗斯发生武装冲突后于

 第十章 当代世界中的国际组织

次年正式退出了独联体。

在美洲,重要的区域性组织有北美自由贸易区、美洲国家组织和南方共同市场。北美自由贸易区于1994年正式启动,是迈向美洲自由贸易区的第一步。2001年魁北克美洲国家首脑会晤上,决定以北美自由贸易区为核心的美洲自由贸易区到2005年底启动,但由于美国和拉美国家之间的分歧,美洲自由贸易区未能如期启动。

美洲国家组织历史悠久,成员包括34个美洲国家,古巴在1962年被停止成员国资格。长期以来,美国极力利用这个组织来控制和干涉拉美国家,排斥欧洲国家势力。

南方共同市场是由巴西、阿根廷、乌拉圭和巴拉圭4国组成的区域性经济合作组织,于1995年1月1日正式启动。南方共同市场的迅速崛起表明,"南南型"经济组织实行"开放的地区主义"、发展自由贸易具有很大潜力。如今,南方共同市场已经同智利、玻利维亚等安第斯国家建立了"联系国"关系,表现出强劲的发展势头。在它的带动下,拉丁美洲其他的区域性组织也不断拓展,彼此间的合作与联系加深。

在亚洲,亚太经合组织强调灵活性、渐进性和开放性,近年表现活跃。东南亚国家联盟是另一个重要的区域性组织,成立于1967年,其宗旨是加速地区的经济增长、社会进步和文化发展,促进地区的和平与稳定,并在平等和合作的基础上建立繁荣、和平的国家共同体。20世纪80年代以前,东盟主要是一个政治性的区域组织。之后,由于区域经济一体化的浪潮,东盟也不甘落后,强化了区域内经济合作,决定从1993年1月1日起,用10年的时间建立东盟自由贸易区,到2010年建成投资区,2020年实现投资自由化。与此同时,东盟吸收了越南、老挝、缅甸和柬埔寨,演化为10国大东盟,进一步增强了东南亚国家的凝聚力,加速了东南亚一体化的进程。

2001年6月宣告成立的上海合作组织,是由1996年起步的上海5国会晤机制发展而来的。成员包括中国、俄罗斯、哈萨克斯坦、吉尔吉斯斯坦、塔吉克斯坦和乌兹别克斯坦,其宗旨是:加强各成员国之间的相互信任和睦邻友好;鼓励各成员国在政治、经贸、文化、教育、能源、交通、环保及其他领域的有效合作;共同致力于维护和保障地区的和平、安全和稳定;建立民主、公正、合理的国际政治经济新秩序。在上海合作组织的创建中,中国发挥了核心作用,表明中国对国际组织重视程度的提高。

在非洲,非洲联盟是最重要的区域性组织。非洲联盟于2001年7月正式启动,它是在1963年成立的非洲统一组织多年发展的基础上形成的。非洲联盟囊括了所有的非洲国家,是第一个发展中国家的洲际联盟,其目标是以"泛非主义"为思

想基础,以欧盟为参照,带领非洲实现政治、经济一体化,加强非洲的文化融合,并把非洲建设成为一个和平、进步、繁荣的大陆。它是南南合作的一种新的尝试,表明非洲在联合自强的道路上迈出了关键的一步。

在中东,阿拉伯国家联盟是阿拉伯世界重要的区域性组织。它成立于1945年,其宗旨是:密切各成员国之间的联系和合作,协调相互间的政策和活动,关心阿拉伯国家之间的联系和合作,协调相互间的政策和活动,关心阿拉伯国家的事务和利益,捍卫各成员国的独立和主权。成立以来,阿盟积极为捍卫民族独立和国家主权而斗争,特别是在巴勒斯坦问题上,支持阿拉伯人民的权利,反对扩张主义和霸权主义,对中东地区形势的稳定和发展都起到了积极的作用。

三、八国集团与二十国集团

八国集团(G8)是当今世界最具影响的大国集团。虽然它并不是国际组织,而只是一个工业化国家间协商和讨论问题的非正式俱乐部,不具备国际法的主体资格,也没有常设的秘书处。但是,八国集团以协调和推进工业化国家关系为己任,8个成员国的国民生产总值之和相当于世界总和的60%以上。它通过一年一度的首脑会议和相关的部长会议,在各种国际重大问题上发挥行之有效的作用,在国际关系中的重要性和影响力不可忽视。

八国集团正式形成于1997年,由西方七国首脑会议升级演化而来。西方七国首脑会议起步于1975年。当时,为了在更高层次上对资本主义经济实行超国家国际调节的需要,以及维护发达国家在国际经济旧秩序中的优势地位,法国总统德斯坦邀请了美国、日本、英国、意大利、联邦德国等西方主要国家领导人共同讨论经济货币问题。第二年加拿大也参加进来,并且决定以后每年在各国轮流举行首脑会晤。这样就形成了制度化的西方七国首脑会议。就参加者而言,资本主义世界经济最发达的七个国家的首脑会晤具有不同于一般的权威性。就会议涉及的议题而言,西方七国首脑会议具有全面性,不仅关注资本主义内部的问题,而且关注整个世界的政治经济局势和各种全球性问题,甚至插手其他地区的事务。

就其产生的效果来看,通过定期对世界范围内的经济关系和经济活动进行协调,西方七国首脑会议的确在调节资本主义经济方面起到了任何单独一国不能起到的作用,保证了资本主义经济的正常运转。

七国首脑会议升级为八国首脑会议,始于1991年前苏联总统戈尔巴乔夫应邀出席在伦敦举行的七国峰会,介绍当时苏联的情况。此后两年,俄罗斯领导人也都

第十章 当代世界中的国际组织

在七国首脑会议快结束时前往同七国领导人会面,议题基本都是俄罗斯国内形势。到了1997年的丹佛会议,叶利钦首次以正式成员身份出席。会议的正式文件中首次将此次会议称作八国首脑会议(G8),丹佛峰会首次被称为"G8峰会",标志着西方七国首脑会议正式升级为八国首脑会议。对于西方国家来说,接纳俄罗斯一方面可以此作为北约东扩对俄罗斯的补偿,另一方面试图以此支持叶利钦,影响俄罗斯的改革进程。对俄罗斯来说,跻身富国俱乐部主要是想获得经济上的好处,同时在国际上显示其大国地位,树立自信心。2006年俄罗斯作为东道国主办G8峰会,表明俄罗斯同西方国家关系步入一个政治、经济、安全等领域全面合作的新时期。

八国集团囊括了当今世界上最发达的国家,实力在全球具有举足轻重的地位,在国际事务中拥有很高的权威,但其局限性也是显而易见的。本质上,它只是一个大国首脑论坛,峰会通过的决议对与会各国没有强制约束力,落实和履行协议经常不到位,往往是雷声大、雨点小。而且,对南北贫富悬殊、环境恶化、全球化所造成的社会不公正等问题,一年一度的峰会也没有能够承担起应有的责任。为了弥补缺陷,2003年法国作为东道主举行会晤时,邀请了中国、印度、巴西、埃及、南非等11个发展中国家的领导人参与,举行南北领导人非正式对话,期望更有效地应对世界面临共同问题的挑战。此后,八国峰会于2005年在英国、2006年在俄罗斯、2007年在德国、2008年在日本举行期间也同发展中国家举行了对话会。

二十国集团(G20)成立于1999年,最初目的是防止类似亚洲金融风暴的重演,让有关国家就国际经济、货币政策举行非正式对话,以利于国际金融和货币体系的稳定。成员包括美国、日本、德国、法国、英国、意大利、加拿大、俄罗斯、欧盟、澳大利亚、中国、南非、阿根廷、巴西、印度、印度尼西亚、墨西哥、沙特阿拉伯、韩国和土耳其。二十国的国民生产总值约占全世界的90%,贸易占世界总量的80%,人口则将近世界总人口的2/3。与八国集团相比,在世界经济和国际关系中无疑具有更加广泛的协调基础,有利于促进世界经济的稳定和持续增长。2008年全球金融危机的爆发,大大提升了二十国集团的地位,其运作由部长级提高为首脑级,2008年在华盛顿、2009年在伦敦和匹兹堡、2010年在多伦多和首尔,分别举行了5届峰会,并从2011年嘎纳峰会开始形成一年一次首脑峰会的制度。2009年匹兹堡峰会后发表的联合声明中,各国一致同意二十国集团取代八国集团作为世界经济合作的主要论坛。从这个角度来讲,二十国集团确立起发展中国家平等参与全球经济治理的权利,是国际经济关系的巨大进步。当前二十国集团还只是个不具备约束力的论坛,机制化建设还处于初级阶段,未来发展仍然面临挑战。

当今世界已越来越成为一个相互依存、不可分割的整体，尽管主权国家仍是当今国际关系中最基本的行为主体，但国际组织的重要性是任何单独一个国家也不能替代的。中国一向重视同国际组织的关系，特别是在确定了对外开放的基本国策以后，中国同国际组织的关系有了很大飞跃。目前，中国参加了400多个重要的国际组织，还同一些欧美国际组织和许多发展中国家的国际组织建立了直接的接触和联系。在国际组织的活动中，中国坚持独立自主、主权平等的原则，在反对霸权主义、维护世界和平、发展同各国友好合作和促进共同繁荣等方面作出了突出贡献。但是，同世界其他大国相比，中国同国际组织打交道的时间短、经验少，在许多方面尚存局限，有待于进一步的拓宽与提高。随着中国实力的增长以及对外交往的扩大，对国际组织的需求会相应增多，同国际组织的关系必将会有更大的发展。